郑州研究院丛书

郑州—金边合作共建"空中丝绸之路"模式研究

李向阳 严 波 等著

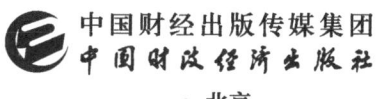
中国财经出版传媒集团
中国财政经济出版社
·北京·

图书在版编目（CIP）数据

郑州—金边合作共建"空中丝绸之路"模式研究 / 李向阳等著. -- 北京：中国财政经济出版社，2025.7. （郑州研究院丛书）. -- ISBN 978-7-5223-4066-1

Ⅰ. F127.611；F125.533.5

中国国家版本馆CIP数据核字第2025UX3490号

责任编辑：孙　琛　　　　责任校对：张　凡
封面设计：陈宇琰　　　　责任印制：党　辉

中国财政经济出版社 出版

URL：http://www.cfeph.cn

E-mail：cfeph@cfeph.cn

（版权所有　翻印必究）

社址：北京市海淀区阜成路甲28号　邮政编码：100142
营销中心电话：010-88191522
天猫网店：中国财政经济出版社旗舰店
网址：https://zgczjjcbs.tmall.com
涿州汇美亿浓印刷有限公司印刷　各地新华书店经销
成品尺寸：170mm×240mm　16开　12.75印张　200 000字
2025年7月第1版　2025年7月河北第1次印刷
定价：80.00元
ISBN 978-7-5223-4066-1
（图书出现印装问题，本社负责调换，电话：010-88190548）
本社图书质量投诉电话：010-88190744
打击盗版举报热线：010-88191661　　QQ：2242791300

中国社会科学院郑州人民政府郑州研究院理事会
（代编委会）

理　事　长：蔡　昉
副理事长：郑秉文　李红志　夏　扬
理　　事（按拼音排序）：

卜宪群　陈光金　陈　甦　陈星灿　崔建民
方　军　耿明斋　宫银峰　谷建全　韩国河
何德旭　胡　滨　刘跃进　陆大道　马　援
任　伟　史　丹　孙君健　王　镭　王利民
魏后凯　吴志强　严　波　阎铁成　杨东方
喻新安　都　阳　张树华　张　翼　张政文
赵　健

理事会秘书长：冯　钺
副秘书长：王春涛　倪鹏飞

丛书总序

新时代呼唤新的郑州改革研究成果

郑州是中华文明核心发祥地，是中国八大古都之一，拥有 8000 年的裴李岗文化遗址、6000 年的大河村文化遗址、5000 年的中华人文始祖黄帝故里、3600 年的商朝都城遗址。继承先辈筚路蓝缕的开创精神，随着中原经济区、郑州航空港经济综合实验区、中国（河南）自贸试验区、国家自主创新示范区等国家战略规划和平台相继布局，郑州的政策叠加优势更加明显。特别是国家明确提出支持郑州建设国家中心城市，郑州的发展站在了新的历史起点上，开启了向全国乃至全球城市体系中更高层级城市迈进的新历程。

中国社会科学院是党中央直接领导、国务院直属的国家哲学社会科学研究的最高学术机构和综合研究中心，是党中央国务院的思想库和智囊团、哲学社会科学的最高殿堂、马克思主义理论研究的坚实阵地。中国社会科学院学科齐全、人才济济，拥有一大批人文社会科学领域的顶尖专家和领军人物。正值郑州国家中心城市建设谋篇开局的关键时期，中国社会科学院领导和河南省、郑州市领导高屋建瓴、审时度势，提出了共同合作的战略意向。2017 年 9 月 15 日，中国社会科学院与郑州人民政府签订《战略合作框架协议》，双方决定共同成立"中国社会科学院郑州人民政府郑州研究院"（以下简称"郑州研究院"），标志着双方的战略合作进入新阶段，必将对郑州经济社会发展提供有力的智力支持和人才支撑。双方围绕郑州国家中心城市建设，进一步拓展合作领域，提升合作层次，不断推动双方合作向更高层次、更宽领域迈进。习近平总书记深刻指出，幸福都是奋斗出来的！衷心祝愿郑州研究院在双方的共同努力下,秉持奋斗理念,勇于开拓创新,积极融入郑州国家中心城市建设乃至中原城市群发展,努力开创新时代国家智库与地方实际工作部门合作的新局面!

伟大的社会变革必然产生出无愧于时代的先进理论。郑州研究院丛书的出版是在郑州人民政府提供优质的政务服务,郑州发展和改革委员会为郑州研究院的发展保驾护航的大背景下产生的。无比丰富的改革实践为科学正确的改革理论提供了丰厚的土壤。中原崛起,中华崛起,实现中华民族伟大复兴的中国梦,这些伟大斗争、伟大工程、伟大事业、伟大梦想,激励着我们更加实干兴邦,推动着郑州沿着原始文明、农业文明、工业文明、生态文明的历史进程,不断改造、变革与提升。这次,特地将郑州研究院的最新研究成果汇集成册,按年度陆续出版系列郑州研究院丛书。这套丛书的出版,对于加强郑州改革的理论研究和舆论宣传,对于加快和深化经济文化体制的全面改革,无疑是一个很大的推动和促进。当然,任何理论都要经受历史和实践的检验。这套丛书中的许多理论观点,也需要在实践中不断充实、发展和完善。但是,这毕竟是一个良好的开端。我们希望,郑州研究院丛书中的许多一家之言和一得之见,能够迎来郑州改革理论研究百花齐放、百家争鸣的新局面。

一花引来万花开。又一个姹紫嫣红、百花争艳的春天到了。祝愿郑州改革的历程,展现在人们面前的是一幅绚丽多彩的图景:不仅实践繁花似锦、争奇斗艳,而且理论之光璀璨夺目、熠熠生辉。在这改革的年代,不仅实践之林根深叶茂,理论之树也四季常青。祝愿郑州改革灿烂的实践之花,在新时代结出丰硕的理论之果。

是为序。

全国人大常委会委员、全国人大农业与农村委员会副主任委员
中国社会科学院副院长、郑州研究院院长

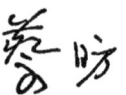

2018 年春,于北京

目 录

第一章 郑州—金边"空中丝绸之路":打造内陆地区对外开放的高地 ················ 1

第一节 "一带一路"是中国全方位对外开放的重要举措 ······ 1

第二节 内陆地区参与共建"一带一路"的路径选择 ············ 3

 一、以六大经济走廊为主体的陆路丝绸之路 ············ 3

 二、联结陆路丝绸之路与海上丝绸之路的西部陆海新通道 ············ 4

 三、"空中丝绸之路" ············ 5

第三节 打造"空中丝绸之路"的探索 ············ 6

 一、创造规模经济效应 ············ 7

 二、构建临空经济区 ············ 8

 三、开展政府间的合作与支持 ············ 9

第四节 郑州—金边"空中丝绸之路"与内陆地区对外开放的发展方向 ············ 11

 一、从对柬埔寨的开放迈向对东南亚地区的开放 ············ 11

 二、从打造"空中丝绸之路"迈向陆海空网的多元化丝绸之路 ············ 12

 三、从打造运输通道迈向构建经济走廊 ············ 14

 四、从"硬联通"迈向"软联通" ············ 15

 五、从贸易投资领域的对外开放迈向全方位的对外开放 ············ 16

第二章　中柬关系与双边经济合作的定位 …… 18

第一节　柬埔寨基本国情 …… 18
一、柬埔寨政治发展历程及特征 …… 19
二、柬埔寨经济发展态势 …… 21
三、柬埔寨外交特征与方向 …… 24

第二节　新时代中柬命运共同体 …… 28
一、高质量传统友谊是新时代中柬命运共同体建设的基础 …… 28
二、高水平政治互信是新时代中柬命运共同体建设的关键 …… 29
三、高标准务实合作是新时代中柬命运共同体建设的动力 …… 30
四、共同维护国际公平正义是新时代中柬命运共同体建设的重要内涵 …… 33

第三节　"钻石六边"机制 …… 34
一、增进治党治国理政经验交流 …… 34
二、携手打造"工业发展走廊" …… 36
三、共同推进"鱼米走廊"建设 …… 37
四、深化绿色能源合作 …… 39
五、提升联合执法水平 …… 40
六、推动人文交流合作 …… 41

第四节　《中柬自由贸易协定》 …… 43
一、《中柬自由贸易协定》的签订历程 …… 43
二、柬埔寨出口贸易与发展外部阻力 …… 44
三、关税减让助力中柬经济"纾困" …… 45
四、推进柬埔寨农产品进口 …… 47
五、电子商务拓宽中柬贸易渠道 …… 49

第五节　澜沧江—湄公河合作 …… 51
一、澜湄合作机制发展建设 …… 52
二、务实合作、平等参与、政治互信驱动柬埔寨参与澜湄机制 …… 53

三、澜湄合作专项基金助力次区域发展 …………………… 55
四、推进柬埔寨水资源开发治理 …………………………… 56
五、助力柬埔寨农业现代化发展 …………………………… 59

第六节 共建"一带一路"框架下的中国—中南半岛经济
走廊建设与中柬合作 …………………………………… 61
一、六大经济走廊建设与发展 ……………………………… 61
二、柬埔寨与中国—中南半岛经济走廊建设 ……………… 62
三、助力柬埔寨互联互通 …………………………………… 63
四、西港特区彰显中柬经济走廊活力 ……………………… 66

第三章 郑州（河南）—金边（柬埔寨）经济合作的潜力 ………… 69
第一节 中柬经济合作的现状 …………………………………… 69
一、中柬贸易合作 …………………………………………… 69
二、中柬投资合作 …………………………………………… 71
三、河南省与柬埔寨的经济合作 …………………………… 72

第二节 中国重点省份对柬埔寨投资情况的比较分析 ………… 77
一、国内各地在柬埔寨投资的基本情况 …………………… 78
二、中国企业选择投资柬埔寨的原因 ……………………… 87
三、中资企业在柬埔寨面临的困难和挑战 ………………… 92

第三节 郑州（河南）—金边（柬埔寨）经济合作的潜力
分析 ……………………………………………………… 96
一、柬埔寨发展从以依赖援助为主进入积极吸引外国
投资的阶段 ………………………………………………… 97
二、柬埔寨迫切需要缩小交通基础设施建设缺口，
提升地区物流枢纽地位 …………………………………… 98
三、柬埔寨在能源转型与碳中和方面存在巨大发展
需求 ……………………………………………………… 101
四、柬埔寨发展数字经济需要外部力量支持 …………… 103
五、柬埔寨政府鼓励发展农业现代化，可与河南省在
种业、农业机械和农产品深加工等方面的优势相
对接 ……………………………………………………… 104
六、柬埔寨有较强的文化旅游资源优势，可与河南省

形成优势互补，共同促进文明交流互鉴…………… 106
第四节 探索实现郑州（河南省）—金边（柬埔寨）经济
合作潜力的有效路径…………………………………… 109
一、理解郑州（河南）参与"一带一路"建设优劣势
的比较分析框架………………………………………… 109
二、建设"空中丝绸之路"是实现郑州（河南）与
金边（柬埔寨）经济合作潜力的有效选择………… 111

第四章 推动共建"一带一路"框架下经济走廊与"空中丝绸
之路"建设的前景……………………………………………… 113
第一节 经济走廊的内涵与特性………………………………… 114
一、经济走廊的内涵……………………………………… 114
二、经济走廊的功能……………………………………… 114
三、经济走廊的发展阶段………………………………… 116
第二节 构建共建"一带一路"框架下经济走廊的途径 …… 117
一、构建共建"一带一路"框架下经济走廊的路径
选择………………………………………………………… 117
二、深化经济走廊建设是共建"一带一路"高质量发展
的内生要求……………………………………………… 118
三、以深化经济走廊为抓手，为推动共建"一带一路"
高质量发展奠定微观基础……………………………… 123
第三节 郑州—卢森堡"空中丝绸之路"建设的发展历程 …… 126
一、"空中丝绸之路"的提出…………………………… 127
二、郑州—卢森堡"空中丝绸之路"的建设进展……… 128
第四节 郑州—卢森堡"空中丝绸之路"建设的经验与
面临的挑战……………………………………………… 132
一、政府参与和支持是推动构建"空中丝绸之路"的
前提条件………………………………………………… 132
二、参股卢森堡货航并共同组建合资公司是推动构建
"空中丝绸之路"的突破口…………………………… 134
三、空港产业园区、综合保税区、自贸试验区成为
"空中丝绸之路"建设的重要平台…………………… 135

四、郑州—卢森堡"空中丝绸之路"建设面临的挑战 … 136
第五章　对策建议 …… 138
　第一节　深化郑州（河南）—金边（柬埔寨）农业投资合作
　　　　　…………………………………………………… 138
　　一、围绕稻渔产业提升、生态种养等领域推进
　　　　"鱼米走廊"共建 ………………………………… 138
　　二、以"一带一路"建设为契机，在柬发展现代化农业
　　　　…………………………………………………… 140
　　三、加强农机装备合作 ……………………………… 143
　第二节　开展优势产业对接和产能合作 ………………… 144
　　一、开展天然橡胶全产业链合作 …………………… 146
　　二、投资大米加工合作 ……………………………… 146
　　三、其他农产品加工合作 …………………………… 149
　第三节　探索与柬农业合作机制建设 …………………… 151
　　一、加强优势农业科技交流 ………………………… 151
　　二、推动双边共建农业合作园区建设 ……………… 153
　　三、引导大型农业企业对柬投资 …………………… 154
　　四、化解对柬农业投资企业的融资困境 …………… 155
　第四节　探索在柬发展现代物流经营模式 ……………… 156
　　一、科学合理构建农产品物流设施布局 …………… 159
　　二、建立境内仓和境外仓 …………………………… 160
　　三、构建生鲜农产品冷链物流体系 ………………… 160
　　四、搭建柬物流体系与信息平台 …………………… 161
　第五节　发展中高技术产业 ……………………………… 162
　　一、以轻纺服装为发展重点 ………………………… 162
　　二、汽车制造业 ……………………………………… 163
　　三、数字经济 ………………………………………… 164
　第六节　加快建设郑州—金边航空枢纽 ………………… 165
　　一、郑州基础条件优越，具有建立航空枢纽的独特
　　　　地理区位优势 …………………………………… 165
　　二、郑州—金边航空枢纽有助于郑州更好参与全球

　　　　产业分工和合作 …………………………………………… 167
　　三、推动建设郑州—金边航空枢纽的具体抓手 ………… 170
第七节　大力推动郑州—金边教育合作 ……………………………… 174
　　一、郑州—金边开展职业教育合作的潜力巨大 ………… 174
　　二、郑州有与金边开展职业教育合作的良好基础 ……… 176
　　三、推动郑州与金边教育合作的具体举措 ……………… 180
第八节　全面提升郑州制度型开放水平 ……………………………… 183
　　一、郑州具有提升制度型开放水平的明显区位优势 …… 183
　　二、当前郑州制度型开放的主要困境和现存堵点 ……… 185
　　三、以郑州—金边"空中丝绸之路"建设为契机提升
　　　　郑州制度型开放水平落脚点 …………………………… 187

郑州研究院简介 …………………………………………………………… 189
后记 ………………………………………………………………………… 190

第一章

郑州—金边"空中丝绸之路"：打造内陆地区对外开放的高地

作为经济走廊的一种类型，"空中丝绸之路"是"一带一路"建设的重要载体。在2023年10月举行的第三届"一带一路"国际合作高峰论坛开幕式上，习近平总书记指出："10年来，我们致力于构建以经济走廊为引领，以大通道和信息高速公路为骨架，以铁路、公路、机场、港口、管网为依托，涵盖陆、海、天、网的全球互联互通网络，有效促进了各国商品、资金、技术、人员的大流通，推动绵亘千年的古丝绸之路在新时代焕发新活力。"对于未来共建"一带一路"高质量发展，他首先强调要构建"一带一路"立体互联互通网络，其中，"空中丝绸之路"建设是其重要组成部分①。因而，打造郑州（河南）—金边（柬埔寨）"空中丝绸之路"是响应党中央号召、推动共建"一带一路"高质量发展的重大战略举措，同时也是内陆地区扩大对外开放的新尝试。

第一节 "一带一路"是中国全方位对外开放的重要举措

理论上，共建"一带一路"的目标和定位有三个②：一是扩大开放

---

① 习近平：《建设开放包容、互联互通、共同发展的世界》，载《习近平谈"一带一路"（2023年版）》，中央文献出版社2023年版，第347－353页。

② 关于共建"一带一路"的目标与定位，国内外学术界并未达成共识。除了这里所列举的三个目标外，还有诸多表述，如推进人民币国际化、获取海外能源资源、拓展海外市场、服务于中国企业"走出去"、转移过剩产能、推动西部大开发等。然而，我们必须意识到，建设"一带一路"不是中国一家的独奏，而是国际社会的协奏。我们固然需要考虑中国自身的利益诉求，同时还需考虑共建国的利益诉求。这两类诉求不可能是完全一致的，因此，只有它们的交集部分或最大公约数才是共建"一带一路"的目标或定位。至于在此之外的诉求只能是共建"一带一路"顺利实施的结果，而不能成为其预设的目标。

的重大战略举措,二是中国经济外交的顶层设计①,三是推动构建人类命运共同体的重要实践平台②。其中,扩大开放是其最直接、最优先的目标,一方面这是中国自身发展的必然要求,另一方面也符合外部世界的诉求:中国对外开放的水平越高,对外部世界提供的机遇越大。

在改革开放的前30年,东南沿海省份因其地理优势而成为中国对外开放政策的获益者,中西部内陆地区的对外开放则受到了严重的制约,东西部的开放度呈现出巨大的差异③。正是这种开放度的差异构成了沿海地区与内陆地区经济增长率差异的重要因素④。作为一个内陆省份,对外开放度低一直是制约河南省经济增长的短板。在一项针对中部六省(湖北、湖南、安徽、山西、江西、河南)的对外开放度研究中,截至2010年河南省仍然是最低的⑤。

作为全方位开放的重大举措,共建"一带一路"为中西部内陆地区的开放,尤其是像河南这样的省份,提供了前所未有的机遇。其一,共建"一带一路"的陆路丝绸之路("丝绸之路经济带")是由六大经济走廊(中蒙俄经济走廊、新欧亚大陆桥经济走廊、中国—中亚—西亚经济走廊、中巴经济走廊、孟中印缅经济走廊、中国—中南半岛经济走廊)组成的。这就为内陆地区的对外开放创造了条件。其二,与世界贸易组织所驱动的、以贸易投资自由化为主体的对外开放相比,共建"一带一路"以"五通"(贸易畅通、设施联通、资金融通、政策沟通、民

---

① 习近平:《"一带一路"建设是扩大开放的重大战略举措和经济外交的顶层设计》,载《习近平谈"一带一路"(2023年版)》,中央文献出版社,第76-77页。
② 习近平:《"一带一路"建设是推动构建人类命运共同体的重要实践平台》,载《习近平谈"一带一路"(2023年版)》,中央文献出版社,第200-202页。
③ 沈绿珠(2000)根据进出口比率、进口比率、出口比率、对外借款比率、外商直接投资比率作为对外开放度的衡量标准,分析了1993—1997年全国所有省份及东中西地区的开放度。结果显示:东中西部地区的开放度分别为16.6%、2.71%和2.68%。其中,河南省位居倒数第一,开放度仅为1.68%。参见沈绿珠:《我国区域经济外向化程度的实证分析》,载《厦门大学学报(哲学社会科学版)》2000年第4期,第67-72页。
④ 郭腾云等(2001)基于1980—1999年省际对外开放政策的差异性计算了它对经济增长率的贡献度,结果显示:东南沿海省份经济增长率的21.39%可归因于对外开放政策。其中,1999年全国经济外向度平均值为36.5%,河南省的对应指标仅为4.4%,位居倒数第一。参见郭腾云、陆大道、甘国辉:《中国开放政策对区域发展的作用》,载《地理学报》2001年第5期,第580-588页。
⑤ 徐冉:《对外开放度与经济增长关系研究——以河南省为例》,载《地域研究与开发》2012年第1期,第35-39页。

心相通）为主体的对外开放在许多领域超越了以往的对外开放。其三，共建"一带一路"框架下对外开放的对象从以发达国家为主扩展到既有发达国家又有发展中国家①。

经过10年的建设，共建"一带一路"已经形成了六廊六路多国多港的发展格局。它不仅成为中国推进高水平对外开放的重大战略举措，而且将成为新发展格局的有机组成部分。正如习近平总书记在第三次"一带一路"建设座谈会上所指出的，"要统筹考虑和谋划构建新发展格局和共建'一带一路'，聚焦新发力点，塑造新结合点。要加快完善各具特色、互为补充、畅通安全的陆上通道，优化海上布局，为畅通国内国际双循环提供有力支撑"②。

第二节 内陆地区参与共建"一带一路"的路径选择

自习近平总书记2013年提出共建"一带一路"倡议伊始，中西部内陆地区参与"一带一路"建设的积极性空前高涨。基于不同省区的地理位置，内陆省份参与"一带一路"建设大致有三种选择："陆路丝绸之路"、陆海新通道、"空中丝绸之路"。

一、以六大经济走廊为主体的陆路丝绸之路

过去10年，受地缘政治和地缘经济的制约，六大经济走廊建设并未呈现出同步发展的趋势。以贸易便利化为标准，从高到低分别为：新欧亚大陆桥经济走廊、中国—中南半岛经济走廊、中国—中亚—西亚经济走廊、中蒙俄经济走廊、中巴经济走廊、孟中印缅经济走廊③。按照

---

① 围绕共建"一带一路"，中国学术界（也包括国际社会）在认识上存在一个误区，即共建"一带一路"主要面向的是发展中国家。海上丝绸之路本身就覆盖东亚、东南亚、大洋洲等中国传统的开放区域，这些区域内的国家大多属于发达国家和新兴经济体；更重要的，按照官方最初的表述，无论是海上丝绸之路还是陆路丝绸之路，欧洲都是它们的终点。因此，我们说与原先的开放相比，共建"一带一路"框架下的开放绝不是中国对外开放的重点转变了（由发达国家转向发展中国家），而是开放的空间在原有基础上进一步扩展了。

② 习近平：《推动共建"一带一路"高质量发展不断取得新成效》，载《习近平谈"一带一路"（2023年版）》，中央文献出版社，第315–318页。

③ 冯一帆、张青青：《"一带一路"六大经济走廊贸易便利化测评报告（2013—2018）》，载《人民论坛·学术前沿》2019年第19期，第64–91页。

基础设施互联互通与经贸合作的进展来衡量，从高到低排序大致为：新欧亚大陆桥经济走廊、中巴经济走廊、中蒙俄经济走廊、中国—中南半岛经济走廊、中国—中亚—西亚经济走廊、孟中印缅经济走廊[①]。其中，以中欧班列为代表的新欧亚大陆桥已成为陆路丝绸之路最重要的经济走廊。中欧班列涵盖了中西部地区的11个省份，以重庆、成都、西安、郑州和乌鲁木齐为内陆货源地集结中心开出的中欧班列占到了总数的60%以上。

二、联结陆路丝绸之路与海上丝绸之路的西部陆海新通道

陆海新通道的前身是2017年8月由重庆、广西、贵州、甘肃4省份签署的"南向通道"框架协议（并建立了联席会议机制）。2018年，新疆、青海加入这一机制；同年，中国与新加坡两国政府正式签署《关于中新（重庆）战略性互联互通示范项目"国际陆海贸易新通道"建设合作的谅解备忘录》，将"南向通道"正式更名为陆海新通道。2019年，陆海新通道参与者进一步扩展到云南、宁夏、陕西、四川、内蒙古、西藏等12个省份，以及海南、广东湛江市。

2019年，国家发展改革委印发的《西部陆海新通道总体规划》给予其明确的定位：(1)推进西部大开发形成新格局的战略通道；(2)连接"一带"和"一路"的陆海联动通道；(3)支撑西部地区参与国际经济合作的陆海贸易通道；(4)促进交通物流经济深度融合的综合运输通道。同时，该规划从主通道、重要枢纽、核心覆盖区、辐射延展带四个维度，对西部陆海新通道建设进行了空间布局。至此，西部陆海新通道上升到了国家层面，成为共建"一带一路"的重要组成部分[②]。2021年，国家发展改革委印发《"十四五"推进西部陆海新通道高质量建设实施方案》。截至2023年5月，西部陆海新通道铁海联运班列累计发送已达202万标箱。

---

① 袁波等：《新形势下推动"一带一路"经济走廊发展的思考建议》，载《国际贸易》2021年第10期，第4-12页。
② 国家发展和改革委员会：《西部陆海新通道总体规划》，2024年6月30日，https://www.gov.cn/xinwen/2019-08/15/5421375/files/345c17c4bbaf4606ac36f49b149cbaec.pdf。

三、"空中丝绸之路"

"空中丝绸之路"是共建"一带一路"框架下与陆路丝绸之路、海上丝绸之路并列的一种经济走廊,是中西部内陆地区参与"一带一路"建设的一种路径选择。中国学术界最早提出"空中丝绸之路"建议可以追溯至 20 世纪 90 年代初,是为西部地区寻找对外开放路径的尝试[①]。

有关共建"一带一路"框架下"空中丝绸之路"的官方表述始于中国民用航空局 2016 年出台的《民航推进"一带一路"建设行动计划(2016—2030 年)》。它指出了以更加完善的方式为建设"空中丝绸之路"提供指导,明确发展方向、基本准则、具体目标和关键任务,以确保"空中丝绸之路"建设顺利完成。2017 年 5 月,习近平主席在首届"一带一路"国际合作高峰论坛开幕式上明确提出要着力推动陆上、海上、天上、网上四位一体的联通[②]。同年,习近平主席在与卢森堡首相贝泰尔的会谈中提出,要大力支持建设郑州—卢森堡"空中丝绸之路"。2021 年 3 月,在《中华人民共和国国民经济和社会发展第十四个五年规划和 2035 年远景目标纲要》中明确将"空中丝绸之路"建设纳入其中,并将"空中丝绸之路"建设提升到国家规划层面,体现了国家对"空中丝绸之路"建设的高度重视。中国民用航空局制定了《完善民航国际合作体系工作方案》,明确并细化了共建"一带一路"有关民航的阶段性目标、改革措施和预期目标。2022 年,中国民用航空局、国家发展和改革委员会联合印发了《"十四五"时期推进"空中丝绸之路"建设高质量发展实施方案》,明确提出在"十四五"时期继续推进"空中丝绸之路"高质量发展[③]。

与陆路丝绸之路、海上丝绸之路相比,"空中丝绸之路"的最大劣势是运输成本高,最大优势是速度快。因此,传统上空运的主体是客运,而非货运,以至于在《中国民用航空发展第十三个五年规划》中

[①] 单元庄、王欣、朱俊宏:《开辟"空中丝绸之路":振兴西部经济与航空工业的战略构想》,载《人文杂志》1991 年第 2 期,第 39 - 43、52 页。

[②] 习近平:《携手推进"一带一路"建设》,载《习近平谈"一带一路"》(2023 年版)》,中央文献出版社,第 163 - 174 页。

[③] 许艺彤:《"空中丝绸之路"的"软联通"研究》,载《财经问题研究》2023 年第 12 期,第 118 - 127 页。

提出的目标是，客运年均增长 10.4%，而货邮运输年均增长 6.2%。但伴随国际贸易中高附加值产品比重上升，全球供应链对运输时间的要求提高，空运中货运的需求不断提升。尤其是近年来跨境电商方兴未艾，进一步提升了对国际贸易货运的需求。2017—2021 年中国跨境电商进出口 5 年增长近 10 倍，2021 年规模达 1.92 万亿元。根据商务部公布的《"十四五"电子商务发展规划》，预计 2025 年将达到 2.5 万亿元，年均增速将达 10% 以上。2021 年，在我国各种交通方式完成的进出口贸易总量中，航空运送货物价值占比达 16.7%，远高于 0.13% 的运输量占比，空运方式货物单位价值达 168.94 美元/千克，接近全部交通运输方式货物单位价值的 130 倍[1]。

由于"空中丝绸之路"理论上不受地理因素的制约，内陆地区省份都可以加入这一建设进程之中，但在实践中并非所有地区都具有参与"空中丝绸之路"的比较优势。

第三节 打造"空中丝绸之路"的探索

从地理位置来看，河南省既不沿边也不靠海，因而无论是参与海上丝绸之路还是参与陆路丝绸之路都不具有地理优势，甚至没有参与到西部陆海新通道建设之中。这是长期以来制约河南省对外开放的主要因素。打破地理因素的制约、提高对外开放水平成为河南省实现跨越式发展的必然选择。在这种意义上，河南省研究打造"空中丝绸之路"、融入共建"一带一路"的做法具有非常典型的意义。

经济走廊是"一带一路"建设的微观基础[2]。在共建"一带一路"框架下的经济走廊中，与陆路丝绸之路（以铁路、公路为联系纽带）相比，海上丝绸之路（以海运为联系纽带）与"空中丝绸之路"（以航运为联系纽带）经常为人们所忽略，原因是前者对沿途地区的经济拉动作用更直观，而后者的拉动作用似乎只体现在港口和机场建设上。世界

---

[1] 尤怀墨、占芬：《坚定信心、谋划未来：2023 年我国国际航空货运市场展望》，载《大飞机》2023 年第 3 期，第 37-43 页。

[2] 李向阳：《经济走廊建设："一带一路"高质发展的微观基础》，载《世界经济与政治》2023 年第 10 期，第 2-15 页。有关经济走廊的讨论，参见本书第四章。

其他地区经济走廊的经验与共建"一带一路"过去10年的实践证明，"海上丝绸之路"与"空中丝绸之路"也是一种把沿途经济体联系起来的经济机制。在这方面，共建"一带一路"框架下的"海上丝绸之路"已经取得了一些成功的经验。其中，最为典型的是被称为"丝路驿站"的临港产业园区。自"一带一路"建设实施以来，基于港口建设的产业园区在许多国家已经成为支持经济、贸易互联互通和产业发展的平台。临港产业园区成功地将"前港—中区—后城"（Port - Park - City, PPC）这种园区开发模式复制过来，打造出一个较为完善的港口、物流、金融和园区生态圈，成为共建"一带一路"中商业贸易的交流和互联互通建设的一张"新名片"。"前港—中区—后城"模式是指由一个企业独立开发、建设、经营、管理一个相对独立的区域，并在经济体制和行政管理体制上进行全方位配套改革。其核心在于港口先行、产业园区跟进、配套城市功能开发，进而实现区域联动发展[①]。

与"陆路丝绸之路""海上丝绸之路"的建设进程相比，过去十年间在国家层面上打造"空中丝绸之路"还处于探索之中。换而言之，只有个别案例可供借鉴，如郑州—卢森堡"空中丝绸之路"，尚未形成可供借鉴的成熟模式[②]。在这里，我们仅就影响"空中丝绸之路"建设的因素做一理论上的初步分析。

一、创造规模经济效应

为何某些机场能够成为国际航空运输中心，而另一些则不能？规模经济效应在空运市场上发挥着重要的作用。以客运为例，国际上通行的模式呈现为，要在300万以上人口的城市设立机场才有可能盈利。在中国满足这一标准的城市有很多。根据《2019年城市建设统计年鉴》的数据，目前有30个城市城区人口超过300万人，其中超过1000万人的超大城市有6个；500万—1000万人的特大城市有10个；300万—500万人的Ⅰ型大城市有14个。然而，围绕这些城市建立起国际航空运输中心的情况并不多，关键在于国际、国内航空运输市场的竞争非常激

[①] 李向阳：《"一带一路"的经济学分析》，中国社会科学出版社2021年版。
[②] 有关郑州—卢森堡"空中丝绸之路"模式的进一步分析，参见本书第四章。

烈。目前，全国共有240多个机场，66家航空公司，其竞争程度可见一斑。

作为后来者，要想跻身这个市场必须寻求恰当的突破口。在这方面，河南（郑州）选择了对外国航空公司的股权并购作为突破口。2014年4月22日，河南航投与卢森堡货航完成股权交割，成为卢森堡货航的第二大股东。2017年6月12日，卢森堡货航和河南航投等在北京正式签署合资合同，合资成立以郑州为基地的本土货运航空公司。这为卢森堡货航进入郑州机场开展全面合作创造了条件。作为这一模式的复制，为打造郑州—金边"空中丝绸之路"，2022年3月16日，郑州航空港兴港投资集团入股柬埔寨国家航空有限公司。兴港投资集团通过产业引导基金收购柬国航28%的股权，成为仅次于柬埔寨王国政府（持股30%）的柬国航单一第二大股东。以股权投资作为突破口，发挥市场机制的功能，拓展航空公司之间合作的深度与高度，克服规模经济的门槛效应，这是一种值得借鉴的经验。

二、构建临空经济区

临空经济区以临空经济为基础，为"空中丝绸之路"建设提供了经济支撑。临空经济是基于航空快速运输的优势，利用机场的产业集聚效应，促使高端经济要素：资本、信息、技术、人口等向机场周边地区集中，在机场周边形成了航空核心产业、航空关联产业和航空引致产业等航空相关的产业集群，这种新兴的区域开放型经济形态称为临空经济。临空经济是一种以机场及周边地区为发展空间，在机场中心的区位优势、航空导向型产业的自组织优势、空港新城的资源平台优势共同作用下，实现空港、产业和空港新城三者的协同发展[①]。依据国际上机场的空间结构模式，临空经济区可分为四个环形：中心机场环、商业服务环、制造配送环和外围环。

国内大型机场均在致力于发展临空经济区，如北京顺义临空经济区、上海虹桥临空经济区、郑州航空港经济综合实验区、西安国家航空

---

① 曹云春：《临空经济区：空中丝绸之路的战略支点》，载《区域经济评论》2015年第5期，第75－77页。

城实验区、天津空港经济区、青岛临空经济区、成都双流国际机场临空经济区、杭州萧山空港经济区、武汉临空经济区、深圳机场物流园区、广州花都空港经济区、长沙临空经济示范区、北京大兴国际机场临空经济区（筹建中）等。其中，郑州航空港经济综合实验区是全国首个上升为国家战略的航空港经济发展先行区。2013年3月7日，国务院正式批复了《郑州航空港经济综合实验区发展规划（2013—2025年）》。

"空中丝绸之路"框架下的临空经济区与海上丝绸之路框架下的临港产业园区有异曲同工之处，其目标是充分发挥航空运输的经济辐射效应，使航空港成为一个经济辐射中心，而不仅仅是一个单纯的运输通道。这是和经济走廊的基本功能相吻合的。由于适宜航空运输和临空产业发展的产品主要是"短、小、轻、薄、贵"的高新技术产品，只有这些产品才能与航空运输所要求的"体积小、重量轻、价值高、时效性强"的货物特点相契合。与此对应，临空经济有助于推动产业向技术密集型、知识密集型产业转变；有助于促进全球技术转移；有助于促进科技创新与现代服务业融合[①]。

作为"空中丝绸之路"建设的经济支撑，理论上航线的两端都设置临空经济区才有助于提升"空中丝绸之路"的效能。但现阶段中国已有的临空经济区多数是建立在"一（国内机场）对多（海外机场）"的理念之上的，客观上发挥着自由贸易园区的功能。河南省打造的郑州—卢森堡"空中丝绸之路"与郑州—金边"空中丝绸之路"是"一（国内机场）对一（海外机场）"的模式。这更符合共建"一带一路"框架下的经济走廊理念[②]，尤其是在中国与发展中国家之间共建"一带一路"过程中更为重要。

三、开展政府间的合作与支持

以经济走廊为载体的"一带一路"建设离不开共建国政府间的合

[①] 高友才、汤凯：《临空经济与供给侧结构性改革：作用机理与改革指向》，载《经济管理》2017年第10期，第20-32页。

[②] "一带一路"框架下的经济走廊不同于常见的自由贸易区协定。后者的主要功能是消除成员国的贸易投资壁垒，利用相互间的比较优势；而前者的主要功能是缩小成员国之间的发展不平衡，因而不仅要利用相互间的比较优势，而且要为最不发达国家创造新的比较优势。

作与支持,"空中丝绸之路"的建设更是如此。以《郑州—卢森堡"空中丝绸之路"建设专项规划（2017—2025年）》（以下简称《规划》）为例,在《规划》出台之前,国务院已经批复《郑州航空港经济综合实验区发展规划（2013—2025年）》;2015年卢森堡货航已获得第五航站权;2017年中国与卢森堡国家领导人明确表态支持郑州—卢森堡"空中丝绸之路"建设;同年,国家批复中国（河南）自由贸易试验区。在《规划》中,河南省提出构建"双枢纽、多节点、多路线、广覆盖"的发展格局;加快郑州机场三期工程建设,建成北货运区及卢森堡货航（及其成员企业）专属作业区,打造卢森堡货航亚太地区分拨转运中心;推进郑州机场多式联运中心规模化运营,形成全国性"空空+空地"集散中心;推进中国—卢森堡双方多式联运模式创新和标准对接,加强空铁联运航空物流体系建设,实现统一运输箱体、统一安检标准、统一操作流程、统一管理体制等标准对接;以连接全球重要枢纽机场为重点,完善通航点布局,加密国际货运航线航班,新开直飞洲际客运航线,形成覆盖全球的国际客货运航空网络;依托电子口岸公共平台,建设国际先进水平的国际贸易"单一窗口",逐步实现企业通过"单一窗口"一站式办结所有通关手续,进一步提高通关能力和国际贸易便利化水平;吸引国际金融机构在豫设立分支机构,引进大型跨国公司设立财务中心、结算中心,构建国际化金融服务支撑体系;建立健全郑州—卢森堡"空中丝绸之路"便捷通关协作机制;简化卢森堡签证业务流程,减少签证费用,实行面签结果当场告知制度,开展"一站式"签证服务,为向商务往来、文化旅游、探亲互访的双方公民颁发多次入境、多次有效签证提供便利[①]。

围绕构建郑州—金边"空中丝绸之路",河南省致力于获得金边机场客运第五航权,力争第六、第七航权,开通、加密"经郑飞、经柬飞"向南至东盟,向北至东亚、东北亚、中亚国际航线,打造郑州出发经金边"一机到底""一票到底""代码共享航班"覆盖主要东盟国家和相关经济体的联程国际航线网络。

---

① 《郑州—卢森堡"空中丝绸之路"建设专项规划（2017—2025年）》,河南省人民政府网站,2024年6月30日, http://henan.gov.cn。

诸如此类的基础设施建设与政策措施都需要政府层面的合作与支持。

第四节　郑州—金边"空中丝绸之路"与内陆地区对外开放的发展方向

对外开放是河南省经济实现跨越式发展的必由之路。2010 年之前，河南省的对外开放度一直停留在 4%—8%，位居全国各省份的末端。以引进富士康为标志，河南省的对外开放度提高到 10% 以上，并呈现出稳步上升的态势[①]。但就整体而言，河南省的对外开放度仍低于全国平均水平，更低于东部沿海地区的省份（如上海、广东、浙江等）；外贸结构呈现出单一特征，以手机组装为主的加工贸易超过 50%，一般贸易明显不足；外贸支柱多元化格局尚未形成，对富士康等外商企业依赖严重，出口市场集中于美国；"五区"联动，即郑州航空港经济综合实验区、中国（河南）自由贸易试验区、郑洛新国家自主创新示范区、中国（郑州）跨境电子商务综合试验区、国家大数据（河南）综合试验区，尚缺乏有机关联，发展动能不协调[②]。2024 年 3 月 20 日，习近平总书记在新时代推动中部地区崛起座谈会上明确提出，要统筹推进深层次改革和高水平开放，持续打造更具竞争力的内陆开放高地，为包括河南省在内的中部地区对外开放指明了方向。对河南省而言，以"空中丝绸之路"为抓手、打造陆海空网丝路联动、深度融入共建"一带一路"是实现上述目标的可行选择。

一、从对柬埔寨的开放迈向对东南亚地区的开放

继郑州—卢森堡"空中丝绸之路"后，河南省致力于打造第二条"空中丝绸之路"——郑州—金边"空中丝绸之路"。前者是以卢森堡为基地面向欧洲发达国家的开放，后者则是以柬埔寨为基地面向东南亚

[①] 刘钊：《河南经济增长与对外开放度的灰色关联分析》，载《中国市场》2017 年第 11 期，第 127-128、139 页。

[②] 崔岚、曹雷：《新发展格局下河南推动高水平对外开放问题研究》，载《统计理论与实践》2022 年第 4 期，第 50-56 页。

发展中国家的开放。

尽管柬埔寨经济规模较小、发展水平落后，但按照世界银行的测算，从 2016 年起柬埔寨已步入"中等偏下收入国家"行列。柬埔寨新"五角战略"提出要在 2030 年成为中高收入经济体，2050 年成为高收入国家。

郑州（河南）—金边（柬埔寨）"空中丝绸之路"是建立在中柬双边合作关系之上的。柬埔寨是中国周边外交重要方向，也是推进中国特色大国外交的示范田，是塑造中国和世界关系新格局，进一步提升中国国际影响力、感召力、塑造力的重要抓手之一。中柬正在致力于建设高水平、多层次的合作机制：以高水平的政治互信、高标准务实合作、共同维护国际公平正义构建新时代中柬命运共同体；以打造"钻石六边"合作机制，成为构建双边命运共同体的核心支撑。"钻石六边"合作架构以高层战略沟通为政治引领，以产能、农业和能源合作为重点，完善基础设施、人力资源等配套建设和开发。重点打造两大走廊：一条是以西哈努克省为中心的"工业发展走廊"，推动建设柬埔寨现代化工业生产高地；另一条是洞里萨湖地区的"鱼米走廊"，着力构建立体多元、复合高效的现代农业体系。以 2022 年 1 月 1 日生效的《中柬自由贸易协定》（CCFTA）切实提升中柬贸易投资自由化、便利化的水平。以澜沧江—湄公河合作机制为平台，中柬通过水资源治理、农业减贫、跨域问题治理等领域的区域合作，共同推动澜湄国家命运共同体建设。以共建"一带一路"框架下的中国—中南半岛经济走廊为平台，中柬未来将实现全方位的合作①。

柬埔寨位于东南亚地区的中心地带，未来郑州（河南）与柬埔寨之间的合作将进一步扩展到与东南亚国家的合作。目前，东盟已经成为中国最大的贸易伙伴。在共建"一带一路"框架下的六大经济走廊中，中国—中南半岛经济走廊是发展速度最快和最富有发展潜力的区域。

二、从打造"空中丝绸之路"迈向陆海空网的多元化丝绸之路

郑州—卢森堡"空中丝绸之路"和郑州—金边"空中丝绸之路"

---

① 参见本书第二章的分析。

是河南省融入共建"一带一路"、推进对外开放的名片。这是基于自身地理位置所做的成功尝试。同时，河南省也在积极参与陆路丝绸之路和海上丝绸之路的建设。

在融入陆路丝绸之路建设过程中，河南省从2013年7月开始就开通了由郑州出发、双向运行的中欧班列（中豫号）。2020年5月，郑州被确定为全国五大中欧班列集结中心之一。截至2024年3月31日，河南省中欧班列已累计开行近1.1万列。作为陆路丝绸之路的先行者，中欧班列为中西部内陆地区走向世界市场提供了经济上可行的运输通道。以郑欧班列（郑州—汉堡）为例，运行时间为12天左右，比海运缩短了25—30天，比空运节约资金20%（轻货）—80%（重货）。

尽管没有加入西部跨海新通道机制，但河南省通过发展河海联运、铁海联运，实现了与"海上丝绸之路"的无缝衔接。建成淮河、沙颍河等通江达海的内河高等级航道，开航周口中心港、信阳淮滨港等港口。周口港先后开通至美国长滩港、印度蒙德拉港等8条国际集装箱航线和上海港、淮安港等12条国内集装箱航线，2022年完成集装箱吞吐量超4万标箱。10年来，河南省内河航运集装箱航线实现了从0到20+的突破[①]。

同时，围绕参与网上丝绸之路建设，河南省走在了全国的前列。首创"网购保税1210"监管服务模式并在海内外复制推广，创新开展全国首个跨境电商零售进口药品试点，率先探索"网购保税+线下自提"、零售进口退货中心仓等模式。全省跨境电商进出口额从2014年的不足1亿元跃升至2022年的2209.2亿元，年均增速超过160%，实现跨越式发展。"买全球卖全球"蓝图成为现实[②]。

陆海空网的多元化丝绸之路形成了互为补充的对外开放网络。2022年，河南省进出口总额达8524.1亿元，同比增长4.4%，进出口规模居全国第9位，连续11年稳居中部六省第1位，总值和排位均创历史新高。

---

①② 《不靠海、不临江、不沿边，河南创出内陆开放新路子》，载《郑州日报》，2023年9月26日。

三、从打造运输通道迈向构建经济走廊

共建"一带一路"框架下的陆海空网丝绸之路起步阶段都呈现为一种运输通道,其发展方向是构建起连接不同国家地区之间的经济合作机制,比如,围绕运输通道建立的产业园区、科技园区、自贸试验区等,从而拓宽经济走廊,拉动沿线经济的发展。这是经济走廊建设的普遍规律。

"空中丝绸之路"在空间布局上的特殊性决定了只能围绕机场建立临空经济区。在这方面,郑州航空港经济综合实验区走在了全国的前列。通过郑州—金边"空中丝绸之路"推动中柬合作的深化和可持续,未来需要在柬埔寨建立类似的临空经济区。这种海外产业园区为中国企业"走出去"过程中克服制度与文化冲突提供了缓冲空间和发育土壤,是帮助中国投资者更快适应东道国投资环境、加快企业成长成熟的"投资花园"(Investor Garden)。换而言之,通过这种"投资花园"创造一种适宜企业海外发展需要的政策、制度和文化环境,降低企业海外投资过程中所面临的东道国的制度和文化差异,为企业"走出去"提供制度和文化差异最小化的发展空间[①]。相关的实证研究发现,境外经贸合作区能够通过东道国基础设施改善这一影响机制,有效促进中国对共建"一带一路"国家和地区的对外直接投资。其中,境外经贸合作区建设对中国向发展中国家投资的促进作用更大;从地理位置上看,非邻国经贸合作区的建设对中国对外直接投资的拉动作用更大[②]。

目前,中国多个省份在柬埔寨设有产业园区,体现了对柬埔寨经济发展与中柬合作前景的乐观预期。但同时我们也注意到,多数产业园区还停留在"挂牌无投资"阶段[③]。未来如何构建与中方临空经济区(或临港经济区)相匹配的海外产业园区是"空中丝绸之路"建设,也是河南省扩大对外开放的主要任务之一。

---

① 陈伟等:《论海外园区在中国企业对外投资中的作用:以柬埔寨西哈努克港经济特区为例》,载《地理学报》2020年6月号,第1210－1222页。

② 原帼力、张丹:《境外经贸合作区建设对中国对外直接投资的影响:基于"一带一路"沿线47国实证研究》,载《学术探讨》2023年第11期,第38－49页。

③ 详见本书第三章。

四、从"硬联通"迈向"软联通"

在"一带一路"建设的起步阶段，以基础设施投资的互联互通是其主要内容，以致于许多人误以为"一带一路"建设不需要规则和机制化。共建"一带一路"的基本属性是发展导向，与此相对应的是现行全球治理体系的规则导向。简单地说，规则导向就是"先定规则，后谈合作"。无论是以 WTO 为代表的多边贸易机制还是众多的区域贸易协定都是如此。这种模式带来的后果之一是规则把一部分国家，尤其是最不发达国家，排除在合作进程之外，从而形成了规则门槛。在这种意义上，它们所宣称的开放性事实上是有条件的。发展导向则是"先谈合作，后定规则"。只要接受丝路精神，理论上任何国家都可以参与进来。但伴随合作的深化，对规则和机制化的需求自然而生。发展导向没有规则门槛，不等于说不需要规则。与规则导向相比，发展导向体现了真正意义上的开放性。

2017 年 5 月，习近平总书记在首届"一带一路"国际合作高峰论坛开幕式上明确提出，要促进政策、规则、标准三位一体的联通，为互联互通提供机制保障[①]。2021 年 4 月，国家主席习近平在博鳌亚洲论坛开幕式致辞中首次把以规则标准为代表的"软联通"和以基础设施为代表的"硬联通"作为"一带一路"建设未来的发展方向[②]。同年 11 月，他在第三次"一带一路"建设座谈会上更加明确地提出，"把基础设施'硬联通'作为重要方向，把规则标准'软联通'作为重要支撑，把同共建国家人民'心联通'作为重要基础，推动共建'一带一路'高质量发展，取得实打实、沉甸甸的成就"[③]。2023 年 10 月，他在第三届"一带一路"国际合作高峰论坛上总结过去 10 年进展时指出："'一

---

① 习近平：《携手推进"一带一路"建设》，载《习近平谈"一带一路"（2023 年版）》，中央文献出版社，第 163－174 页。
② 习近平：《建设更紧密的"一带一路"伙伴关系》，载《习近平谈"一带一路"（2023 年版）》，中央文献出版社，第 302－303 页。
③ 习近平：《推动共建"一带一路"高质量发展不断取得新成效》，载《习近平谈"一带一路"（2023 年版）》，中央文献出版社，第 315－318 页。

带一路'合作从硬联通扩展到软联通。"①

共建"一带一路"框架下的"软联通"建设是一项复杂的系统工程。在宏观层面，未来需要推动降低关税与非关税壁垒、提高贸易便利化水平、构建共建国之间的合作机制、建设投资保障机制等；在微观层面，未来除了需要落实国家层面的政策外，还需要探索符合本地区与东道国实际的贸易自由化措施，比如，海外产业园区建设过程中需要构建政策协调机制、打造投资软硬环境、促进信息与资源共享以及释放集聚经济效应等。

在中柬合作中，"硬联通"建设业已取得巨大的进展。2023年，由中国参与建设的新金边国际机场建成，成为全球最高等级的4F级机场；2023年10月16日，由中国参与建造的柬埔寨暹粒吴哥国际机场正式通航运营；由中国公司天津优联集团开发建设的七星海国际机场预计将于2024年8月通航，该机场建设等级为4E级；2024年7月，柬埔寨首相洪玛奈日前签发政令，成立德崇扶南运河项目筹备专门委员会，该运河将把湄公河与柬埔寨海连接起来，同样由中国参与建设。然而，柬埔寨的贸易便利化水平在东南亚国家中仍处于落后状态。未来推动中柬之间的"软联通"仍是一项优先任务。

五、从贸易投资领域的对外开放迈向全方位的对外开放

过去10年，通过融入共建"一带一路"，包括河南省在内的中西部地区的对外开放度有了大幅提升，但以共建"一带一路"为载体推动对外开放并不限于贸易投资领域。民心相通是"五通"的有机组成部分；同时，共建"一带一路"也是推动构建人类命运共同体的重要实践平台。

为推进民心相通，中西部地区的对外开放需要覆盖文化、教育、旅游等诸多领域。以河南省为例，依托郑州—金边"空中丝绸之路"，2023年11月双方签署了《郑州教育局与柬埔寨王家研究院联合开展国际教育合作谅解备忘录》《"少林寺与吴哥窟的对话"郑州文化广电和

---

① 习近平：《建设开放包容、互联互通、共同发展的世界》，载《习近平谈"一带一路"（2023年版）》，中央文献出版社，第347－353页。

旅游局、柬埔寨国家旅游协会、柬埔寨国家航空有限公司战略合作框架协议》《"推进制度型开放、加快高质量发展"郑州—柬埔寨高端智库战略合作框架协议》《"两国双园"双向投资战略合作备忘录》,为推动合作共识变为实际行动奠定了坚实基础。

对内陆地区而言,文化、教育、旅游等领域的合作既是服务业开放的重要内容,也是推动民心相通、弥补理念开放短板的重要途径。

第二章

中柬关系与双边经济合作的定位

当前,百年未有之大变局加速演进,世界之变、时代之变、历史之变正以前所未有的方式展开,世界进入新的动荡变革期,但人类发展进步的大方向不会改变,世界历史曲折前进的大逻辑不会改变,国际社会命运与共的大趋势不会改变。新征程上,中国特色大国外交将进入一个可以更有作为的新阶段。柬埔寨是中国周边外交重要方向,也是推进中国特色大国外交的示范田,塑造中国和世界关系新格局,进一步提升中国国际影响力、感召力、塑造力的重要抓手之一。中柬建交以来,两国相互尊重、相互信任、相互支持、相互成就,树立了大小国家平等相待、互利双赢的典范,彰显了中柬铁杆友谊牢不可破。深入分析和研究中柬关系,有助于厘清双边经济合作的精准定位,为推动"郑州—金边'空中丝绸之路'经济走廊"顶层设计和落地建设奠定了坚实基础。在此背景下,正确认识和了解柬埔寨基本国情是分析中柬关系与双边经济合作定位的前提。

第一节 柬埔寨基本国情

柬埔寨王国(The Kingdom of Cambodia,以下简称柬埔寨)是一个拥有悠久历史的东南亚古国,它位于亚洲中南半岛南部,东部和东南部同越南接壤,北部与老挝交界,西部和西北部与泰国毗邻,首都为金边。柬埔寨国土面积在东南亚11国中居第8位,中部地区以洞里萨湖和湄公河为核心,洞里萨盆地—湄公河低地构成了柬埔寨最大的地理单元，洞里萨湖则是柬埔寨著名的鱼米之乡①。人口方面，截至2023年，柬埔寨人口数量约为1694万，城市人口占总人口的26.2%，大部分民众居住于农村地区，人口年龄结构呈现年轻化特点②。

柬埔寨作为一个多民族国家，全国共有20多个民族和部族，其中，高棉族为主体民族。在宗教信仰方面，柬埔寨以佛教（小乘佛教）为国教，在尊重民众宗教与信仰自由的基础上，伊斯兰教、天主教和原始宗教等也在本土得到发展。1999年，柬埔寨加入东盟，成为第十个成员国。

近年来，柬埔寨成为全球经济增长速度最快的国家之一，国家实施开放的自由市场经济政策，但由于其经济基础较弱，仍处中低收入经济体之列。根据世界银行公布的数据，柬埔寨在2020年前10年，经济年增长率维持在7%左右，公共债务保持在国内生产总值（GDP）的40%以下。经济的快速增长有效缓解国内贫困状况，柬埔寨贫困率由2014年的26%下降至2020年的18%，下降约1/3，这意味着每天生活消费不足2.7美元的柬埔寨民众减少了120万③。然而，作为小型经济开放体，柬埔寨经济发展易受持续性的外部不利因素影响，维持经济平稳发展受到极大挑战。短期内，柬埔寨主要经济体受到大幅度收紧货币政策等叠加负面冲击的影响，经济增长率恢复缓慢。从中长期来看，随着国内经济结构性改革、签订双边自由贸易协定等利好政策落地，柬埔寨将有效提升国内出口及吸引外国直接投资（FDI）水平，基础设施领域的私人及公共投资也将大幅增加，其经济增长率有望恢复到6%—7%④。

一、柬埔寨政治发展历程及特征

柬埔寨历史悠久，从公元1世纪至法国殖民前，共经历扶南王国、早期真腊、吴哥王朝、晚期真腊、柬埔寨王国五代王朝。9—15世纪初

---

① 卢光盛等：《列国志：柬埔寨》，社会科学文献出版社2014年版，第3-4页。
② Worldometer，"Cambodia Population"，2024.6.20，https：//www.worldometers.info/world-population/cambodia-population/.
③ World Bank Blogs，"Cambodia 2030：Economic Slowdown Offers Opportunity to Speed Up Reforms"，2023.11.23，https：//blogs.worldbank.org/en/eastasiapacific/cambodia-2030-economic-slowdown-offers-opportunity-speed-reforms.
④ World Bank，"Cambodia Economic Update from Recovery to Reform Special Focus"，2023.11.22，https：//documents1.worldbank.org/curated/en/099112023082512660/pdf/P1773400acb58a0260905e06ed54ad7edf5.pdf.

叶的吴哥王朝是柬埔寨历史上最强盛的时期，在佛教与印度教文化的影响下，孕育了被誉为"古代东方文化四大奇迹"之一的吴哥文化[①]。作为柬埔寨最具代表性的古代建筑，吴哥窟被绘制在国旗上，以象征其璀璨悠久的文化。19 世纪末，法国殖民者借柬埔寨国内政局发生变故之机，干涉其内政，使柬埔寨成为法国的保护国。随后法国政府颁布法令，将越南的东京、安南和交趾支那与柬埔寨一起组成法属印度支那联邦，并对柬埔寨进行长达半个世纪的殖民统治。法国政府在殖民期间，设立法属总督及驻柬埔寨首席殖民官员，并在名义上保留了柬埔寨国王，其权力遭到殖民政府剥夺。法国的殖民统治对柬埔寨政治与社会结构造成了深远影响。

1953 年，在诺罗敦·西哈努克（Norodom Sihanouk）的领导下，柬埔寨实现独立并在次年日内瓦会议上获得了国际社会的承认。独立后的柬埔寨迈入新的历史时期。依靠西哈努克的个人威望，柬埔寨在一段时间出现了内政稳定、经济向好的局面。然而，在"冷战"背景下，柬埔寨的中立政策遭到美国政府不满，趁柬埔寨国内矛盾尖锐之际，对柬埔寨内政进行干涉，扶持亲美的朗诺（Lon Nol）发动政变，罢黜西哈努克首相职位。对此，中国等第三世界国家坚决支持西哈努克，拒不承认朗诺政权。1970 年 3 月，西哈努克亲王在北京发表声明，宣布建立柬埔寨民族统一战线（National United Front of Kampuchea），并任主席。同年 5 月，柬埔寨王国民族团结政府（Royal Government of National Union of Kampuchea）在北京成立，西哈努克亲王担任国家元首。同时，美国与南越军队借清除越共之名，公然入侵柬埔寨，至此柬埔寨人民的抗美救国战争全面展开。

20 世纪 70 年代，美军从印度支那撤军、朗诺政府倒台，波尔布特政权随即崛起，柬埔寨进入红色高棉统治时期。1978 年，越南在苏联支持下大举入侵柬埔寨，推翻波尔布特政权，同时此举也激发了柬埔寨民众抗越救国的团结力量。1984 年，越南政府在考虑到国际形势变化及国内经济发展的现实需求后，宣布将撤军柬埔寨。

1993 年，柬埔寨举行了首次选举，议会通过了新宪法，确立君主

[①] 卢光盛等：《列国志：柬埔寨》，社会科学文献出版社 2014 年版，第 150 页。

立宪制，由西哈努克担任国王，拉那烈（Norodom Ranariddh）任政府第一首相，洪森（Houn Sen）任第二首相。值得注意的是，柬埔寨在君主立宪制下确立了多党制度，国王是终身国家元首、国家军队最高司令，但其角色主要是象征性和仪式性的，行使权力需要在宪法框架内。另外，参议院有权审议国会通过的法案。首相由获得议席最多的政党提名，经国会半数以上议员投票通过，获国王御准并进行就职宣誓后正式就任。

总的来说，在柬埔寨政治发展历程中，君主立宪制在国家稳定、推动民主进程中发挥了重要作用。目前，柬埔寨人民党是第一大党和执政党。现任柬埔寨最高领导层为国王诺罗敦·西哈莫尼，参议院主席为洪森，国会主席为昆索达莉，首相为洪玛奈。2023年，柬埔寨人民党宣布赢得第七届全国大选，随即洪森宣布其子洪玛奈将接任首相一职，洪森继续担任人民党主席并兼任参议院主席，以保证柬埔寨权力的平稳过渡。"后洪森时代"下，柬埔寨政治仍面临诸多挑战，如何稳步推进政治改革进程、维持经济发展和社会和谐稳定成为洪玛奈政府的重要课题。

二、柬埔寨经济发展态势

（一）经济发展水平

根据世界银行于2023年7月公布的国家分类标准，柬埔寨仍属于中低收入经济体[①]，服务业为经济发展主要驱动力，外贸依存度较高。1997年亚洲金融危机后，柬埔寨迎来近十年的恢复期，1999—2007年取得了约10%的年均复合增速。2008年，受金融危机的影响，柬埔寨经济生产活动遭受严重冲击，次年GDP增长率降至0.1%。2020年前近10年，柬埔寨经济保持年均7%的增长速度，成为世界经济增长最快的经济体之一[②]。2016年，柬埔寨被世界银行由"低收入国家"调整为"中低收入国家"。2020年柬埔寨GDP年增长率降至－3.1%，但其

---

① 世界银行以人均年收入水平为基准，划定低收入国家人均年收入小于1135美元、中低收入国家介于1136—4465美元、中高收入国家及高收入国介于4466—13845美元及大于13845美元。

② 李卢霞等：《"亚洲经济新虎"柬埔寨概览、动态和展望》，中国工商银行（亚洲）东南亚研究中心，2023年10月5日，https://news.goalfore.cn/topstories/detail/48544.html。

经济复苏迅速,2022年柬埔寨GDP增速反弹至5.2%①。目前,柬埔寨主要的贸易合作伙伴为东盟国家、中国、美国及欧盟。在对外贸易方面,柬埔寨得益于低成本的劳动力优势及发达国家给予的普惠制待遇(GSP)等优惠政策,纺织服装品出口占总出口额比重较高。

近年来,柬埔寨以服务业为主导,工业发展迅速。21世纪以来,柬埔寨经济发展势头强劲,产业结构呈现农业比重下降,制造业与服务业比重上升的趋势。2022年,柬埔寨农业、工业、服务业增加值占GDP比重分别为22.2%、37.9%、33.9%②。柬埔寨农业禀赋优越,劳动力充足,但受限于基础设施落后,农业生产技术及知识匮乏,导致农业增加值年增速上涨缓慢。随着柬埔寨发展战略的调整和外资吸引力的提升,柬埔寨工业发展迅速,工业产值快速增长。自2009年起,柬埔寨工业增加值稳步提升,由21.7%上升至2022年的37.9%。21世纪以来,以旅游业为主的服务业为柬埔寨经济提供了重要的发展机遇。根据世界银行统计,2001—2019年,柬埔寨服务业增加值占GDP总额的38%—40%。疫情过后,柬埔寨旅游业回暖,2022年旅游业收入为14.1亿美元,对国内GDP贡献率达3.6%③。

(二)经济发展战略

柬埔寨经济发展战略与国家总体发展战略紧密相依,自20世纪末起,柬埔寨政府先后提出"三角战略"(Triangular Strategy)、"四角战略"(Rectangular Strategy)及"五角战略"(Pentagon Strategy),为国家发展提供政策指引与经济发展蓝图。

"三角战略"(1998—2003年)是柬埔寨政府实施的首个国家战略,

---

① World Bank, "Data for Lower middle income Cambodia", 2024.6.21, https://data.worldbank.org/?locations = XN – KH.

② World Bank, "Agriculture, Forestry, and Fishing, Value Added (% of GDP) – Cambodia", 2024.6.22, https://data.worldbank.org/indicator/NV.AGR.TOTL.ZS?locations = KH; World Bank, "Industry (including construction), value added (% of GDP) – Cambodia", https://data.worldbank.org/indicator/NV.IND.TOTL.ZS?locations = KH; World Bank, "Services, value added (% of GDP) – Cambodia", https://data.worldbank.org/indicator/NV.SRV.TOTL.ZS?lo-cations = KH.

③ 华夏:《柬埔寨旅游业在2022年的收入为14.1亿美元》,新华社,2023年3月10日,https://english.news.cn/20230310/38e4a5c7821d48a2983eacf4b46721c2/c.html#:~:text = PHN-OM%20PENH%2C%20March%2010%20%28Xinhua%29%20 – %20Cambodia%27s%20tourism, a%20Ministry%20of%20Tourism%20report%20released%20on%20Friday。

颁布初期相当于柬埔寨施政纲领中的"宏观经济政策措施",指导当时满目疮痍的柬埔寨坚定地走上改革发展的道路①。维持政局稳定、推进经济平稳运行以及激发私营部门发展潜力是"三角战略"的核心目标,也是日后"四角战略"与"五角战略"目标设定的基础。该战略为金融危机后,柬埔寨打造和平稳定的政治环境、吸引外国直接投资,促进经济多元主体发展创造了有利环境和重要机遇。2004年,柬埔寨政府启动"四角战略"(2004—2023年),旨在从"增长、就业、公平与效率"四个维度为柬埔寨国家发展提速。作为"三角战略"的延续,"四角战略"分为四个阶段执行,实施周期更长,战略目标更为细致明确,易于政府与合作伙伴理解和执行,成为柬埔寨政府施政纲领中最重要的组成部分。其中,加强国家基础设施建设、促进人力资源开发、提高农村发展水平、支持私营部门发展和促进就业为"四角战略"的目标。总的来说,"三角战略"和"四角战略"为柬埔寨国家发展提供了一个清晰、全面和连贯的政策框架,并为日后国家战略的制定与实施提供了宝贵经验。

2023年8月,柬埔寨新任首相洪玛奈宣布实施"五角战略"②及其第一阶段的国家发展计划。"五角战略"是在过去25年柬埔寨和平发展的基础上,规划在未来25年内引领国家和人民实现高收入国家的发展战略,以期为柬埔寨2050年愿景的实现奠定基础。该战略相较以往两项战略,在宏观层面涉及的发展维度更广,例如,在"四角战略"的基础上,新增"可持续发展"作为第五维度。另外,在战略发展的优先事项方面,柬埔寨政府在原有"人、道路、水、电"基础上,增加"技术发展"。这反映了柬埔寨在应对新冠疫情这一全球性卫生危机后,意识到数字化转型对于社会经济复原力的重要性③。

作为新时期国家发展战略,"五角战略"为未来一段时间内柬埔寨

---

① 梁薇:《柬埔寨:2017年回顾与2018年展望》,载《东南亚纵横》2018年第1期,第28－33页。

② 柬埔寨政府在2023年8月发布的"五角战略",分别指人力资本发展、经济多元化和提升竞争力、发展私人领域和就业、抗御力和可持续发展、数字经济和社会发展5个方面。

③ Royal Government of Cambodia, "Pentagonal Strategy – Phase I, Home The National Council for Sustainable Development", 2023.8, https://ncsd.moe.gov.kh/dcc/resource/document/pentagonal/strategy/phase/1.

国家发展规划出新的发展路径。在第一阶段的战略实施中，柬埔寨将重点关注人力资源提升、实现经济多元化与提升竞争力、发展私人领域和促进就业、增强抵御力和实现可持续发展、促进数字经济和社会发展五大方面，以适应国内经济发展需求和不断变化的全球发展态势。

三、柬埔寨外交特征与方向

（一）外交原则

长期以来，柬埔寨秉持维护国家独立、主权与领土完整、保持中立，促进地区及世界和平、安全、稳定、秩序和团结的外交原则[①]。自20世纪50年代实现独立以来，柬埔寨坚定奉行不结盟政策，与周边国家及全球各国和平共处，倡导和平解决争端，并以互利共赢为准则开展对外关系。在"民族独立"精神的指导下，柬埔寨恢复巩固与"旧友"国家的合作，并积极与包括东欧、中欧、中亚、非洲、中东及拉丁美洲国家在内的"新伙伴"建立联系并展开合作。

经济外交是柬埔寨的外交重点。当前，柬埔寨政府推进由传统外交转向以经济、文化和旅游为核心的外交实践，以吸引多元化的境外投资、拓展出口市场，早日实现2030年中高收入国家和2050年高收入国家的发展愿景。近年来，柬埔寨积极参与全球事务治理，维护国际和平与安全，推动全球可持续发展进程。另外，柬埔寨还派遣军队参与联合国维和任务，专注于人道主义救援，与当地民众建立良好关系，为维护世界和平作出贡献。

（二）与中国的关系

中柬传统友谊源远流长，历久弥新。自1958年正式建交以来，中柬两国领导人保持密切友好交往，特别是在西哈努克时期，两国建立起深厚友谊，为双边关系持续稳定发展奠定了坚实基础。中柬在核心利益上相互支持，是双边关系不断深化的关键。中国始终尊重柬埔寨根据本国国情选择发展道路的权利，坚决反对外部势力干预柬埔寨内政，并在柬埔寨受到西方制裁陷入窘境之时施以援手，体现两国高水平的政治互

---

① Kingdom of Cambodia Ministry of Foreign Affairs & International Cooperation, "Cambodia's Foreign Policy Direction", 2024.6.20, https：//www.mfaic.gov.kh/Page/2021 - 02 - 08 - Cambo - dia - s - Foreign - Policy - Direction.

信。在参与地区与全球事务过程中，柬埔寨始终奉行独立自主的外交政策，坚定支持中国在南海问题上的合法权益，反对外部势力干涉与恶意抹黑。在 2016 年南海仲裁案发生后，柬埔寨多次表明立场，强调南海争端是中菲双边问题，不应被外部势力利用煽动地区紧张局势。2022 年 7 月，柬埔寨副首相兼外交大臣布拉索昆与王毅外长会面时表示，柬方反对外部势力对本地区事务指手画脚、逼迫地区国家选边站队、推行零和思维和地缘博弈[①]。

中柬经贸关系密切，中国是柬埔寨最大的进口来源国和第三大出口目的地。两国贸易结构呈互补性特点，柬埔寨主要从中国进口资本密集型产品，如纺织原料，而出口劳动密集型产品，如兽皮和谷物。受益于中柬自由贸易协定和 RCEP（区域全面经济伙伴关系）的实施，两国贸易商品的零关税税目超过 90%，双边贸易合作水平得到进一步提升。

在安全领域，中柬通过联合执法打击海盗、恐怖主义及跨境犯罪，有效维护海上安全及地区稳定。两国定期开展"金龙"军事演习活动，推动军事联演的常态化发展，并在教育训练、医疗卫勤、扫雷等领域增进互动交流。此外，中柬在中国—东盟非传统安全合作框架下，同区域内其他国家共同打击贩毒、偷运非法移民、海盗、恐怖主义、武器走私、洗钱、国际经济犯罪和网络犯罪等方面合作，增强两国在多边安全合作中的协作能力。

在人文交流方面，教育合作成为中柬文化互鉴的重要桥梁，通过设立奖学金项目、高校学生互访等为两国青年提供多元化交流平台。中国还致力于通过向柬传播传统医学知识、援助柬古迹修复、开通赴柬旅游绿色通道等方式，促进两国民相近、心相通。

（三）与美国的关系

1950 年，柬埔寨与美国建交，至今已 70 多年，其间两国关系跌宕起伏，未来双边关系仍面临不确定性。"冷战"时期，红色高棉崛起及越南入侵柬埔寨，致使两国关系急剧恶化。1991 年《巴黎和平条约》的签订，为柬美关系正常化及柬埔寨重新融入国际社会提供了新机遇。

---

① 《王毅会见柬埔寨副首相兼外交大臣布拉索昆》，中华人民共和国驻柬埔寨王国大使馆，2022 年 7 月 5 日，http：//kh.china-embassy.gov.cn/chn/zgjx/202207/t20220705_10715826.htm。

21世纪以来，柬美两国在经济、政治、安全等领域展开合作。经济方面，美国是柬埔寨重要的贸易出口国和外国直接投资来源国。同时，美国及欧盟国家也为柬埔寨发展提供资金与技术援助，例如，通过美国国际开发署（USAID）等渠道，向柬埔寨提供了大量的经济援助和技术支持。然而，美国和欧盟这些年对柬埔寨的经济支持都带有赤裸裸的政治目的①。

近年来，柬美在"人权"方面的分歧，包括言论自由和政治多元化，以及美国对中柬友好关系的忌惮导致两国出现周期性的双边关系紧张，也使两国安全合作受到影响。2017年，因不满美国干预柬埔寨内政，柬埔寨政府暂停了2010年启动的年度双边军事演习"吴哥哨兵"（Angkor Sentinel）。随后，两国海军共同参加的"战备与训练合作"和美国海军援柬工兵部队的军事演习项目也相继取消。此外，美国认为柬美关系受中国势力的影响，这无疑给两国关系蒙上不信任的阴霾②。值得注意的是，美国将2023年柬埔寨政府换届，洪玛奈成为新任首相视为两国关系升温的新契机，便主动派遣大使赴柬访问，并于8月宣布通过USAID恢复此前暂停的1800万美元援柬项目。然而时隔2个月，美国政府却再次以柬埔寨选举期间进行"民主镇压"为由暂停此项援助③。

（四）与日本的关系

近年来，柬埔寨与日本的关系得到全面提升和发展。2023年正值柬埔寨与日本建交70周年之际，两国将双边关系提升至全面战略伙伴关系，此举不仅是两国关系的里程碑，而且反映了柬日两国对双边关系的高度重视和对既往双边合作的肯定。

长期以来，日本是柬埔寨双边经贸合作的重要合作伙伴之一。尽管中国在2007年超过日本成为柬埔寨官方援助的主要来源国，但日本对

---

① 梁薇：《柬埔寨：2016年回顾与2017年展望》，载《东南亚纵横》2017年第2期，第22－28页。
② "Cambodia in between China and US", The Phnom Penh Pos, 2024.8.24, https://www.phnompenhpost.com/opinion/cambodia-between-china-and-us.
③ Financial Express, "US resumes \$18m aid to Cambodia that was Suspended for Undermining Democracy", The Cambodia Daily, 2023.10.2, https://english.cambodiadaily.com/politics/us-resumes-18m-aid-to-cambodia-that-was-suspended-for-undermining-democracy-184549/.

于柬埔寨的发展仍起到重要作用。自1994年以来，柬埔寨已经承接210个日本投资项目，总额达31亿美元。2022年，柬日双边贸易额达到19.48亿美元，日本是柬埔寨商品的第四大购买国①。未来，两国将围绕数字技术、绿色能源及安全领域展开合作。值得注意的是，日本虽为美国的亲密盟友，但两国在柬埔寨的问题上，尤其是关于"人权"和"民主"方面的态度存在差异。2018年，柬埔寨举行全国大选，相较于美国质疑此次大选的"自由与公平"，日本表示将继续为柬埔寨大选提供资金，并派遣选举监督员赶赴大选②，并且在大选后支持和承认柬埔寨政府的合法性。然而，在地缘竞争日益激烈的背景下，美国能否允许日本留有与柬埔寨自主交往的外交空间，是柬日外交关系的重要外部变量。

（五）与东盟的关系

一直以来，柬埔寨积极推动"以人民为中心"（People – Centered）的东盟共同体建设，坚定维护东盟团结，维护东盟中心地位。1999年，柬埔寨正式加入东盟后，便积极推动东盟的政治合作和经济一体化进程，致力于促进东南亚地区安全稳定与经济发展。近年来，柬埔寨不断参与区域治理议程，并在东盟内部发挥重要作用。2012年，柬埔寨担任东盟轮值主席国，2016—2018年担任澜沧江—湄公河合作机制的首位东南亚联合轮值主席国。在担任东盟轮值主席国期间，柬埔寨承办多场重要会议，并在南海问题上推动《南海行为准则》的制定。同时，柬埔寨也利用其与朝鲜的传统友好关系，促使朝鲜成为东盟地区论坛的正式成员国。

在区域合作层面，柬埔寨建立了东盟区域地雷行动中心（AR – MAC），成为东盟处理地区地雷和战争遗留爆炸物的主要机构。随着国家实力和

---

① Hin Pisei, "Cambodia – Japan Trade Passes ＄1.9B after Decrebound", The Phnom Penh-Pos, 2023.1.16, https：//www.phnompenhpost.com/business/cambodia – japan – trade – passes – 19b – after – dec – rebound.

② "Ties that Bind：65 Years of Japan – Cambodia Diplomatic Relations", The Phnom PenhPos, 2019.2.19, https：//www.phnompenhpost.com/supplements – special – reports/ties – bind – 65 – years – japan – cambodia – diplomaticrelations#：~：text = Tokyo% 20has% 20voiced% 20its% 20opposition% 20to% 20the% 20CNRP% E2% 80% 99s，send% 20electoral% 20monitors% 20to% 20observe% 20July% E2% 80% 99s% 20general% 20election.

外交水平的不断提升，柬埔寨将在地区内外事务处理中承担更多的责任并发挥更大的影响力。

第二节　新时代中柬命运共同体

自 21 世纪以来，中柬关系加速推进，完成由全面合作伙伴、全面战略合作伙伴到中柬命运共同体乃至高质量、高水平、高标准的新时代中柬命运共同体的四度跨越。作为率先与中国签订命运共同体协议的国家，柬埔寨始终与中国保持高度的政治互信、深度的务实合作、密切的人文交流，被称为"柬钢"。在"柬钢"示范效应带动下，新时代中柬命运共同体建设正在向高质量、高水平、高标准推进。

一、高质量传统友谊是新时代中柬命运共同体建设的基础

中柬友好交往源远流长，最早可追溯到公元 1 世纪初的东汉时期，双边友谊绵延 2000 余年，经历了三次友好交往高峰[1]。第一次高峰表现为中柬的佛教交流，特别是南朝梁与扶南相互派使者进行密切的佛教交流。第二次高峰是真纳与隋唐的经济文化交流，据统计，从唐高祖武德六年至宪宗元和九年（公元 623—814 年）的 191 年中，真纳先后遣使达 16 次之多，平均约 12 年一次。在两宋和元朝时期，中柬友好交往更加密切。公元 1296 年，元朝温州人周达观随团访问处于鼎盛时期的吴哥王朝，根据其所见所闻撰写了《真纳风土记》，全景式展现了吴哥王朝的社会经济活动，成为柬埔寨人了解吴哥时代的第一手宝贵资料，也成为中柬人文交流的珍贵历史文献。第三次高峰则是明清时代的中柬经济文化交往，中柬使节来往频繁，仅吴哥王朝就向中国遣使 23 次。明代中柬经济贸易规模扩大，空前发展。在朝贡贸易方面，贡品种类增多，数量巨大[2]。在这三次友好交往高峰中，中柬不仅进行了物质文化交流，而且进行了精神文化交流，进一步彰显了文明交流与互鉴的

---

[1] 许利平：《携手构建高质量、高水平、高标准的新时代中柬命运共同体》，《光明日报》，2023 年 3 月 2 日。

[2] 何芳川主编：《中外文化交流史（上册）》，国际文化出版公司 2008 年版，第 293 - 304 页。

成果。

中华人民共和国成立之后,双边友好交往得到了进一步升华。1953年7月,中柬正式建交,此后两国几代领导人保持友好交往,以西哈努克为代表的柬埔寨领导人与中国政府及人民建立深厚的友谊,为双边关系发展奠定坚实的基础①。1955年4月,在万隆亚非会议期间,西哈努克太皇同周恩来总理首次会面,1956年首次访华,从此同中国结下了不解之缘。他曾在华长期逗留,并将中国视作第二故乡。西哈努克曾在接受新华社记者书面采访时说,中国历来是个负责任的大国,严格而忠实地奉行和平共处五项原则,受到爱好和平的国家和人民的尊重和赞扬。他曾表示:"我永远热爱、敬佩和感激中华人民共和国。"②

友好交往的悠久历史促进了中柬两国人民的相互了解与认知,加强了双方对相互文化的认同,成为构建高质量的新时代中柬命运共同体的重要基础。

二、高水平政治互信是新时代中柬命运共同体建设的关键

中柬在涉及对方核心利益和重大关切问题上相互支持,体现了双方的高度政治互信,成为新时代中柬命运共同体建设的关键,体现了新时代中柬命运共同体建设的高水平。柬埔寨一贯坚定奉行一个中国原则,反对任何损害中国主权和领土完整的言行,反对任何形式的"台独"分裂活动,反对外部势力以任何借口干涉主权国家内政,支持中国维护核心利益,支持中国为实现国家统一所做的一切努力。

2002年,柬埔寨担任东盟主席国期间,中国与东盟签署《南海各方行为宣言》,为维护南海和平稳定奠定了坚实基础。近年来,柬埔寨在涉及中国核心利益的问题上仗义执言,坚定站在中国一边,坚持维护公平正义,是中国肝胆相照的"铁杆兄弟",成为彼此信任的"柬钢"。

同时,中国一贯尊重柬埔寨的独立、主权和领土完整,支持柬埔寨

---

① 唐彦林、董明越:《中柬命运共同体建设的进展及推进路径》,载《社会科学动态》2023年第2期,第41页。
② 《通讯:"我永远热爱、敬佩和感激中华人民共和国"——记已故柬埔寨太皇西哈努克的中国情缘》,新华社,2019年9月30日。

人民自主选择符合本国国情的发展道路，始终全力为柬埔寨维护稳定、实现发展、改善民生提供帮助，坚决反对外部势力干涉柬埔寨内政。2018 年，美国为使柬埔寨政府批准反对党原救国党参选，便在大选前取消对选举的援助，一时间令选举工作处于物资短缺的境地。为协助柬埔寨政府脱离窘境，中国政府立即向柬捐赠设备物资。2020 年 2 月，面对欧盟威胁撤销柬埔寨部分产品的输欧优惠待遇（EBA），中国力挺柬埔寨为维护主权及国家尊严所做出的努力，主张反对西方国家通过贸易制裁手段干涉柬埔寨内政。

中国工程兵分队参加了联合国组织的柬埔寨维和行动，具体负责柬埔寨重要基础设施的修复重建。1993 年，两名参加维和的中国工程兵还付出了年轻的生命。

中柬保持高层战略沟通，进一步增进了政治互信。2016 年，习近平主席成功访问柬埔寨；2020 年，为莫尼列太后颁授"友谊勋章"。2020 年 2 月，洪森首相顶风冒雪"逆行"访问北京，给正在抗击新冠疫情的中国人民带来支持，展现了中柬的团结与互信，传递出柬埔寨人民始终同中国人民坚定站在一起的明确信息。西哈莫尼国王和莫尼列太后为中国抗疫慷慨解囊，中方也全力支持柬埔寨抗疫并累计向柬方交付 4200 万剂疫苗。2023 年 2 月，洪森首相实现"三年之约"，访问北京，与习近平主席共同开启新时代命运共同体建设新征程。2023 年 9 月，柬埔寨新首相洪玛奈来华出席第三届"一带一路"国际合作高峰论坛并首次以国家领导人身份访华，与习近平主席共同推动共建"一带一路"倡议同柬埔寨"五角战略"对接，进一步落实好构建新时代中柬命运共同体行动计划。

三、高标准务实合作是新时代中柬命运共同体建设的动力

当前，中柬命运共同体建设进入新时代。务实合作是构建新时代中柬命运共同体的动力，体现了命运共同体建设的高标准。历史上，务实合作进一步密切中柬关系，为命运共同体构建奠定了坚实基础。60 多年前，中国在柬埔寨百废待兴之时及时伸出援手，援建了柬埔寨第一条全线四车道国道、第一家水泥厂、第一座火电站、规模最大的水电站。为纪念中国对柬埔寨的援助建设，1965 年金边修筑了一条由西哈努克国王倡议、周恩来总理代表中国人民增建的毛泽东大道，象征着两国对于合作发展问题上鼎力相助的决心。

2019年启动的中柬构建命运共同体行动计划涵盖了政治、安全、经济、人文、多边等五大领域合作的31项具体目标和举措，仅经济合作就覆盖了经贸投资、交通与基础设施建设、能源、金融等13个领域，人文合作则包括文化旅游、教育卫生、科技创新等11项内容，体现了更多的惠民生与务实性。

在经贸投资方面，多年来中国始终是柬埔寨最大的贸易伙伴和最大的投资来源地。2019年，中柬贸易额为94.3亿美元，2023年，双边贸易额约为122亿美元，超过两国预期目标。特别是柬埔寨大量农产品出口到中国，给柬埔寨农民带来了实实在在的利益。当前，约有三成的柬大米和绝大部分的柬香蕉、龙眼出口至中国市场。中国已连续多年是柬最大外资来源国，中国企业对柬投资涉及交通、电力、农业、制造业、旅游开发、经济特区、信息通信等多个领域。据柬方统计，2023年，中国企业对柬协议投资总额超过30亿美元。

交通与基础设施建设合作成绩斐然。据柬方统计，中国已助柬新修建或升级改造近4000千米道路，建成9座特大桥。2023年初，桔井湄公河大桥及接线公路、7号公路斯昆至磅湛段升级改造项目开工建设。2022年11月，由中方支持建设的金边—西哈努克港高速公路正式通车，标志着柬埔寨正式进入"高速公路时代"。该高速公路建设采用中国设计、中国标准，横跨5个省，双向四车道，车程从原来的5个多小时缩短至2个小时以内，不仅改善了柬埔寨现有公路网结构，还促进了多省和区域的经济联系，有效拉动内需，推动当地旅游、物流、工业等方面发展。

2023年10月16日，暹粒吴哥国际机场正式开通运营。暹粒吴哥国际机场由云投集团牵头投资，云南建投集团负责建设，云南航产投集团负责运营，是中资企业在海外以BOT（建设—经营—转让）模式实施的第一座国际机场，一期项目投资额约11亿美元。按照规划，机场投入运营初期的旅客吞吐量为每年700万人次，2030年增至1000万人次，2050年增至2000万人次。货物吞吐能力初期为1万吨，2050年将提高至6万吨。

能源领域主要集中在电力领域合作。截至 2023 年 11 月底，中资企业已在柬建成投产 10 座水电站、2 座火电站，装机总量占柬全国总装机量的 63.8%。2023 年 5 月，500 千伏主网及域网输变电项目顺利完工，对柬电力发展具有重要战略意义。

在金融领域，双方在推动跨境项目融资等方面开展卓有成效的合作。中国为柬埔寨提供大量经济援助，并投资助力柬埔寨社会发展。近年来，中国银行逐步在柬埔寨各大城市开设营业点，为柬埔寨经贸发展提供资金支持，以缓解柬埔寨部分重大项目资金短缺的情况。中柬跨境资本服务平台的搭建，也有效提升两国跨境项目与跨境投资融资的对接水平，为中国资本联结柬埔寨项目提供一条"快车道"，推动两国经贸合作向更高质量、更高水平层次迈进。

此外，在减贫援助方面，两国合作项目取得丰硕成果，努力实现让柬埔寨老百姓"有路可走、有桥可过"。2020 年底，中国在柬埔寨干丹省实施的"东亚减贫合作倡议"柬埔寨项目顺利完成并交付柬方。2021 年，两国启动中柬友好扶贫示范村项目；2022 年，中国派出援柬农业发展规划项目专家组，赴柬农村进行农业发展规划指导。与短期援助活动不同，中柬减贫援助系列活动多以年为周期，主要聚焦农村农业发展，在帮扶柬埔寨乡村建设的同时，开展技能培训从根本上帮助当地人民摆脱贫困。

两国在医疗卫生、文物修复等领域合作项目也进展顺利。在医疗卫生方面，"爱心行""光明行"公益医疗项目获得柬埔寨人民欢迎。2022 年，仅 3—9 月，在中国援建的考斯玛中柬友谊医院开设的中医门诊内，中国援柬医疗队就治疗患者近 2 万人次，并在柬埔寨全国开展 30 余次健康科普讲座和义诊，服务柬埔寨民众超过 6000 人次[①]。在文物修复方面，1992 年两国达成中柬文化遗产交流合作，2018 年 1 月，中柬正式签署《关于实施吴哥古迹王宫遗址修复项目的立项换文》。2019 年 11 月，王宫遗址修复项目正式开工。项目包括文物建筑修复、考古研究、石刻保护、实验室建设、环境整治和遗址展示等，预计于

---

① 闫韫明、崔琦、刘慧：《卫生合作，打造"健康丝绸之路"》，人民网，2023 年 10 月 12 日，http://www.scio.gov.cn/gxzl/ydyl_26587/zxtj_26590/zxtj_26591/202310/t20231012_773983.html。

2030 年竣工。2022 年 12 月，柬埔寨为保护吴哥古迹做出突出贡献的各国代表颁发勋章，两名年轻的中国工作队队员获柬埔寨王国骑士勋章。2018 年，许言、王元林、顾军三位专家也曾获颁骑士勋章。

2023 年 2 月，习近平主席会见洪森首相期间，就下阶段中柬务实合作做出了战略规划，提出要从政治、产能、农业、能源、安全、人文六大领域入手，着力打造中柬"钻石六边"合作架构。随着"钻石六边"合作架构的落地见效，必将大大推动中柬务实合作不断向更高水平迈进。

四、共同维护国际公平正义是新时代中柬命运共同体建设的重要内涵

柬埔寨是首个与中国签署构建命运共同体行动计划的国家，其中，推动建设相互尊重、公平正义、合作共赢的新型国际关系是中柬命运共同体的重要内涵。2010 年，中柬两国由全面合作伙伴关系升级为全面战略合作伙伴关系。在全面战略合作伙伴关系框架下，中柬奉行结伴不结盟，主张大小国一律平等，相互尊重，共同维护国际社会的公平正义，推动合作共赢。2023 年 2 月，洪森首相访华期间，双方一致认为，要坚持真正的多边主义，共同捍卫国际公平正义，坚定维护国际关系基本准则，反对霸权主义和强权政治，反对搞针对特定国家的阵营化和排他性小圈子。双方同意在双、多边层面率先落实全球发展倡议、全球安全倡议，共同开展全球安全治理，实现共同、综合、合作、可持续安全。双方同意携手共建和平、安宁、繁荣、美丽、友好"五大家园"，深化中国东盟全面战略伙伴关系；加强澜沧江—湄公河合作，推动建设更为紧密的澜湄国家命运共同体。双方还呼吁继续全面有效落实《南海各方行为宣言》，早日达成实质、有效的"南海行为准则"，强调任何利用南海问题破坏地区和平与互信的图谋注定无法得逞。

总之，中柬共同构建高质量、高水平、高标准的新时代命运共同体，既立足于双方国情，又顺应时代潮流，彰显了大小国家间相互尊重、平等相待、合作共赢的相处之道，将继续为构建新型国际关系树立典范，为两国人民带来更多福祉，为地区和平稳定发展做出更大贡献。

第三节 "钻石六边"机制

2023年2月,中柬双方共同提出的打造"钻石六边"合作机制,成为构建新时代中柬命运共同体的核心支撑。这标志着中柬的合作更加开放、更加高质量、更加平衡和更加可持续。特别是中柬在产能、能源和农业领域的合作,将创造更多新亮点,惠及更多百姓,并为地区和平稳定注入强劲动力①。

一、增进治党治国理政经验交流

一直以来,中国共产党与柬埔寨执政党人民党保持密切交流与互动,两党共享发展经验、共谋发展蓝图,在涉及国家核心利益问题上,两国两党彼此尊重相互支持,不断增进对彼此执政理念与方略的理解与认识,为中柬命运共同体行稳致远提供有力支撑。

中国共产党与柬埔寨人民党不断完善沟通机制,在彼此重要场合或提出重大倡议时鼎力相助,对有益于发展中国家乃至世界发展的主张予以坚定支持,彰显两党携手推进世界繁荣与稳定的决心。2017年12月,柬埔寨人民党主席、首相洪森出席中国共产党与世界政党高层对话会,会后表示"中共的治党治国经验对柬人民党启示良多,我们希望就此进一步深化和中方的学习交流,不断提升自身执政能力和水平"②。2022年2月,为应对国际安全挑战,中国提出全球安全倡议,4月,中联部部长宋涛与时任人民党中央常委的洪玛奈举行视频通话,向其介绍该倡议,获得柬方的高度肯定与赞扬③。

近年来,中柬不断深化治国治党经验交流,积极构建两党干部交流平台,通过互派考察团与干部培训班等形式推进双方互动,进一步提高中柬政治互信水平。近年来,柬埔寨人民党高级干部考察团多次赴华,

---

① 许利平:《"钻石六边"将让中柬友谊更牢固》,《环球时报》,2023年2月11日。
② 《习近平会见柬埔寨人民党主席、政府首相洪森》,中国政府网,2017年12月1日,https://www.gov.cn/xinwen/2017-12/01/content_5243802.htm。
③ 《宋涛同柬埔寨人民党中央常委洪玛奈视频通话》,《人民日报》,2022年4月28日第3版。

在中国多地开展考察交流活动，重点关注中国农村基层党风廉政建设示范点、中国新农村建设、绿色发展等涉及民生发展的理论与经验①。2023年11月，人民党高级干部考察团出访上海，首站前往金山区，着重考察了中国共产党在加强基层党建、实施乡村振兴、发展文旅产业、推进中国式现代化等方面的做法和经验②。

高质量、高水平干部队伍是执政党有效治理国家的重要保障，因此培养党内高级干部人才也是考察团关注的问题之一。2023年11月，以柬埔寨人民党中央委员索斯亚拉（H. E. Suos Yara）为团长率考察团赴中国浦东干部学院进行交流，他表示"此次访问中浦院的目的是要了解中国在领导干部人才培养方面的经验做法"③。此外，柬埔寨青年政治家考察团也多次访华。区别于高级干部考察团成员，青年政治家考察团大多为柬埔寨的青年领袖与精英，未来将成为人民党建设发展的中流砥柱。因而促进共产党与人民党青年干部的交流，将有益于两国友好事业的发展，为下一阶段中柬命运共同体建设储备充足的智力财富。

中柬积极利用网络平台，拓宽两党干部交流渠道，通过共同举办线上研修班，凝聚两国发展智慧，以彼之经验，结合本国实情，化解本国发展难题。2020年11月，中共中央对外联络部同柬埔寨举办"共谋后疫情时代中柬命运共同体新发展"的人民党干部网络研修班；2022年6月，中共中央对外联络部副部长郭业洲通过网络形式，出席柬埔寨人民党青年干部网络研修班的开班式。身处不同的政治制度与社会制度，两党在推进国家发展的道路中，制定众多行而有效的发展策略，积累了宝贵的发展经验，能够为对方处理发展难题时提供启示与借鉴。两党干部通过共同参加研修班进行学习交流，将有益于提升两国两党政治协商水平，促进两党互动交流常态化，推进两党关系不断向前发展，为构建中柬命运共同体助力。

---

① 《柬埔寨人民党高级干部考察团访问福建广西等地》，《高棉日报》，2018年2月15日，https://www.sohu.com/a/222800906_99978839。
② 鲁学静、唐屹超：《柬埔寨人民党高级干部考察团来金考察中国式现代化金山新实践》，金山区人民政府网，2023年11月12日，https://www.shanghai.gov.cn/nw15343/20231120/57a464ada61243a2af0dfac83cd97fce.html。
③ 《郑金洲会见柬埔寨人民党高级干部考察团》，中国浦东干部学院官网，2023年11月17日，http://m.celap.org.cn/art/2023/11/17/art_2653_49813.html。

二、携手打造"工业发展走廊"

2023年2月,柬埔寨首相洪森出席中国—柬埔寨经贸投资旅游论坛并致辞,其间在提到柬埔寨国家经济发展战略时指出,要以西哈努克港经济特区为示范,将西哈努克省打造成多功能经济特区,打造柬埔寨"工业发展走廊"①。

"工业发展走廊"建设立足于柬埔寨西部地区,充分发挥中国援建基础设施和工业的优势,着力打造工业园区、物流中心和农业生产基地等,为柬埔寨现代化工业生产创建新高地,并逐步形成一条涵盖西哈努克、干拉、茶胶、金边等省市的较为完整的工业和经济发展走廊②。中柬两国将携手打造"工业发展走廊",不仅能够推进中柬产能合作布局优化,持续提升柬埔寨工业化水平,还能够为区域一体化朝着高质量、高水平发展注入新的动能。

中国长期致力于协助柬埔寨产业经济发展,将西哈努克特区建设作为样板,吸引更多的中资企业赴柬投资兴业,推进柬埔寨工业快速发展。政策方面,中柬两国共同推进《关于促进产能与投资合作的谅解备忘录》和《关于共同推动产能与投资合作重点项目的谅解备忘录》中的合作项目的落地生根,深化两国经贸投资领域合作,助力柬埔寨产能升级。

中柬产能合作与柬基础设施建设息息相关。柬埔寨铁路基础设施落后且运行效率低下,长期制约当地经济发展,阻碍与周边地区的互联互通。因此,在基础设施建设方面,中国协助柬埔寨修建公路、大型桥梁基础设施,卓有成效地为后者改善交通运输状况。2022年11月,东盟峰会召开,其间柬埔寨积极与中国就铁路升级改造、高铁建设议题进行探讨。2023年1月,柬埔寨公共工程和运输部与中国路桥(CRBC)代表团进行有关金边—波贝高铁项目可行性研究。3月,国家发展和改革

---

① 佟明彪:《中柬务实合作持续深化以西港特区为示范打造柬埔寨"工业发展走廊"》,中国经济网,2023年2月12日,http://www.ce.cn/cysc/newmain/yc/jsxw/202302/12/t20230212_38388537.shtml。

② 周月:《全面开启中柬命运共同体建设新时代》,载《社会主义论坛》2023年第10期,第25-27页。

委员会外资司表示，中国将大力支持金边—波贝高铁项目，并且指定技术工作组与柬埔寨合作。该项目建成后将成为柬埔寨首条高速铁路，促进现代物流和国家经济发展，便利柬埔寨与泰国之间人员和贸易往来。基础设施联通水平的不断提高，将为柬埔寨吸引更多中国企业投资进驻，促进柬埔寨沿海经济带和中央经济带的经济发展[①]，向世人展现中柬产能合作巨大潜力。

此外，中国为柬埔寨工业及社会发展提供资金支持。截至2023年，柬埔寨使用约33.4亿美元中国优惠贷款和无偿援助建设项目[②]。然而，此举引发西方国家的猜疑与指责。面对西方煽动传播"中国债务陷阱"论，洪森首相表示，"中国无意给柬埔寨设置债务陷阱，柬埔寨也不会陷入任何国家的债务陷阱"，并强调柬埔寨的发展确实离不开中国的帮助[③]。

未来两国将就共建"一带一路"倡议同"五角战略"进行有效对接，助力柬埔寨基础设施建设，促进经济数字化与多元化发展，加快"工业发展走廊"建设，优化中柬产能合作布局，为两国人民带来实实在在的利益。

三、共同推进"鱼米走廊"建设

推进"鱼米走廊"建设是中柬农业合作的新引擎。2023年2月，中柬领导人提出"鱼米走廊"概念，计划在以柬埔寨西北部及洞里萨湖区为中心的干凉河谷地区，构建立体多元、复合高效的现代农业体系。同年9月，两国签署《关于共建"鱼米走廊"联合工作机制的谅解备忘录》，标志着中柬将在既往农业合作的基础上，拓展在临湖现代化生态农业领域的合作，协同开发种植业与渔业集群项目，形成一条带动沿线地区农业经济提速的发展走廊。

[①] 钟飞腾：《打造中柬"钻石六边"合作架构》，光明网，2023年2月20日，https://m.gmw.cn/baijia/2023-02/20/36377878.html。

[②] Ou Sokmean, "China's Infrastructure Contribution Reaches ＄3.34 Billion", Cambodianess, 2023.9.28, https://cambodianess.com/article/chinas-infrastructure-contribution-reaches-334-billion.

[③] 《洪森：中国为柬埔寨提供最大的帮助，绝对不会设债务陷阱》，东博社，2022年5月8日，https://baijiahao.baidu.com/s?id=1734154932173969566&wfr=spider&for=pc。

农业技术援助为"鱼米走廊"建设提供智力支持。柬埔寨自然禀赋优异，通过技术合作，凝聚两国优势，以释放柬方农业发展的巨大潜力，共同提升地区粮食安全保障能力。2017年7月，柬埔寨—中国热带生态农业合作示范区成立，拟投资142亿元，计划10年内打造以绿色香蕉、胡椒、无公害农产品、优质水果为主导的产业，通过着力推进优良品种研发与推广，加快品种更新换代，提高单产产值，有效增进农产品经济收益①。以香蕉作物为例，多年来，示范区持续由中国引进香蕉组培苗厂、有机肥厂、包装厂、中转冷库等产业链配套设施，逐步形成香蕉全产业链布局②，并为其他农产品作物产业链发展积累宝贵的经验，加速推进柬埔寨水果全产业链发展。示范区取得丰硕成果，使柬埔寨水果种植业的发展信心得到提高，同时也为当地农民提供更多的就业机会，拓展收入来源，加快农村地区脱贫攻坚工作的开展，进一步推动中柬农业合作升级。

协助柬埔寨编制现代农业发展规划为"鱼米走廊"建设提供政策遵循。2017年5月，首届"一带一路"国际合作高峰论坛召开，其间中国表示愿帮助柬埔寨编制现代农业发展规划。2022年8月，首批援柬农业发展规划项目的专家组抵柬并展开调研，成为疫情发生后首个抵柬的农业专家组③。两国农业部门联合成立工作组，一年内中国专家组五次赴柬进行实地调研，与柬方专家共同制定现代农业发展总体规划，其中将大米、玉米、橡胶、木薯、香蕉、畜牧等产业作为柬农业发展的关键潜力品。2023年12月，援柬农业规划顺利结束，中柬完成成果确认与技术交移。柬方对此高度评价，认为该项目不仅是首个"鱼米走廊"的早期收获成果，而且为鱼米走廊的实现擘画了路线图④。

---

① 《柬埔寨—中国热带生态农业合作示范区》，中国产业云招商网，2024年3月12日，http://www.chytvcn/pd.jsp?id=147。
② 赵益普等：《"为柬埔寨农业现代化发展注入更多动力"（共建"一带一路"·第一现场）》，《人民日报》，2023年9月15日第3版。
③ 《中方农业专家组赴柬埔寨执行援外项目任务》，中华人民共和国农业农村部，2022年8月18日，http://www.moa.gov.cn/xw/zwdt/202208/t20220818_6407249.htm。
④ 《2023年中柬农业合作要事回顾》，中华人民共和国商务部，2024年2月4日，http://m.mofcom.gov.cn/article/zwjg/zwxw/zwwxyz/202402/20240203471281.shtml。

四、深化绿色能源合作

中柬能源合作为柬埔寨工业现代化发展注入新动能。2022年11月，中柬计划共同编制低碳示范区建设方案，以切实帮助柬提高应对气候变化能力。

多年来，柬埔寨工业发展过程中存在电力供应不足、用电依赖进口等问题。对此，柬埔寨于先后提出"电力优先"发展战略，设立首个新能源发展目标，提升国家水利资源开发能力，并持续更新其能源发展战略。2019年4月，柬埔寨加入共建"一带一路"能源合作伙伴关系，积极扩大国内绿色能源生产与使用规模。近年来，柬埔寨政府颁布《电力发展总体规划》（PDP）与国家能源效率政策（NEEP），在确保国内电价保持稳定且处于可负担的情况下，为本国进行能源转型指明方向。

中国政府支持中企与柬埔寨在清洁能源领域展开合作，在推进绿色"一带一路"建设的同时，帮助柬埔寨实现能源结构的升级。当前，中国企业已经援建柬埔寨10座水电站，合理提高水资源开发利用率的同时，切实缓解周边地区工业与民众用电紧张问题。2013年，中国企业在柬投资建设的甘再水电站正式投产使用。作为离首都金边最近的水电站，在投产之初的两年间便承担起保障首都金边白天40%、夜间100%电力供应的重任[1]。2018年8月，有柬埔寨"三峡工程"之称的桑河二级水电站竣工投产，其总装机容量40万千瓦，占柬埔寨全国总发电装机容量的近20%[2]。桑河二级水电站除了具备较强的蓄水能力，可在旱季为当地社区提供大量的电力供应外，在其建设运营的过程中，中国企业也为当地培养了200余名技术、技能及管理人才，切实为当地的绿色发展注入了强大动能。

此外，在气候南南合作倡议下，中国协助柬埔寨打造西哈努克省低碳示范区，使其成为国家间应对气候变化合作的典范。气候变化是世界

---

[1] 王涛：《水电建设助柬加快清洁能源发展》，经济日报客户端，2023年10月23日，https：//baijiahao.baidu.com/s?id=1780495906221492035&wfr=spider&for=pc。

[2] 《中柬最大水电合作项目桑河二级水电站累计发电超81亿千瓦时》，国务院国有资产监督管理委员会，2023年2月16日，http：//www.sasac.gov.cn/n2588025/n2588124/c27239087/content.html。

各国共同面临的挑战，中国始终践行绿色可持续发展的同时，积极开展同柬埔寨应对气候变化的合作。2019年，中柬环境部门签署《关于合作建设低碳示范区的谅解备忘录》；2020年12月，中方向西哈努克省低碳示范区建设所捐赠的首批物资抵柬，并于2021年8月全部投入使用。

除物资外，中国技术专家还为柬方工作人员提供关于设备安装、使用和维护方面的培训。2022年11月，中国决定向柬低碳示范区运送第二批物资，其中包括2800套太阳能路灯，200套太阳能校园光伏系统，200辆电动摩托车，10套空气质量自动监测站，10套便携式工业烟气监测、噪声监测、震动监测仪器在内的应对气候变化相关设备和物资①。总体而言，中柬在应对气候变化方面的合作不断深化，通过共同打造低碳示范区，为西港乃至柬埔寨其他地区积累宝贵的绿色发展经验。

五、提升联合执法水平

联合执法是中柬高度战略互信的重要体现。新时代中柬命运共同体建设将提升两国在传统安全与非传统安全领域的合作水平，增强对两国及地区安全事务协作管理能力，为地区提供安全稳定的发展环境。

中柬两军通过增进军兵种间交流、加强人员培训和提升联演联训水平，提高两国联合执法效率。中柬"金龙"军事演习是两国军队交流互鉴、实战练兵的重要平台。2023年4月，中柬"金龙"军演开启第五次联演。作为两军有史以来举行的规模最大的演习，双方参演兵力共3000余人，动用各型装备1000多件②。其间两军进行混编同训、组织装备互操，并交流军事训练的经验。"金龙"联合军演将有效推动两国军队联演向机制化、常态化发展，有益于提高中柬两军战略协作水平，对维护地区和平稳定具有重要意义。在两国领导人的共同指引下，中柬

---

① 《应对气候变化南南合作有实效》，中华人民共和国生态环境部，2022年1月7日，https://www.mee.gov.cn/ywgz/ydqhbh/qhbhlf/202201/t20220107_966426.shtml。

② 高毅、汪尚建、赵超：《巩固铁杆友谊深化军事合作——中柬"金龙-2023"联合演习综述》，中华人民共和国国防部，2023年4月7日，http://www.mod.gov.cn/gfbw/jsxd/16215107.html。

将继续以务实态度深化两军在教育训练、医疗卫勤、扫雷等领域的合作，提高多边协调配合能力。

中柬政府高度重视两国联合执法活动，不断完善执法沟通平台，推进联合执法向机制化、规范化发展，做到行动有规划、事后有总结，不断增强合作能力与效力。2019年1月，习近平主席与洪森首相共同将2019年确定为中柬执法合作年；2021年，两国执法部门签署中柬执法合作行动工作计划，将共同打击危害两国安全的跨境犯罪活动作为重点合作方向；2023年4月，中柬联合执法年行动总结会在北京举行，会上两国共同签署了继续推进中柬执法合作年行动工作计划。另外，中柬在打击跨境犯罪、取缔非法跨境赌博、惩治电信网络诈骗及组织偷渡等方面成效显著，有效威慑危害两国人民的犯罪分子，切实保障两国人民生命财产安全。

未来，两国将努力建好中柬执法合作协调办公室，提升两国联合执法能力，提高调查与侦查效率，增强对跨国违法犯罪的震慑和打击力度，为区域内联合执法树立良好示范。

六、推动人文交流合作

人文交流是延续中柬人民传统友谊、维持两国关系健康稳定发展的重要纽带。

教育交流活动是中柬文化互鉴的重要渠道，两国在高等教育和职业教育方面的合作已经取得亮眼成绩。一直以来，中国政府支持柬埔寨优秀青年来华交流学习。自1998年起，中国开始向柬埔寨提供留学生奖学金，中国—东盟菁英奖学金、"一带一路"奖学金及赴华交流项目为柬埔寨学生提供深入了解中国文化的机会。2020年度"中国—东盟菁英奖学金项目"顺利完成奖学金学员招录工作。来自东盟国家近40名学生被包括北京大学、清华大学、浙江大学在内的中国一流高校录取。

同时，2001—2023年，柬埔寨政府多次派遣学生赴华参加内容丰富的青年交流活动，涵盖文化交流、团队建设、民俗展示等内容的活动极大地增强了中柬青年间协助团结、友好互助的意识。

中柬在民间教育合作领域，特别是职业教育合作领域取得丰硕成果。中柬合作院校积极探索合作办学路径。2019年，中国—柬埔寨职业教育合作联盟成立，到 2023 年 11 月，已有 66 位中方和 20 位柬方理事单位①。在联合办学方面，2023 年 12 月，南京工程学院与柬华理事总会在金边建立了柬华应用科技大学（本科）的永久校区，成为全球首个专攻职业教育的公立本科院校。随着两国现代化发展进程的不断加快，对于人才的需求量也在增多，中柬将继续携手推进两国职业教育合作，共同为国家发展输送掌握专业技术的青年人才。

多年来，中国是赴柬游客最大海外来源地。2023 年，中国赴柬游客达 547798 人，较上年增长 412.5%，占上年东南亚国家国际游客总数的 10%②。2023 年 10 月，中柬两国共同宣布将 2024 年确定为"中柬文化交流年"，并以此为契机推进中柬人文互动进一步发展。为推进"中柬交流年"系列活动的开展，两国已新增多条联网航班，以满足两国出游需求。此外，2023 年 8 月，柬政府为吸引中国游客，宣布正式启动"中国准备"（China Ready）系统，在旅游宣传、语言服务、人民币支付等方面为中国游客提供便利。

另外，中柬在医疗卫生领域持续保持合作，在传统医学领域的成果尤为突出。自新冠疫情发生以来，中国援柬医疗队受到当地民众的广泛欢迎，并在不断与当地医疗部门的交流与合作中，逐渐建立起中医人才培养、中医药知识交流及中医物资捐赠的新型援助模式。2022 年 1 月，中国政府派遣一支中医抗疫医疗队赴柬，并依托于考斯玛中柬友谊医院开设的中医科门诊开展医疗合作。2023 年 7 月，第二批援柬中医医疗队已接待柬籍患者 1512 人次，中医门诊复诊率达 66.8%③。中医医疗团队获得柬埔寨卫生部门高度认可和大力支持，两国计划共同打造中柬中医药中心，为柬培训一批中医药人才，打造一支"带不走的医疗队"。未来，中国援柬医疗队将充分利用平台优势，积极传播中医药知

---

① 《中国—柬埔寨职业教育合作联盟 2023 年会通知》，中国—柬埔寨职业教育合作联盟，2023 年 11 月 17 日，https：//ccvea.wzvtc.cn/xwzx/tzgg/2023/11/17/126072.html？reurl=1711433556968。

② "Cambodia Welcomes 547,798 Chinese Tourists Last Year, up 412.5 pct"，Belt and Road Portal，2024.1.19，https：//eng.yidaiyilu.gov.cn/p/0KDJE1TU.html。

③ 《全力推动中柬传统医学领域交流合作——访援柬中国中医医疗队》，中国青年报客户端，2023 年 9 月 23 日，https：//baijiahao.baidu.com/s？id=1777836097783749975&wfr=spider&for=pc。

识，为柬医护人员开设中医药文化研修班和中医理疗技术培训班，以传统医学交流构筑两国"民心桥"。

总的来说，"钻石六边"合作架构以高层战略沟通为政治引领，以产能、农业和能源合作为重点，完善基础设施、人力资源等配套建设和开发。重点打造两大走廊：一条是以西哈努克省为中心的"工业发展走廊"，推动建设柬埔寨现代化工业生产高地；另一条是洞里萨湖地区的"鱼米走廊"，着力构建立体多元、复合高效的现代农业体系。未来，中柬将共同推进铁路建设，形成以首都金边为中心，北上途经"鱼米走廊"对接中老泰铁路，南下联通"工业发展走廊"至西哈努克港的运输动脉。在军事安全合作和人文合作等方面，将形成更高水平、更具活力的机制。

第四节 《中柬自由贸易协定》

2022年1月1日，《中柬自由贸易协定》（CCFTA）正式生效实施，标志两国经贸投资进入新篇章。该协定自实施以来，中柬贸易和投资呈现双向增长的态势，这得益于双方秉持高开放、广覆盖、互利共赢原则，切实推动中柬贸易投资的自由化、便利化。

一、《中柬自由贸易协定》的签订历程

2020年10月12日，中国商务部部长钟山与柬埔寨商业大臣潘索萨分别在北京和金边代表中柬两国政府，正式签署《中柬自由贸易协定》。该协定的签署体现出中柬升级双边经贸投资水平的共同愿望。早在2019年1月，柬埔寨洪森首相访华期间，两国领导人便就启动中柬双边自由贸易协定进行深入探讨。2019年以来，中柬经贸合作持续发展，双边贸易额稳定攀升，中国成为柬埔寨最大的投资来源国和境外游客来源国。自2019年底两国开展可行性研究，到2020年7月谈判结束，中柬仅通过7个多月便对《中柬自由贸易协定》达成共识，成为目前用时最短、成效最高的自贸协定。2020年1月，两国开启第一轮谈判，双方就货物贸易、海关程序、贸易便利化、原产地规则、服务贸易、透明度、经济技术合作、共建"一带一路"合作、电子商务及相关法律事务进行线下讨论。2020年4月，两国以线上视频形式进行2轮

谈判，首席谈判代表层面展开多次磋商，最终就协议内容达成官方共识。密集的谈判频率、高效的磋商方式，凸显中柬高度的政治互信与坚实的经贸合作基础，体现两国推动双边经贸投资以携手对抗全球疫情冲击的强烈意愿。

《中柬自由贸易协定》是柬埔寨签订的首个双边贸易协定，切实为柬埔寨疫情后经济复苏注入新活力，为柬拓展贸易市场，提升国内跨境贸易合作水平积累宝贵经验。

二、柬埔寨出口贸易与发展外部阻力

农业、工业及旅游业是柬埔寨国家发展的三大支柱型产业。长期以来，柬埔寨工业生产以制衣业为主，服装制品是柬埔寨对外贸易的重要商品。2023年，柬埔寨服装和纺织品出口为81.3亿美元，约占总出口额的35.9%①。服装和纺织品的出口市场以美国、欧洲等为主，尽管柬政府积极拓展出口市场，但美国仍占有40%的市场份额，存在单一市场脆弱风险。农产品出口方面，2023年，柬埔寨出口840万吨农产品，收入约为43亿美元，约占出口总额的17.5%②。中国是柬埔寨最大的贸易伙伴，2023年双边贸易额达122.6亿美元，其中柬埔寨农产品输华是现阶段两国合作的重点。

《中柬自由贸易协定》的达成有助于缓解西方制裁对柬贸易行业造成的困境，促进贸易便利化与能力建设，提升柬埔寨贸易多元化水平。疫情叠加全球贸易增长放缓，加之欧盟取消"除武器外一切"（EBA）的关税优惠等情况，使柬埔寨商品出口率下降，相关行业受到严重冲击。鉴于柬埔寨被列为最不发达国家（LDC）之一，在既往同他国贸易活动中受出口国普惠制（GSP）计划保护，受惠产品受到减免关税等待遇。2017—2021年，柬埔寨的贸易额几乎翻了一番，从254.4亿美元增加到480.1亿美元③。然而，2020年8月，欧盟以柬埔寨"严重损害人

---

①② "Export Statistics by Top 20 Commodities（Chapter），February 2024（Provisional）", General Department of Customs and Excise，2024.3.11，https：//stats.customs.gov.kh/en.
③ Vannarith Chheang，"Cambodia – China Free Trade Agreement：A Cambodian Perspective"，ISEAS，2023.6.12，https：//www.iseas.edu.sg/articles – commentaries/iseas – perspective/2022 – 46 – cambodia – china – free – trade – agreement – a – cambodian – perspective – by – vannarith – chheang/.

权和劳工权利"为由,暂停柬埔寨输欧产品关税优惠待遇。2020年9月,美国暂停对柬普惠制度,对柬实施经济制裁,并声称将根据《全球马格尼茨基人权法案》对柬埔寨高级领导人及在柬经营的中国公司优联发展集团进行制裁①。据《金边邮报》报道,欧盟暂停关税优惠政策将对柬输欧盟国家近10亿欧元商品产生影响,柬将缴纳1.7%—12%的税②。

与此同时,柬埔寨跨境贸易水平较低,阻碍柬货物入驻国际市场。联合国2021年评估显示,柬埔寨贸易便利程度的得分为78.5%,无纸化贸易与跨境无纸化贸易水平较低③,经贸发展面临严峻挑战。

三、关税减让助力中柬经济"纾困"

双边贸易开放程度较高是中柬贸易合作的突出性优势。既往中柬货物贸易关税政策基于《中国—东盟全面经济合作框架协议》,逐步调整两国货物关税减让程度。2002年11月,中国与东盟领导人正式签署《中国—东盟全面经济合作框架协议》,但并未就全部货物的降税安排达成协议。2002年4月,"早期收获计划"开始推行,即针对中国与东盟国家共同感兴趣、互补性强的产品进行提前降税,先行打开市场。其中柬埔寨将539项产品列入"早期收获产品",并计划从2006年开始降税,至2010年完全取消关税④。2010年1月,中国—东盟自贸区正式启动,标志着双方贸易正式步入"零关税"时代。根据协议,中国对东盟国家的平均关税从之前的9.8%降至0.1%,而中柬贸易得益于关税利好政策,进一步紧密双边经贸合作。2019年1月,中国—东盟自贸区(CAFTA)升级版《议定书》正式在成员国间实施,通过升级原产地规则和贸易便利化措施,中柬经贸合作再次跃上新台阶。

2022年1月,《中柬自由贸易协定》生效实施,给予柬埔寨商品进

---

① 《中国驻柬埔寨大使馆发言人就美国对在柬中资企业优联集团实施制裁发表谈话》,中国新闻网,2020年9月16日,http://kh.china-embassy.gov.cn/dssghd/202009/t20200916_1400453.htm。
② Niem Chheng, "EU Partially Withdraws EBA POLITICS Publication", The Phnom Penh Post, 2020.3.13, https://www.phnompenhpost.com/national-politics/eu-partially-withdraws.
③ "Cambodia", UN Global Survey on Digital and Sustainable Trade Facilitation, https://www.untfsurvey.org/economy?id=KHM.
④ 尚国骥:《中国—东盟自贸区的试验田:早期收获计划》,中华人民共和国商务部,2005年7月20日,http://www.mofcom.gov.cn/article/Nocategory/200507/20050700180151.shtml。

入中国市场更大的优惠与份额。在货物贸易方面，中国最终实现零关税的产品达到全部税目数的97.53%，柬方为90%；加上部分降税产品，中方参与降税产品比例达到97.8%，柬方为90.3%。相较于《东盟—中国自贸协定》，中国在《中柬自由贸易协定》中提高了3.16%的关税减免率，增加柬埔寨产品进入中国市场吸引力度。在具体产品上，中方将服装、鞋类、皮革橡胶制品、机电零部件、农产品等柬方关注的重点产品纳入关税减让清单；柬方将纺织材料及制品、机电产品、杂项制品、金属制品、交通工具等中方重点关注产品实施关税减让政策[1]。柬埔寨商务部部长、中柬自贸协定谈判负责人索绍披（Sok Sopheak）表示，中柬自贸协定生效后，柬埔寨预计将再有340种商品可免税出口到中国[2]。服务方面，中柬以既往参与的双边自贸协定为基础，提升中柬市场开放水平，实现给予彼此市场开放最高水平的承诺。

关税减让推进中柬双边贸易进入发展快车道。既往柬埔寨在中国—东盟自由贸易区（ACFTA）协议下对华出口货物享有免税政策，而今《中柬自由贸易协定》进一步扩大免税货物种类，包括海鲜产品、大蒜、腰果等340多种产品也进入免税范围。随着《中柬自由贸易协定》生效，2022年中柬双边贸易额大幅增长，柬埔寨生产与出口商利润增加，对外贸易总额达524亿美元，同比增长9.2%。中国作为柬埔寨最大的贸易伙伴，占其对外贸易的1/4[3]。柬埔寨政府希望通过《中柬自由贸易协定》的实施，提升中国在柬商品贸易市场结构中的比重，提升对华出口额，收窄柬埔寨对华贸易逆差。于中国而言，《中柬自由贸易协定》生效所带来的利好，也为中国企业对柬投资营造良好氛围，为中柬贸易合作注入不竭动力。

---

[1] 《商务部国际司负责人就中国和柬埔寨签署自由贸易协定答记者问》，中华人民共和国商务部，2020年10月12日，http://www.mofcom.gov.cn/article/xwfb/xwsjfzr/202010/20201003006961.shtml。

[2] 李怡然：《外媒 |"神速"谈成的中柬自贸协定带来哪些影响？》，中国"一带一路"网，2020年8月25日，https://baijiahao.baidu.com/s?id=1676011233998507320&wfr=spider&for=pc。

[3] 王涛：《RCEP推升柬埔寨对外贸易》，中国经济网，2023年2月8日，http://www.ce.cn/xwzx/gnsz/gdxw/202302/08/t20230208_38380862.shtml。

四、推进柬埔寨农产品进口

《中柬自由贸易协定》生效以来,两国贸易合作潜力得到极大激发,柬埔寨农产品输华便利化得到提升。自2019年起,香蕉(鲜或干的香蕉,包括芭蕉)、大米和稻谷及已鞣毛皮制品成为柬埔寨对华出口的主要商品。2022年,柬埔寨香蕉对华出口额为2.26亿美元,约占总额的13.8%;大米和稻谷出口额为1.77亿美元,约占总额的10.8%[①]。柬埔寨智库亚洲展望研究所治理、创新和民主中心主任郑金龙(Chheng Kimlong)指出,《中柬自由贸易协定》的重点在于促进农工产品出口[②]。作为柬埔寨农产品重要的出口国,中国在双边贸易协定的框架下,协助柬埔寨提高农业生产总量,引进先进农产品优良品种与种植技术,完善国内农产品加工产业链,拓宽农产品销售渠道,进一步打开中国乃至地区农产品销售市场。

2019年香蕉产品的首次输华,标志着柬埔寨新鲜水果进入中国市场的序幕就此拉开。就香蕉产品而言,在《中柬自由贸易协定》生效后,其出口规模大幅提升。据柬埔寨农林渔业部报告,柬埔寨2019年全年香蕉出口总量15.8万吨,其中大部分出口中国。与2018年香蕉的出口总量1万吨相比,实现历史大突破[③]。同时,柬输华香蕉注册果园和包装厂企业数量也明显增多,由2018年的5家企业增长到2020年的15家,极大提高了柬埔寨香蕉生产加工能力、出口规模与竞争力[④]。柬埔寨香蕉产品的成功输华为柬水果行业发展注入强心剂,也为柬水果逐步进入中国消费者的菜篮子积累了宝贵的经验。2021年5月及2022年10月,柬埔寨的杧果和龙眼获得准入许可,依次进入中国。据柬埔寨农林渔业部统计,2023年柬埔寨龙眼对华出口达1.7万吨,同比增长

---

① "2022 Cambodia Trade Export Statistics",OEC,2024.3.24,https://oec.world/en.
② 李怡然:《外媒 | "神速"谈成的中柬自贸协定带来哪些影响?》,中国"一带一路"网,2020年8月25日,https://baijiahao.baidu.com/s?id=1676011233998507320&wfr=spider&for=pc.
③ 《2019年中柬农业合作要事回顾》,中华人民共和国商务部,2020年1月15日,http://www.mofcom.gov.cn/article/i/jyjl/j/202001/20200102930318.shtml.
④ 《我国海关公布第四批柬输华香蕉注册果园和包装厂企业名单》,中国农垦(热作)网,2020年7月28日,http://www.farmchina.org.cn/ShowArticles.php?url=VmoDZgBg-BTBUZAVmBzFVNARq.

约 4.5 倍①。在中柬双边贸易中水果交易的份额不断增加，反映了中国市场蕴含柬埔寨水果种植及出口业发展的巨大潜力。

当前，中国已成为柬埔寨大米第一大出口国。据柬埔寨稻米联盟（CRF）统计，2023 年柬埔寨累计出口大米超 65 万吨，其中，向中国出口大米 21.28 万吨②，约占出口总额的 32.6%。中柬大米出口份额的不断上升得益于两国政府的扶持，以及农粮企业间的合作。2010 年 10 月，中柬签订《关于柬埔寨精米输华的植物卫生要求议定书》，从进口程序上为大米输华打通"最后一公里"。2019 年，两国签署合作备忘录，中国将柬埔寨大米采购数量提升至 40 万吨，且具备向中国出口大米资质的柬埔寨企业已达 44 家③。2023 年 12 月，柬埔寨商务部部长宣布，中柬就精米出口第七份谅解备忘录（MOU）的内容进行磋商，一旦达成协议，中柬精米出口份额将在 2024 年增加 20%。柬埔寨稻米联盟主席陈淑香（Chan Sokheang）指出，自 2014 年 8 月，中柬完成第一份 10 万吨的稻米配额后，至 2021 年中国已向柬提供六次配额④。此举有益于为柬埔寨大米出口提供稳定市场，提高柬农产品在总出口额中的比重，通过两国优惠政策向大米行业的倾斜，进一步激发农业产值增长潜力。近年来，中国企业为柬埔寨大米进入中国市场起到重要作用。2021 年，中粮集团推出了柬埔寨进口大米"KING FOOD"系列产品，而后积极协助柬埔寨稻米协会宣传"MALYS ANGKOR"高端柬埔寨茉莉香米⑤，从消费端打开柬埔寨大米的知名度与认可度。

另外，柬埔寨木薯产业也将出口增量的目光瞄准中国。2022 年 2 月，广西壮族自治区与柬埔寨政府就木薯干出口达成协议，双方企业

---

① Van Socheata, "Pailin Longan Exports to China Surge in 2023", 2024.1.9, The Phnom Penh Post, https://www.phnompenhpost.com/national/pailin-longan-exports-to-china-surge-in-2023#:~:text=Cambodia%20exported%2017%2C000%20tonnes%20of%20fresh%20Pailin%20longans, to%20the%20Ministry%20of%20Agriculture%2C%20Forestry%20and%20Fisheries.

② 李宁：《农产品输华，柬埔寨迎来"黄金机遇"》，中国商务新闻网，2024 年 3 月 22 日，https://baijiahao.baidu.com/s?id=1794191245267423604&wfr=spider&for=pc。

③ 《18 家柬埔寨大米企业获得出口中国资质》，人民网，2019 年 12 月 6 日，https://baijiahao.baidu.com/s?id=1652164346138337719&wfr=spider&for=pc。

④ Van Socheata, "China Rice Exports Look to Jump", The Phnom Penh Pos, 2023.12.25, https://www.phnompenhpost.com/national/china-rice-exports-look-to-jump。

⑤ 《从洞里萨湖到中国餐桌 "一带一路"米香相伴》，澎湃政务，2023 年 7 月 5 日，https://m.thepaper.cn/baijiahao_23741880。

开展柬埔寨木薯干片采购合作，预计年内采购量达 40 万吨，货值约 7 亿元①。这是近年来柬埔寨木薯干片直供中国市场的首次成功实践，同时也为中国产品拓展柬埔寨农产品市场建立渠道。2023 年，柬埔寨胡椒、食用水生动物、野生水产品实现对华出口贸易，双方签订柬椰子输华议定书，并加速推进燕窝、熟食肉制品、鳄鱼等其他柬优质农产品进入中国市场。

值得注意的是，一直以来，卫生与植物检疫标准低是柬埔寨商品出口的主要障碍，其中农业产品的问题尤为突出。在《中柬自由贸易协定》框架下，两国深化在卫生与植物检疫方面的合作探索。根据《金边日报》报道，近年来，中国政府派出专家组对柬埔寨水产养殖及渔业产品的出口检查及标准检测进行指导。在农产品领域，柬埔寨农业部敦促种植园和农场主进行登记，以确保达到中国进口产品的卫生与质量标准②。此外，东盟—中国卫生和植物检疫措施合作部长级会议、世贸组织成立的卫生与植物检疫措施委员会等平台，均为中柬在贸易安全与质量检测方面的合作提供有效渠道。

五、电子商务拓宽中柬贸易渠道

柬埔寨电子商务发展起步较晚，但发展迅速。伴随着柬埔寨网络基础设施逐渐的完备、智能手机的普及，以及青年群体和中产阶级规模的不断壮大，民众对于电子商务的需求量不断提升，市场潜力巨大。截至 2022 年，柬埔寨国内手机普及率达 121%，互联网普及率达 108%。电子设备的普及为柬埔寨电子商务发展提供了重要的契机。2023 年，柬埔寨的电子商务贸易额为 9.7 亿美元，占全国数字总支出的 88.6%。其中时装类产品占据电子商务销售额榜首，收入为 2.64 亿美元，预计此后每年收入将增长 16.4%，到 2025 年市场规模将达到 18 亿美元③。当前，利用社交媒体进行线上商品采购也成为柬埔寨电子商务发展的新趋

---

① 周红梅：《广西高质量实施 RCEP 满百日贸易便利化再提升产业链合作有突破》，广西壮族自治区人民政府网站，2022 年 4 月 13 日，http://www.gxzf.gov.cn/gxyw/t11750263.shtml.

② May Kunmakara, "Cambodia‐China FTA Brings Growth", The Phnom Penh Post, 2023.10.9, https://www.phnompenhpost.com/business/cambodia‐china‐fta‐brings‐growth.

③ "Cambodia‐Country Commercial Guide", Official Website of the International Trade Administration, 2024.2.22, https://www.trade.gov/country‐commercial‐guides/cambodia‐ecommerce.

势。据统计，柬埔寨网上购物总额从 2017 年的 6.8% 增长到 2022 年的 21.8%，其中 Facebook、Instagram 和 TikTok 是民众网上购物首选平台①。

中柬自 2017 年起着手在电子商务领域展开合作，至今已取得丰硕成果。2017 年 11 月，中柬签订《关于电子商务合作的谅解备忘录》，强化两国在政策沟通、能力建设、人员培训、联合研究等领域的合作。此后两国成立电子商务工作组，启动并逐步完善电子商务合作机制。《中柬自由贸易协定》生效后，两国在此框架下，依托跨境电子购销平台，提升中柬在跨境研发、法律规范、电子商务政策制定等方面的合作水平，推进政府间电商管理经验交流，为两国电商企业拓展海外市场提供便利。柬埔寨是东南亚最具电商市场潜力的国家之一，中柬在该领域的合作将有益于扩大柬埔寨电商市场规模，助力柬埔寨经济现代化发展。

近年来，中国企业在技术支持、产品销售、物流运输等领域协助柬埔寨电子商务发展。2023 年 10 月，"一带一路"高峰论坛在北京召开，其间柬埔寨首相洪玛奈会见阿里巴巴集团公共事务部总裁温佳，并就阿里巴巴与柬埔寨商务部签订一项名为 eWTP 的合作协议达成一致意见。该协议旨在加强双方在电商、云计算、数字人才和旅游领域的合作，为柬埔寨中小企业在全球范围内开展业务提供重要平台。当前，柬埔寨优质农产品生产商借助中国电商渠道逐步打开在华市场。2022 年 12 月，阿里巴巴与柬埔寨商务部共同启动了柬埔寨龙眼在中国的电商首发。此后，柬埔寨有 15 家企业入驻阿里巴巴国际站，通过这一国际贸易平台，柬埔寨企业可以触达来自全球 200 多个国家的潜在买家；2023 年 8 月，阿里云又与柬当地最大的电商平台 Wownow 签署战略合作协议，双方将携手为柬埔寨提供更好的数字生活服务②。对此，柬埔寨驻上海总领事尼昂·萨姆里特科玛（Neang Samrithkomar）称，阿里巴巴的电子商务平台将让中国"超过 14 亿"的消费市场熟悉柬埔寨农产品，例如，杧果、香蕉等产品有朝一日也会进入全球速卖通、淘宝、天猫和 1688 等

---

① "2022 E-Commerce in Cambodia"，Profitence，2023.8.15，https://api.techostartup.center/media/files/E-Commerce_in_Cambodia.pdf.
② 李记：《柬埔寨与阿里巴巴开展战略合作助柬发展数字经济》，光明网，2023 年 10 月 19 日，https://it.gmw.cn/2023-10/19/content_36904886.htm。

平台①。

然而，缺乏完备的物流体系是阻碍柬埔寨发展国内及跨境电子商务发展的重要因素。2017年，联合国贸易与发展委员会发布《柬埔寨快速电子贸易准备评估》报告，报告中指出柬埔寨低效且陈旧的国家邮政系统，缺乏系统性的地址分类体系，增加了网上购物的配送成本，影响柬埔寨电子商务发展②。2019年3月，联合国开发计划署（UNDP）与中国跨境电商物流企业4PX递四方（4PX Worldwide Express）签署战略合作协议，计划共同克服柬埔寨电商产品运输难题，降低跨境物流成本，帮助柬加快融入全球供应链，提高柬在东盟区域电子商务合作的收益③。在"一带一路"框架下，中柬加快跨境电商发展步伐。2022年6月，中国（江苏）—柬埔寨"丝路电商"合作项目正式启动，两国以"扶持柬埔寨中小企业向中国市场出口柬埔寨优质农产品"为主线，充分发挥中国邮政集团和京东集团在货物运输以及跨境商品销售的优势，形成示范效应，不断推进中柬数字合作，将更多优质产品推向两国市场。

此外，柬埔寨充分利用第六届中国国际进口博览会、第133届和第134届中国进出口商品交易会、第20届中国—东盟博览会等重要展会和跨境电商平台，积极将柬埔寨特色产品带入中国消费者视野。中国政府也为柬举办原产地规则海外研修班，以提高柬官员对原产地规则的认识与运用，助力更多柬优质商品出口中国乃至东盟市场。

第五节　澜沧江—湄公河合作

澜沧江—湄公河合作（Lancang - Mekong Cooperation，LMC，以下简称澜湄合作）是由中国、泰国、缅甸、柬埔寨、老挝、越南共同建

---

① May Kunmakara, "Ministry Mulls Alibaba Deal to Boost int'l Sales", 2023.2.15, The Phnom Penh Post, 2023, https://www.phnompenhpost.com/business/ministry - mulls - alibaba - deal - boost - intl - sales.

② "2017a. Cambodia Rapid eTrade Readiness Assessment", United Nations Conference on Trade and Development, 2017.4.28, https://unctad.org/system/files/official - document/dtlstict2017d2_en.pdf.

③ "Connecting Cambodia Through Cross - Border Logistics and E - commerce", UNITED NATIONS DEVELOPMENT PROGRAMME, 2019.3.18, https://www.undp.org/cambodia/press - releases/connecting - cambodia - through - cross - border - logistics - and - e - commerce.

立,并奉行共商、共建、共享原则的次区域合作机制。作为该区域发展最快的国家之一,中国与柬埔寨依托澜湄合作机制,积极参与区域内合作,在水资源治理与农业减贫领域取得成效,两国共谋跨域问题治理对策,一同完善区域合作机制,切实推动新时代澜湄国家命运共同体建设。

一、澜湄合作机制发展建设

湄公河流域国家与中国关系密切,地缘上"山水相邻",文缘上互鉴相融,是中国周边外交发展最具空间、最有作为的地区之一。当前,澜湄合作机制已经成为次区域最具潜力的多边合作机制之一,不断增进中国与湄公河五国在政治安全、社会人文、水资源合作、能源开发等领域的交往,充分发挥经济发展的互补优势,打造协同联动发展格局。

澜湄六国形成的"3+5+X"合作模式,不断推进次区域合作向高质量、高水平发展。2014年11月,第17届中国—东盟峰会提出建立澜沧江—湄公河合作框架的倡议,以深化中国同湄公河国家间友好合作,提升次区域整体发展水平,推进地区一体化进程[1]。此举获得湄公河流域国家积极响应。2016年3月,澜沧江—湄公河合作首次领导人会议召开,会议发布《三亚宣言》,其中,确立以政治安全、经济可持续发展、社会人文合作为三大支柱,以及互联互通、产能、跨境经济合作、水资源、农业和减贫为五大优先领域,澜湄六国初步达成"3+5"合作框架[2]。2018年,第二次澜湄合作峰会发布《金边宣言》,与会国一致同意中国将合作领域扩大到"5+X"的提议,即成员国可在现有五个合作领域之外的其他领域展开合作,为次区域多领域合作提供新的机遇。2023年12月,澜湄合作第四次领导人会议成功召开,其间会议发表《内比都宣言》《澜湄地区创新走廊建设共同倡议》以及《澜湄合作五年行动计划(2023—2027)》,为新时期澜湄地区合作发展指明了方

---

[1] 《李克强在第十七次中国—东盟(10+1)领导人会议上的讲话(全文)》,中国政府网,2014年11月14日,https://www.gov.cn/guowuyuan/2014-11/14/content_2778300.htm?eqid=93697e0900033d5e000000036474accc。

[2] 《澜沧江—湄公河合作首次领导人会议三亚宣言——打造面向和平与繁荣的澜湄国家命运共同体》,中华人民共和国外交部,2016年3月24日,http://switzerlandemb.fmprc.gov.cn/web/gjhdq_676201/gj_676203/yz_676205/1206_677292/1207_677304/201603/t20160323_8012261.shtml。

向，加速澜湄合作由拓展期向全面发展期迈进①。

"发展为先、平等协商、务实高效、开放包容"是澜湄精神的重要体现。澜湄合作机制已然形成以项目为导向，由政府主导、多方参与的新型次区域合作架构。其中澜湄领导人会议为最高决策机构，外交部长会议、高级官员会议以及部门和外交工作组会议为澜湄国家进行常态化沟通及具体议案协商提供重要平台。中国为澜湄合作的常任联席主席，其他成员均为轮值联席主席，任期限制为两年。六大成员国均设立国家秘书处，并设立了热线交流平台以协调澜湄合作相关项目和活动。"共饮一江水，亲如一家人"，澜湄合作启动以来始终保持高水平发展，离不开协同有效的合作机制与组织架构，在持续务实合作的基础上成为次区域合作的"金色样板"。

二、务实合作、平等参与、政治互信驱动柬埔寨参与澜湄机制

为提升水资源管理效率，共同应对社会经济与环境挑战，湄公河流域国家自20世纪末便着手建立区域合作平台，鉴于湄公河重要的地缘位置及丰富的自然资源，众多域外大国和国际组织也纷纷参与到湄公河区域合作机制的搭建之中。湄公河区域合作机制已达六项，印度、日本、韩国、美国、欧盟、亚洲开发银行分别同湄公河五国建立合作机制，澳大利亚、新西兰、欧盟与世界银行也参与其中②。

柬埔寨作为众多澜湄合作机制的参与国之一，组建并参与过众多区域合作项目，对各机制的运行与实践均有本国的独到见解，其中柬埔寨政府及人民对澜湄合作机制参与积极性最高，并予以高度肯定。2023年6月，柬埔寨政府高级顾问索克·西帕纳（Sok Siphana）表示："澜湄合作机制已成为湄公河次区域所有合作机制中最积极、最具活力的机制。"③ 2024年3月，柬埔寨副首相兼外交与国际合作部大臣宋金达

---

① 《李强出席澜沧江—湄公河合作第四次领导人会议》，国家国际发展合作署，2023年12月16日，http://www.cidca.gov.cn/2023-12/26/c_1212320392.htm。

② "Mekong Cooperation Framework", Ministry of Foreign Affairs and International Cooperation, 2021.2.8, https://www.mfaic.gov.kh/Page/2021-02-08-Mekong-Cooperation-Framework.

③ Huaxia, "Lancang-Mekong Cooperation Remains Most Pro-active, Dynamic Mechanism: Cambodian Gov't Senior Official", Xinhua, 2023.6.22, https://english.news.cn/20230622/15bb81ab09cf4ea99a88fe7fa8fb26da/c.html.

(SOK Chenda Sophea)在柬外交部网站及主流媒体发表署名文章,其中提到"澜湄合作机制已成为合作共赢的有效典范",并坚信澜湄合作将继续推动本地区实现打造命运共同体的美好前景①。

务实合作、平等参与、政治互信是柬埔寨积极参与澜湄合作的主要因素。"以项目为导向"的澜湄合作机制能够满足次区域国家寻求国家发展的诉求,而澜湄合作专项基金为柬埔寨解决国内发展难题提供资金支持。在务实合作、互惠共赢的原则下,澜湄合作机制有益于提升柬埔寨、老挝、越南及缅甸等东盟落后国家的发展水平,缩小与新加坡、马来西亚、印度尼西亚、文莱等东南亚地区较发达国家的发展差距②。此外,柬埔寨一直倡导南南合作的进一步展开,而澜湄合作的持续推进将有助于南南合作的机制完善,为更多发展中国家树立跨境合作的典范。

平等参与是柬埔寨政府重视澜湄合作的因素之一。作为区域欠发达国家,柬埔寨在参与区域机制建设中难以掌握主导权,因而政策制定或合作项目及设定容易出现与柬发展现实所需不符的情况。澜湄合作机制充分发挥集体领导优势,各国均能为次区域发展建言献策,提升欠发达国家在机制建设中的作用,增强其主人翁意识,切实成为澜湄合作机制的平等参与者与建设者,共享机制成果。索克·西帕纳曾指出:"湄公河五国是东盟成员国,因此任何加强东盟成员国的框架都只能加强东盟本身","在我看来,澜湄合作机制能够在加强、支持、赋权和赋能柬埔寨、老挝和缅甸等欠发达的东盟成员国方面发挥非常关键的作用"③。

政治互信为澜湄合作建设奠定坚实的信任基础。19 世纪末,湄公河流域国家便着手建立起多边合作机制,各国拥有丰富的水资源治理经验与技术专长,但由于缺乏领导力使多边机制难以奏效。因此,跨境问

---

① "Congratulatory Message of H. E. SOK Chenda Sophea Deputy Prime Ministerand Minister of Foreign Affairs and International Cooperation of the Kingdom of Cambodia 'Mekong – Lancang Cooperation Week 2024'", Ministry of Foreign Affairs and International Cooperation, 2024. 3. 19, https://www.mfaic.gov.kh/Posts/2024 – 03 – 19 – Press – Release – Congratulatory – Message – of – His – Excellency – SOK – Chenda – Sophea – – Deputy – Prime – Minister – and – Minister – of – Fo – 14 – 55 – 31.

② 马勇幼:《一江春水,连接六国发展梦——澜湄合作机制前景广阔》,光明网,2018年1月13日,https://news.gmw.cn/2018 – 01/14/content_27344313. htm。

③ May Kunmakara, "Sok Siphana discusses the Lancang – Mekong Cooperation", Khmer Times, 2018. 1. 10, https://www.khmertimeskh.com/100905/sok – siphana – discusses – lancang – mekong – co – operation/.

题的解决不仅是依靠技术层面的支撑，更需要参与国的政治意愿①。索克·西帕纳认为澜湄合作的关键优势在于拥有富有远见的领导者，以及六个成员国领导人在政治层面的支持②。中国在遵循互利共赢、平等互信的基础上，勇于承担提供次区域公共产品的责任，也为区域经贸打造更多增长点。2022年，中国与湄公河五国贸易额达4167亿美元，较七年前翻了一番。"丰收澜湄"项目集群、澜湄甘泉行动计划、绿色澜湄计划等一系列惠国惠民的合作项目，为流域民众带来切切实实的利益③，获得柬埔寨及其他参与国的高度赞扬。

总的来说，柬埔寨参与建设澜湄合作机制以来，得益于澜湄合作专项基金的支持，在水资源开发治理以及农业现代化方面开展多项"小而美"的项目，为民众带来更多福祉，同时进一步为柬埔寨现代化发展注入动能，推动澜湄命运共同体建设。

三、澜湄合作专项基金助力次区域发展

在澜湄合作机制建立伊始，中国设立澜湄合作专项基金、优惠贷款和专项贷款，为各国合作项目的落地实施提供物质支持。2016年3月，在首届澜湄领导人会议上，中国表示将设立100亿元优惠贷款和100亿美元信贷额度，包括50亿美元优惠出口买方信贷和50亿美元产能合作专项贷款，用于支持澜湄地区基础设施建设和产能合作项目④。截至2023年，澜湄合作专项基金已为湄公河五国在水资源、农业、能力建设、减贫等领域开展的700多个项目提供支持，在保证项目质量的同时，实施效果也逐年提升，获得澜湄流域国家及人民的广泛好评。

---

① May Kunmakara, "Sok Siphana Discusses the Lancang – Mekong Cooperation", Khmer Times, 2018.1.10, https://www.khmertimeskh.com/100905/sok-siphana-discusses-lancang-mekong-co-operation/.

② "Interview of H. E. Senior Minister Prak Sokhonn with the Cambodian Institute for Strategic Studies (CISS) on the Topic Mekong – Lancang Cooperation: Building Peace and Prosperity in the Greater Mekong Sub – Region", Ministry of Foreign Affairs and International Cooperation, 2018.1.11, https://mfaic.gov.kh/posts/post-16354.

③ 《王毅谈澜湄合作未来六个重点方向》，国家国际发展合作署，2022年7月5日，http://www.cidca.gov.cn/2022-07/05/c_1211664329.htm。

④ 《李克强在澜沧江—湄公河合作首次领导人会议上的讲话（全文）》，中央政府网，2016年3月23日，https://www.gov.cn/guowuyuan/2016-03/23/content_5056927.htm?cid=303。

2023年8月,柬埔寨政府宣布开始实行"五角战略"。作为国家发展的长期规划,洪玛奈首相指出,实现战略目标的五大关键因素为人、路、水、电和科技①。澜湄合作机制强调务实互惠、多边共赢的理念与柬埔寨发展目标相契合,依托澜湄合作机制,柬埔寨争取在"水"方面获得更多资金帮扶与技术支持。2017年12月,首批"澜湄合作专项基金"有16个柬埔寨项目获批,共获得730万美元资金②。2019年2月,"澜湄合作专项基金"再次与柬埔寨签约19个专项基金项目,获得766万美元,以推进柬埔寨教育、研究和文化交流及能力建设等方面的发展。2018—2020年,柬埔寨成为获澜湄合作专项基金项目最多的国家,获得超过2000万美元的资金援助③。

中国通过澜湄合作机制资助柬埔寨的发展项目,遵循柬埔寨现实发展需求,2022年柬获批的13个项目中,有半数与环境保护相关,其余涉及数字经济、民航、住房、打击假新闻、移民与边境管控等方面。中国在平等共赢的基础上,积极通过次区域多边机制同柬埔寨携手合作④。2023年6月,中柬再次签署澜湄合作专项基金项目,至此柬埔寨通过专项基金共获得89个项目的资金支持,总价值超过3300万美元⑤,柬埔寨也切实成为澜湄合作的参与者与建设者。

四、推进柬埔寨水资源开发治理

澜湄合作机制已成为次区域水资源合作的新典范。湄公河流域国家将水资源视为重要的战略资源,故水资源开发利用、水电设备的跨界效

---

① 《柬埔寨新政府实行"五角战略":未来25年实现高收入国家》,东博社,2023年8月25日,https://baijiahao.baidu.com/s?id=1775213846267810613&wfr=spider&for=pc。
② 马勇幼:《一江春水,连接六国发展梦——澜湄合作机制前景广阔》,光明网,2018年1月13日,https://news.gmw.cn/2018-01/14/content_27344313.htm。
③ 张保:《澜湄合作专项基金柬埔寨项目签约》,中国经济网,2020年6月25日,http://intl.ce.cn/sjjj/qy/202006/25/t20200625_35197818.shtml。
④ 《澜湄合作专项基金在柬落地项目已达80个》,北京新华之窗,2022年6月14日,https://baijiahao.baidu.com/s?id=1735540798629368634&wfr=spider&for=pc。
⑤ "Cambodia Promotes Partnership and Prosperity at Mekong-Lancang Cooperation Foreign Ministers' Meeting in Beijing", Ministry of Foreign Affairs and International Cooperation, 2023.12.8, https://www.mfaic.gov.kh/Posts/2023-12-08-Press-Release-Cambodia-promotes-partnership-and-prosperity-at-Mekong-Lancang-Cooperation-Foreign-Ministers--Meetin-19-20-10。

应是该地区紧张与冲突的主要原因。澜湄合作机制为六国在水资源领域的合作创建更加完善的协调制度，提供更加平等的对话平台。

柬埔寨基于本国自然气候与经济发展因素的考量，积极参与澜湄合作机制框架下的水资源合作项目。柬埔寨拥有丰富的水资源，湄公河、洞里萨湖及洞里萨河是其主要淡水来源。柬埔寨高度依赖淡水资源，重点发展内陆渔业、水产养殖业，为沿岸民众提供就业机会的同时，满足民众对于水产品的消费需求。值得注意的是，柬埔寨的可再生淡水依赖度为74.7%，这也意味着柬埔寨近3/4的水源是由湄公河经老挝流入，因而上游国家修建水利设施或水资源利用不当，都将对柬水资源生态及渔业发展造成影响。另外，柬埔寨处于湄公河下游，极易受到气候变化的影响，并对水循环造成破坏。极端气候变化下，国内主要河流、支流水文以及地下水补给易受冲击，造成洪涝或干旱等灾害，对国家人民和经济造成极大影响；加之近年来，柬埔寨人口增长、工业用水需求量增大，生活在农村地区的人民用水需求无法得到保障。

一直以来，中国政府积极协助柬埔寨提升国家水资源管理水平，依托于澜湄水资源合作框架，中柬两国技术人员共享治水理念与经验，致力于提高柬埔寨水资源开发、利用与治理水平，以促进柬埔寨国家水利事业发展[①]。2016年10月，中柬达成"柬埔寨国家水资源综合规划纲要"合作项目，并于2018年12月顺利完成成果交接。其间中国水利项目团队多次赴柬考察其水资源开发利用保护中存在的问题，研究柬埔寨经济社会发展对水资源的需求，制定包括灌溉、供水、防洪、水力发电、水资源保护等在内的总体规划。

"小流域综合治理"项目有效聚焦柬埔寨农村用水问题，通过村落实地调研，提出了改善民生、保障饮水安全、提高旱季灌溉能力的小流域综合治理与水资源保护与绿色发展思路。在小流域治理技术层面，中国召开技术交流会，启动技术示范项目，形成以点带线、以线带面的技术传导效应。2018年8月，澜湄国家"小流域综合治理先进技术交流会"成功召开，包括柬埔寨专家在内的湄公河五国24位专家来华参与

---

① 《柬埔寨国家水资源综合规划纲要》，澜湄水资源合作信息共享平台，2016年12月30日，http://cn.lmcwater.org.cn/cooperative_achievements/collaborative_projects/2016/202007/t20200713_35653.html。

技术交流；2020年1月，"老挝、柬埔寨水文信息监测与传输技术示范"项目正式落地实施，项目将根据柬埔寨的河流地理与气候特点，采取针对性的水位、流量传感器进行相应技术培训，以提升澜湄流域水文自动监测能力，为流域防洪减灾及水资源利用提供技术支撑。2023年6月，在中柬政府大力支持下，"澜湄国家典型小流域综合治理示范"（三期）项目成果正式在柬俄勒塞村（Koki Chrum Village）完成移交使用，成为中柬水资源合作又一成功范例①。该项目有效提升了俄勒塞村莫邦县小学师生100余人的饮用水安全水平，解决了下游40余公顷经果林旱季灌溉困难、水资源利用效率不高的实际困难②。

　　澜湄地区国家因水而生，因水而兴。一直以来，跨界水资源合作与信息共享为湄公河沿岸国家所关注。近年来，西方国家散布中国修建大坝影响湄公河下游水量，导致下游流域干旱等言论，利用舆论对澜湄地区水资源合作效用提出质疑。基于此，2019年6月，澜湄水资源合作联合工作组召开第一次特别会议，会议签署《关于在澜湄水资源合作联合工作组下中方向其他五个成员国提供澜沧江汛期水文资料的谅解备忘录》，推动澜湄地区水资源资料共享，完善跨境水资源合作模式。2020年11月，澜湄六国在北京共同启动澜湄水资源合作信息共享平台网站，达成六国在水资源数据、信息、经验技术及知识等方面的共享，助力澜湄水资源合作进入发展"快车道"。2021年，柬埔寨合作与和平研究所就澜湄水资源资料共享平台发布报告，其中指出中国"以人为本"的环境治理方法，切实考虑湄公河下游7000万民众生产生活用水问题，积极主动共享水文数据，提高本地区河流流量透明度，为下游地区完善早期预警系统提供便利，是该数据平台受到热烈欢迎与高度赞扬的原因③。

---

① 《澜湄国家典型小流域综合治理示范项目成果在柬埔寨移交使用》，中国新闻网，2023年6月19日，https://baijiahao.baidu.com/s?id=1769095327958532467&wfr=spider&for=pc。

② 林玉茹、曾子悦、李佳迪：《澜湄国家典型小流域综合治理示范（三期）项目纪实》，澜湄水资源合作信息共享平台，2023年7月18日，http://cn.lmcwater.org.cn/dynamic_news/202307/t20230718_39481.html。

③ "Lancang – Mekong Cooperation Water Resources Sharing Platform: Building Voice, Improving Best Practice", Cambodian Institute for Cooperation and Peace, 2021.11, https://cicp.org.kh/publications/1292/.

此外，柬埔寨也积极参与到《澜湄环境合作战略》、"绿色澜湄计划"等区域水电可持续发展与产能合作等项目中。2020年7月，柬埔寨同其他五国共同发起"水电绿色发展技术共享与能力建设"项目①，通过召开相关主题培训班，共享国际上水电绿色发展先进理念和中国水电绿色开发的技术、标准规范及经验，以推进澜湄国家水电绿色发展能力建设，提高相关人员技术与管理水平，为澜湄国家可持续发展注入新动能。

未来，中柬两国将在澜湄合作框架下，开展更多惠民示范项目，通过共享水资源开发治理技术，积累区域水资源合作经验，携手打造澜湄国家命运共同体。

五、助力柬埔寨农业现代化发展

澜湄地区农业资源禀赋优良，伴随农业合作机制的不断完善，澜湄国家农业合作不断取得新成果。澜湄流域多为传统农业国家，泰国、老挝、柬埔寨及越南致力于探寻提升当地农业发展水平新路径，对引进新品种、学习新技术、采购新设备等存在现实需求。中国依托澜湄合作机制大力推进水稻、薯类及水果类农产品技术示范项目实施，聚焦各国农产品提质增效，为次区域农业科技多边合作打开机遇之门。

农业技术及能力建设是澜湄框架下中柬合作的亮点之一。在澜湄农业合作机制下，柬埔寨不断拓展改进农产品种植技术，增加农产品多样化，改善灌溉技术，为柬农业发展创造新的机遇。在水稻种植方面，2021年，中国全球商业公司（CFGB）与柬埔寨政府机构建立起研发工作机制，协助柬埔寨农产品顺利出口到中国市场。2022年2月，中国天照农业科技有限公司启动对柬埔寨水稻用肥的研制与开发项目，同年6月该公司在柬埔寨的磅士卑省、干拉省、菠萝勉省、马德望省进行100公顷以上规模的推广与试验，预计平均每亩大米增产30%以上②。

---

① 《水电绿色发展技术多边共享与能力建设》，澜湄水资源合作共享平台，2020年7月6日，http://cn.lmcwater.org.cn/cooperative_achievements/collaborative_projects/2020/202007/t20200712_35639.html。

② 王岩：《中企助力柬埔寨水稻种植取得突破性进展》，中国青年报客户端，2023年3月26日，https://baijiahao.baidu.com/s?id=1761428712448121381&wfr=spider&for=pc。

在水果种植方面，自2018年起，中国—柬埔寨热带农业技术培训班已开办六期，针对香蕉、杧果、椰子等热带水果产业进行技术培训，内容涵盖栽培技术、主要病虫害识别及防控技术、采后处理和果园标准化建设等方面。学员通过线上聆听中国热带农业领域专家授课，线下参加由柬埔寨皇家农业大学开设的理论知识课堂，并在当地的农业基地现场实践实习。培训班的举办强化柬埔寨在澜湄合作机制下关于热带农业技术的交流合作，提升从业人员技术水平。

在农业产业园区援建方面，澜湄合作专项基金农业项为中国与柬埔寨、老挝农业产业园区建设提供智力与资金支持，并加强在优势农产品品种培育、技术示范、生产加工、贸易物流等全产业链合作。2021年9月，在第18届中国—东盟博览会期间，中柬两国企业签署柬埔寨宏泰（Hunty）农业产业园二期项目商务合同，规划打造柬埔寨第一个标准化现代农业产业园①。2023年，中国农业农村部牵头实施13个"丰收澜湄"农业合作项目，持续推进"澜湄农业合作百千万行动计划"，并在粮食作物、热带作物、畜禽养殖、数字农业等领域与湄公河国家加强合作②，为澜湄地区国家提供农业发展新思路，为各国农业经济发展注入"源头活水"。

作为首个由流域国家共同参与的新型次区域合作机制，澜湄合作启动以来成效显著，为区域合作成功树立"金色样板"。以发展需求为合作导向是澜湄机制不断取得丰硕成果的核心原因，通过务实合作、强化多边协作能力，打造区域协同联动发展格局。柬埔寨发展潜力巨大，同其他澜湄五国在供需结构与产能方面进行优势互补，借助多边合作平台进一步推进现代化发展的新跃升。未来，中国与柬埔寨将在"澜湄农业合作百千万行动计划""澜湄兴水惠民计划""澜湄数字经济合作计划""澜湄太空合作计划""澜湄英才计划""澜湄公共卫生合作计划"六大惠湄举措下，深化多领域合作，共同促进澜湄地区和平与可持续发展，朝着构建更为紧密、面向和平与繁荣的澜湄国家命运共同体迈进。

---

① 《中企海外项目周报（2021.09.06—2021.09.12）》，中国"一带一路"网，2021年9月12日，https://www.yidaiyilu.gov.cn/p/187296.html。

② 《澜湄合作2023年度十大新闻》，澜沧江—湄公河合作，2024年2月4日，http://www.lmcchina.org/2024-02/04/content_42697066.htm。

第六节　共建"一带一路"框架下的中国—中南半岛经济走廊建设与中柬合作

2013年金秋，习近平主席在哈萨克斯坦和印度尼西亚分别提出共建丝绸之路经济带和21世纪海上丝绸之路的构想，"一带一路"掀开了中国与共建国家多领域合作的新篇章。2015年3月，中国发布《推动共建丝绸之路经济带和21世纪海上丝绸之路的愿景与行动》文件，提出陆路丝绸之路将依托国际大通道，以沿线中心城市为支撑，以重点经贸产业园区为合作平台，共同打造新亚欧大陆桥、中国—中南半岛、中蒙俄、中巴、中国—中亚—西亚、孟中印缅六大经济走廊。六大经济走廊连接俄罗斯、中亚、东南亚、南亚，贯通东北亚、东南亚、中东欧、西欧、西亚、非洲等地，已然成为中国与沿线国家合作的重要桥梁和纽带，加快推动区域乃至世界经济的发展进程。2023年，共建"一带一路"倡议提出10周年，经过10年积淀，从"大写意"到"工笔画"，共建"一带一路"始终秉持共商共建共享原则，已成为互利共赢、开放平等的国际合作平台和受国际社会普遍欢迎的全球公共产品，为各国共同发展注入持久动能。

一、六大经济走廊建设与发展

当前，推进设备联通建设、提高互联互通水平，是经济走廊建设的重要任务之一。经济走廊蕴含地理与经济两重概念，前者指通过经济合作联通地缘毗邻国家，缓解发展不平衡，缩小区域发展差距；后者则将经济走廊视为动态概念，以运输通道为载体，赋予其经济合作的功能，推进区域市场网络化形成，促进生产要素的流动。

"一带一路"经济走廊建设共分为四个阶段。第一阶段是狭义上的经济走廊，以打造解决区域间货物与人员流动的运输走廊为主，为不发达地区参与国际分工提供重要的运输通道。第二阶段将围绕运输通道进行合理产业布局，通过更新城乡基础设施、改善中小企业投资环境、促进工业发展、增加旅游经济基础设施投资等方式，发挥运输通道的经济辐射能力。第三阶段以贸易便利化为主要任务，促进跨境贸易投资，夯实经济走廊建设。第四阶段将协调不同国家区域发展战略，形成广义上的跨境经济走廊。值得注意的是，迄今为止，多数经济走廊建设仍处于第一阶段，主体建设目标仍为设施联通与部分的贸易畅通①。

二、柬埔寨与中国—中南半岛经济走廊建设

中国—中南半岛经济走廊前期顶层设计以提升互联互通、促进贸易便利化为核心。中国—中南半岛经济走廊覆盖区域广，东起珠三角经济区，以泛亚铁路网、亚洲公路网、陆港网为依托，联通越南、老挝、缅甸、泰国、柬埔寨、马来西亚等国家，最终直抵新加坡。长期以来，中国与东盟国家经济合作的现实基础良好，经济走廊的建设将为中国与沿线国家经贸合作注入新活力。

"关通天下""天下通关"，提高设备联通质量，推进运输和通关便利化将极大程度地激发中国—中南半岛经济走廊的合作潜力，带动沿线国家贸易畅通，为沿线民众带来切实利益，促进民心相通，推动共建"一带一路"高质量发展。

柬埔寨是共建"一带一路"倡议最早的参与者与忠实的践行者。近年来，中柬在中国—中南半岛经济走廊框架下在基础设施建设领域硕果累累，成为共建"一带一路"合作新典范。2015 年 9 月，广西南宁召开中国—中南半岛国际经济走廊合作发展圆桌会，其间达成五点"南宁共识"，各方就强化交通基础设施建设、通关便利化及跨国投资与产业等问题达成一致意见，力促经济走廊与中国—东盟合作战略实现有效对接。2016 年 5 月，第九届泛北部湾经济合作论坛暨中国—中南半岛经济走廊发展论坛发布《中国—中南半岛经济走廊倡议书》，为经济走廊建设提供发展指引。其间，中国与柬埔寨签署共建"一带一路"合作备忘录，在基础设施建设合作方面，中国将协助柬埔寨修缮、升级国内铁路，以早日实现与老挝、新加坡及中国的铁路道路网络连接。2023

---

① 李向阳：《深化经济走廊建设推动共建"一带一路"高质量发展》，内蒙古自治区人民政府，2023 年 8 月 18 日，https://www.nmg.gov.cn/zwgk/zcjd/plwz/202308/t20230818_2363153.html。

年 10 月，中柬签署《关于建立中柬铁路合作机制的谅解备忘录》①，进一步推进双方在铁路设施建设方面的合作。

在第一阶段中国—中南半岛经济走廊的建设中，柬埔寨大型基建项目主要由中资国有企业承建，资金来源也多为中资开发性金融机构。随着经济走廊建设的不断升级，投资主体性质趋于增多，融资渠道也趋于多元化。2015 年 12 月，共建"一带一路"倡议下成立的亚洲基础设施投资银行（Asian Infrastructure Investment Bank，AIIB，以下简称亚投行）正式运营；至 2023 年 9 月，亚投行成员数量增至 109 个②。亚投行切实为经济走廊沿线国家的基础设施建设提供资金支持，也始终为中国与柬埔寨合作中设施联通和资金融通保驾护航。

另外，共建"一带一路"倡议下的中柬经济合作卓有成效，为国家间经济合作良性互动树立标杆。依托逐渐完善的交通基础设施及物流体系，以及越来越多的贸易利好政策的出台，柬埔寨已吸引越来越多中国企业赴柬投资。在中国—中南半岛经济走廊建设中，西哈努克港经济特区（以下简称"西港特区"）已然成为中柬合作的标杆式项目。总的来说，高水平的政治互信是深化中柬经贸合作的内生动力，对柬资金与技术支持是高质量建设中柬经济走廊的重要保障。

三、助力柬埔寨互联互通

基础设施建设是中柬建设中国—中南半岛经济走廊的主要任务之一。长期以来，柬埔寨贸易畅通受地理因素及基础设施落后等因素的制约。根据全球基础设施中心评估，2019 年柬埔寨基础设施建设处于较低水平，在 140 个国家中排名第 106 位③。柬埔寨国内交通以公路和内河运输为主，重要交通线汇集于中部平原地区及洞里萨河流域，北部和南部山区交通闭塞。直至 2014 年，柬埔寨国内尚无高速公路，以金边

---

① 《国家发展改革委与柬埔寨有关部门签署四份合作文件》，中国政府网，2023 年 10 月 20 日，https://www.gov.cn/lianbo/bumen/202310/content_6910527.htm。

② 吴中敏、姚兵：《亚投行"朋友圈"成员数量增至 109 个》，人民网，2023 年 9 月 27 日，https://baijiahao.baidu.com/s?id=1778151522135756110&wfr=spider&for=pc。

③ Infrastructure Market Overview，"Cambodia Knowledge Resources Infrastructure Market Overview"，https://www.gihub.org/countries/cambodia/。

为轴心的八条国道仅达中国三级公路标准①。铁路方面，柬埔寨仅有南北两条单线米轨铁路，且设备陈旧失修，运输效率低下。南北两线起始于金边，北至西北部城市诗梳枫，南至西哈努克市。北线修建于法国殖民时期，南线修建于20世纪60年代。因国内政局动荡，两条铁路遭到严重破坏，部分路段甚至完全损毁，后经国家修复分别于2010年和2018年恢复铁路货运和客运服务。尽管铁路恢复运营，但时速较低且部分路段运营不佳，难以满足柬埔寨日益增长的客货运输需求。

近年来，柬埔寨高度重视交通基础设施，以"四角战略"及"五角战略"为指引，大力推进公路及铁路网络建设。2004年，柬埔寨政府提出"四角战略"，恢复和重建基础设施是其中的重要一环；2013年9月，政府推进"四角战略"第三阶段实施，明确加大对交通基础设施的投入，构建灵活的商业协调机制，推动互联互通发展。2019年6月，柬埔寨公布国家战略发展计划（2019—2023年），在基础设施方面，政府将编制多式联运和物流总体规划，预计投资151亿美元用于交通设施建设，约占总投资的1/4②。

2024年2月，柬埔寨政府审议《2023—2033年运输和物流系统综合总体规划》。总体规划提出短期、中期和长期愿景，列出174个基础设施发展项目，包括94个道路项目、8个铁路项目、23个内陆运河项目、20个海运项目、10个航空运输项目、15个物流项目。为了落实上述174个项目，需要投入366.8亿美元，其中，近中期投资需199亿美元③。然而，财力有限是柬埔寨发展交通基础设施的重要瓶颈，为尽快形成全国性的交通网络，柬埔寨政府希望"少花钱、多通路"。

在中国—中南半岛经济走廊框架下，中国参与柬埔寨多项公路及铁路的规划和建设（见表2-1）。公路建设方面，2014年5月，河南省交通规划勘察设计院协助柬埔寨完成《柬埔寨高速公路总体规划报告》，规划了约2230千米的高速公路。其中，金边至巴域高速公路可连接越

---

① 吴本健：《中国—中南半岛经济走廊研究》，中国经济出版社2018年版，第33页。
② Open Development Cambodia, "National Strategic Development Plan 2019 – 2023", http://cdc-crdb.gov.kh/en/strategy/documents/nsdp-2019-2023_en.pdf.
③ 《柬埔寨提出174个基建项目需要投入超360亿美元》，中国对外承包工程商会，2024年2月26日，https://www.chinca.org/CICA/info/24022608540111。

南公路网，成为亚洲公路网的重要组成部分①。2013年5月，中国援建的柬埔寨6号公路开工，2018年6月正式投入使用，为连接首都金边与旅游胜地暹粒提供交通纽带；2015年5月，中国援建的55号公路在西北部菩萨省开工，2018年竣工通车，为柬泰跨境贸易注入活力；2017年3月，中国援建的51号公路开工，2022年3月完工通车，中国为该项目提供优惠贷款1.62亿元，从智力及资金上助力柬交通设施建设。

表2–1　2022—2024年2月中资参与柬埔寨交通项目情况

时间	项目进展
2022年	中国路桥新签柬埔寨NR7号公路改建项目工程
	中国路桥新签柬埔寨金边—巴域高速公路项目框架协议
	中国路桥新签柬埔寨金港高速公路通车试运营
	中国路桥新签柬埔寨公路扩建项目通过终验
	中国电建城建柬埔寨西哈努克高荣岛公路项目移交
	中国路桥城建援柬埔寨3号公路改扩建项目通车
	上海建工城建柬埔寨7号公路修复通车
2023年	水电十五局承建的柬埔寨菩萨#1水电站项目举行"菩萨河大桥"通车
	中国路桥投资建设金边市至巴域市的高速公路项目开工
	上海建工集团股份有限公司承建的柬埔寨首都金边市第三环线通车启动
	保利长大签约承建柬埔寨省道377&377A道路改善提升工程项目
2024年2月	中国企业承建的柬埔寨百达隆巴萨河大桥项目开工

资料来源：中国一带一路网，中国对外承包工程商会。

截至2022年1月，柬埔寨共有1万多千米主干道公路和20座大型跨河大桥，其中3000多千米主干道和8座跨河大桥由中企修建②。2022年，柬埔寨正式迈入"高速公路时代"，由中资企业投资建设的柬埔寨首条高速公路——金港高速公路项目顺利交付并通车运营，该项目对中柬基础设施建设合作具有里程碑意义。2023年6月，中国企业投资建设的柬埔寨第二条高速公路（金边—巴域）开工，第三条高速公路

---

① 《援柬埔寨国家公路网规划项目（2015—2017）》，河南省交通规划设计研究院股份有限公司，http://www.hndi.com.cn/res/pc/fruit/wlgc/2019/2019DIQTAUgFuy.html。

② 赵益普：《中企已为柬埔寨修建3000多公里主干道和8座跨河大桥》，中国"一带一路"网，https://www.yidaiyilu.gov.cn/p/214976.html。

（金边—暹粒—波贝）签署项目框架协议。

未来，中国将继续协助柬埔寨建设密度适当、高效便捷的高速公路网，推动货物运输降费增效，助力柬埔寨国民经济发展并促进区域互联互通。此外，中国企业还积极参与柬埔寨铁路、机场和港口项目建设，由中国企业承建的金边新国际机场即将在2024年交付使用。随着共建"一带一路"倡议与"五角战略"有效对接，中柬将推进两国基础设施发展规划逐步落地，并进一步拓展两国在基建领域的合作空间。

四、西港特区彰显中柬经济走廊活力

作为中柬务实合作的模板，西港特区是由中国红豆集团主导，联合中柬企业在西哈努克省共同开发建设的中国境外经贸合作区，旨在打造一个面向全球，为世界各地企业搭建的跨国投资平台。产业园以纺织服装、箱包皮具、五金机械、木业制品等为主导产业[1]。得益于开放水平高、优越的自然禀赋条件，自2013年起，西港特区不断吸引境外企业投资，入驻企业由54家增长到2023年的180家，园区就业人数增长约3倍，提供就业岗位约3万个。全区企业年进出口总额从2013年的1.39亿美元，仅占柬埔寨进出口总额的0.88%，增长到2023年的33.62亿美元，约占柬进出口贸易总额的7.18%。工业产值对西哈努克省经济贡献率超过50%[2]，切实拉动柬埔寨经贸发展。

中柬政府高度的政治互信与政策支持为柬产业园区建设注入持久动力。2010年12月，中柬两国签订《关于西哈努克港经济特区的协定》，并设立双边副部级协调委员会，构建两国相关部门政策沟通的长效机制，针对经济特区建设中遇到的困难予以协调解决。2015年4月，习近平主席与柬埔寨洪森首相共同出席万隆会议60周年纪念活动时表示，中柬要在共建"一带一路"框架内加强基础设施互联互通合作，运营好西哈努克港经济特区[3]。2016年10月，习近平主席对柬埔寨进

---

[1] 张力澎：《西港特区——中柬合作共赢的样板》，中国政府网，2018年1月11日，https://www.gov.cn/xinwen/2018-01/11/content_5255758.htm。

[2] 《柬埔寨西哈努克港经济特区2023年精彩回顾》，江苏一带一路网，2024年1月18日，http://ydyl.jiangsu.gov.cn/art/2024/1/18/art_76375_11128678.html。

[3] 《百企入驻，西港特区奏响"合作共赢"》，柬埔寨西哈努克港经济特区，2016年6月18日，http://www.ssez.com/News.asp?nlt=743&none=3&ntwo=14。

行国事访问，提出"蓬勃发展的西哈努克港经济特区是中柬务实合作的样板"。对此，洪森首相高度赞扬共建"一带一路"倡议，并指出把西港特区建成"柬埔寨的深圳"①。伴随中柬在各领域战略对接水平不断提升，2023年9月，两国联合发布《中柬联合公报》，其中指出要充分发挥中柬产能与投资合作机制作用，着眼柬建成西哈努克省多功能经济示范区愿景，共同开展柬"工业发展走廊"研究②。

西港特区在11年内保持高速发展，西港特区成为柬埔寨国内GDP增长最快的省份，该省70%的家庭获得就业机会，人民收入水平也持续增长。近年来，中国企业积极入驻西港特区，为该地区经济发展注入新动力。2022年2月，江苏通用轮胎科技公司入驻西港特区开工建设，并于2023年3月实现首胎下线。一期项目预计年产500万条半钢胎和90万条全钢胎，可为当地创造1600个就业岗位。2024年1月，作为西港特区最大投资项目，通用轮胎公司迎来了二期项目的开工。西港特区总经理李淑贤认为，通用轮胎的入驻极大提升了西港特区的产业能级，带动了轮胎产业链配套企业的入驻，赋能特区2.0升级版建设，同时进一步拉动当地就业，带动柬埔寨橡胶及配套产业链的发展③。

西哈努克港经济特区的建设为中柬共同建设产业园区积累丰富经验，对两国乃至区域内产业区合作具有重要的借鉴意义。2023年10月，由广西壮族自治区与柬埔寨商业部共同建设的中柬产业园项目正式启动。广西壮族自治区是西南、中南地区重要的出海通道，共建"一带一路"和西部陆海新通道的重要门户，中柬产业园项目将有效促进两国贸易与投资合作，提升两国产品在国际市场上的竞争力。对于中柬产业园合作模式的不断探索，将加速两国相关产业融合，为今后两国展开多层次、多领域合作提供有力支撑。蓬勃发展的西港特区成为西港省经济发展的"火车头"和当地民众勤劳致富的"金饭碗"。

当前，西港特区发展成果有目共睹，其发展模式与经验获得肯定，

---

① 王恬等：《西哈努克港经济特区造福当地成中柬务实合作样板》，中国"一带一路"网，2017年4月26日，https：//www.yidaiyilu.gov.cn/p/11757.html。
② 《中华人民共和国政府和柬埔寨王国政府联合公报》，《人民日报》2023年9月17日第2版。
③ 《通用轮胎科技（柬埔寨）有限公司二期正式开工》，江苏"一带一路"网，http：//ydyl.jiangsu.gov.cn/art/2024/1/15/art_76375_11125234.html。

同时也印证了中柬"优先发展"原则的必要性。两国政府积极筹划各类发展资金，推进政府相关部门对接为西港特区提供招商推介平台，切实为中柬产业合作区持续健康发展提供保障。

综上所述，中柬关系以新时代中柬命运共同体为统领，以"钻石六边"机制为重要支撑，以澜湄合作机制为重要合作平台，以中国—中南半岛经济走廊为重要抓手，充分利用《中柬自由贸易协定》红利，打造共建"一带一路"先行区，落实全球倡议示范区、全球安全倡议实验区和全球文明倡议首善区。在此背景下，进一步明确中柬双边经济合作的定位，将"柬钢"打造成周边关系的旗舰。

第三章

郑州（河南）—金边（柬埔寨）经济合作的潜力

第一节 中柬经济合作的现状

中柬正在致力于建设高水平、多层次的合作机制，以高水平的政治互信、高标准的务实合作，共同维护国际公平正义构建新时代中柬命运共同体。双方共同推动"一带一路"倡议同柬埔寨"五角战略"对接，充实中柬"钻石六边"合作架构，围绕《中柬自由贸易协定》，打造好"工业发展走廊"和"鱼米走廊"，深化中柬全面战略合作伙伴关系，实现两国高质量、可持续的共同发展。在两国领导人的战略引领下，中柬经贸合作不断提质升级，取得了丰硕的经贸合作成果。

一、中柬贸易合作

中国是柬埔寨最大的进口来源国和第三大出口目的国，中柬双边贸易集中在纺织原料及纺织制品生产。根据东盟—中国自贸协定，中国从2010年起对柬埔寨大部分产品免税，柬埔寨从2011—2015年逐步落实对中国产品的减税政策。2022年中柬自贸协定和RCEP正式施行，零关税税目超过90%及原产地累积原则等有利于促进两国贸易发展，双方经贸合作迈上新台阶。

近年来，中柬进出口贸易发展飞速，截至2023年，中国已经连续12年成为柬埔寨最大的贸易伙伴（见图3-1）。2015—2023年，中柬进出口总额翻了将近三倍，由43.45亿美元上升到122.65亿美元，年复合增长率高达13.85%。中国是柬埔寨最大的进口来源国。2023年，柬埔寨对华进口占柬埔寨进口总额的44.57%。中国也是柬埔寨第三大出口目的地，2023年，柬埔寨对华出口占柬埔寨出口总额的6.36%[①]。受疫情影响，2020年，中柬进出口总额大幅下降，2022年和2023年，中柬进出口总额同比增速分别为4.39%和4.95%，疫情后反弹趋势明显。

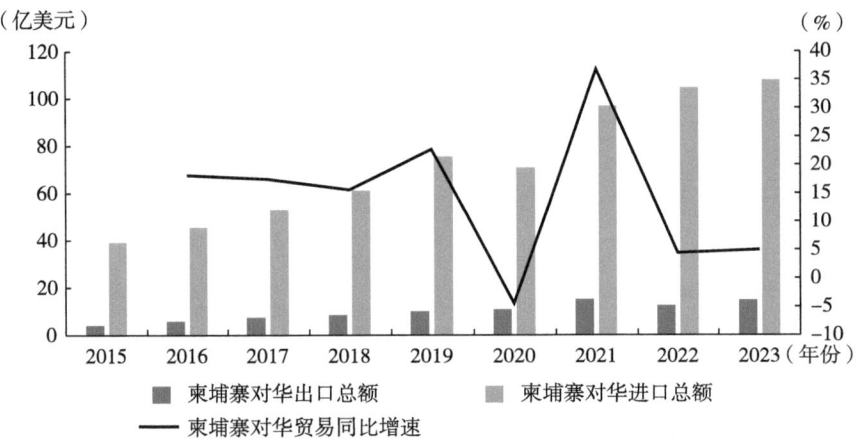

图3-1　2015—2023年柬埔寨与中国双边贸易情况

资料来源：CEIC。

中柬双边贸易集中在纺织原料及纺织制品生产。柬埔寨主要从中国进口资本密集型产品，而向中国出口劳动密集型产品。中柬在纺织原料及纺织制品生产中的合作是由产业链转移东南亚造成的，其间柬埔寨劳动密集型产业门类发展迅速，出口产品种类快速增加。纺织品制造是柬埔寨的工业支柱，占柬埔寨进出口总额的26%。中国目前是柬埔寨最大的纺织原料供应国，柬埔寨企业从中国进口纺织原料加工成纺织品后再返销中国或出口欧美国家。同时，柬埔寨重工业等资本密集型产业较为薄弱，需从中国进口机械及电动设备。凭借农业和自然资源优势，柬埔寨出口中国的产品主要为兽皮、皮革和谷物等劳动密集型产品。

---

① 柬埔寨海关总署，https://stats.customs.gov.kh/en。

二、中柬投资合作

中国是柬埔寨最大外资来源国。自2010年以来，柬埔寨获得的外商直接投资约有一半来自中国①，集中在基础设施、建筑业、农产品加工出口等柬埔寨现实发展需要和改善民生的领域。中国对柬埔寨的对外直接投资在过去10年取得了迅速增长，2010—2022年，中国对柬埔寨的对外直接投资存量翻了将近7倍，由11.30亿美元上升到74.44亿美元，来自中国的直接投资流量在2020年达到了顶峰。不过在新冠疫情影响下，2021年和2022年，中国对柬埔寨对外直接投资流量有所下降，仅为4.67亿美元和6.32亿美元，较2020年下降一半（见图3-2）。

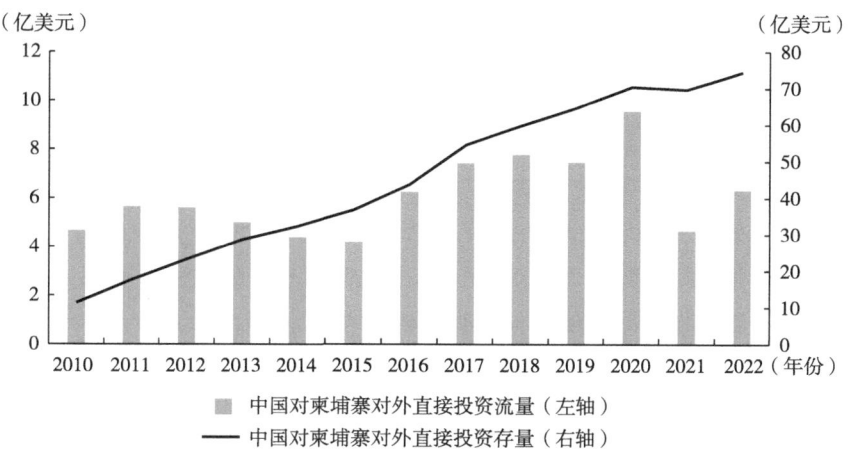

图3-2 2010—2022年中国对柬埔寨对外直接投资情况

资料来源：《中国对外直接投资统计公报》。

2023年以来，中国继续维持柬埔寨最大外资来源国的地位。2023年，来自中国的投资占柬埔寨总投资额的66%，中国企业对柬投资涉及交通、电力、农业、制造业、旅游开发、经济特区、信息通信等多个领域。2024年前2个月，中国依旧保持柬埔寨最大外资来源国地位，中国对柬投资达5.45亿美元，占外国直接投资的39%，投资主要集中

---

① 柬埔寨国家银行，https://www.nbc.gov.kh/english/。

于工业、基础设施和农业①。

三、河南省与柬埔寨的经济合作

共建"一带一路"倡议提出10余年来，河南省通过全面融入共建"一带一路"，与共建"一带一路"国家和地区互联互通成效显著、对外开放水平不断提升、经贸合作蓬勃发展、人文交流更加密切、思想解放不断深化，促进了国内国际两个市场、两种资源的联动发展。通过科学谋划，统筹推进，河南省从一个不靠海、不临江、不沿边的典型内陆省份向开放前沿奋力迈进，在高质量共建"一带一路"中的参与度、链接度和影响力显著增强。

河南省作为参与"一带一路"建设的重要省份，具有贯穿南北、连接东西的地理优势，是中原经济区的主体，也是国内重要的物贸集散地。郑州作为千年商都，也是全国唯一的综合性"E贸易"试点。郑州市和洛阳市被列为国家丝绸之路经济带规划重要节点城市。郑州航空港经济综合实验区、河南自由贸易试验区、郑洛新国家自主创新示范区、中原城市群"三区一群"战略为郑州（河南）—金边（柬埔寨）的合作奠定了重要基础。近年来，围绕着打造郑州（河南）—金边（柬埔寨）"空中丝绸之路"，河南省和郑州持续深化与柬埔寨在贸易、投资、航空、陆运、人文等领域的经济合作，不断丰富合作形式，拓展合作内容。

（一）贸易

2023年，河南省与共建"一带一路"国家和地区的进出口总额为3567.6亿元，同比增长2.7%，占河南省进出口总额的比重为44%，占比同比增加2.8个百分点。河南省对RCEP成员国的进出口额为2454.7亿元，较协定生效前的2021年增长10.7%，增幅高于全国5.4个百分点，在河南省外贸中的占比为30.3%，较2021年增加3.3个百分点②。2023年，河南省对东盟十国的进出口额为1073.4亿元，对柬埔寨的进

---

① 《柬埔寨经济保持高增长》，《经济日报》，2024年4月11日第4版。
② 《新时代新征程新伟业｜2023年河南外贸进出口总值超8100亿元连续12年居中部第一》，《河南日报》，2024年1月19日第1版。

出口额为67902.3万元①。

2022年，郑州对东盟十国的进出口总额为794.87亿元，同比增长21.5%，对柬埔寨的进出口总额为8亿元，同比增长41.4%，呈现出高速增长的态势②。2023年1—9月，郑州的进出口额完成3774.5亿元。其中，对共建"一带一路"国家的进出口额为1510.8亿元，对RCEP国家的进出口额为1187.6亿元，分别占全市外贸总值的40%和31.5%③。2023年，郑州与东盟外贸的进出口额为696.3亿元，进口美妆、保健食品等526.9亿元，出口服装、日用品、机械设备等169.4亿元④。

(二) 投资

利用外资快速增长。2022年，河南省新设外商投资企业329家，实际使用外资17.8亿美元，增长118.3%，增速位居全国第四。在豫世界500强企业达到198家、中国500强企业达到178家。河南省实际使用共建"一带一路"国家和地区的投资9.8亿美元，占比达到55.1%。2023年上半年，共建"一带一路"的13个国家和地区在豫新设外资企业27家，RCEP成员国在豫新设外资企业26家⑤。截至2023年，东盟地区国家已在郑州设立合作机构5个、外资企业57家，累计投资额41.2亿美元⑥。

近年来，河南省企业"走出去"的步伐明显加快。2022年，河南省对外直接投资13.8亿美元，居全国第15位，对共建"一带一路"国家和地区实际投资2.1亿美元，占全省对外投资的15.2%，同比增长795.2%。河南省对外承包工程及劳务合作完成营业额41.5亿美元，居全国第11位，对共建"一带一路"国家和地区对外承包工程完成营业

---

① 中华人民共和国郑州海关，http://zhengzhou.customs.gov.cn/。
② 《文明互鉴，少林寺与吴哥窟将亲密对话》，《大河报》，2023年11月6日第AI04版。
③ 《郑州"买卖全球"货通世界》，《郑州日报》，2023年11月9日第1版。
④ 《"2024中国（河南）—东盟人文交流月"开幕》，中国日报网，2024年4月10日，https://hen.chinadaily.com.cn/a/202404/10/WS66164b82a3109f7860dd8e11.html。
⑤ 《从内陆腹地迈进开放高地——共建"一带一路"倡议十年河南实践与思考》，《河南日报》，2023年10月17日第T2版。
⑥ 《"2024中国（河南）—东盟人文交流月"开幕》，中国日报网，2024年4月10日，https://hen.chinadaily.com.cn/a/202404/10/WS66164b82a3109f7860dd8e11.html。

额 16.5 亿美元，占比达到 39.8%①。

在企业"走出去"方面，郑州正在与柬埔寨积极探索"两国双园"合作模式，签署了《郑州—柬埔寨"两国双园"双向投资合作框架协议》，支持郑州企业在柬埔寨建设亚洲航空经济产能合作园区，以"两国双园"深化国际合作，依托郑州航空港兴港产业发展基金、郑州唐人汇实业发展有限公司并购柬埔寨吴哥航空有限公司等项目，鼓励郑州在柬埔寨投资的企业和开展对外承包工程的企业抱团发展。河南发挥农业大省、消费大省的优势，组织优质企业投资农产品及其制品加工出口产业集聚区，设立柬埔寨农产品推广交易中心，通过中柬货运物流班列，引进更多优质农产品到郑州、到河南、到中国。

（三）航空

2020 年 9 月，柬国航首次开通金边至郑州航线。2021 年 12 月，河南航空港投资集团有限公司收购柬埔寨国家航空有限公司 28% 的股权，成为第二大股东，为河南省与柬埔寨共建"空中丝绸之路"奠定了重要基础。2022 年 4 月 5 日，柬国航 K6894 次航班在郑州机场成功降落，柬埔寨首都金边至郑州国际往返客运航线在新冠疫情后正式复航，河南—柬埔寨—东盟"空中丝绸之路"正式启动。2023 年 2 月，郑州市委副书记、市长何雄一行访问柬埔寨，拜访了柬埔寨国家航空公司金边总部，举办了项目对接洽谈会，签署了河南—柬埔寨—东盟"空中丝绸之路"战略合作协议和郑州—东盟中心补充协议。2023 年 5 月，柬国航（中国）商务服务有限公司、柬埔寨国家航空有限公司郑州代表处在郑州航空港区正式成立，成为河南首家落地的国外航司中国区总部②。

（四）陆运

2013 年 7 月 18 日开通的中欧班列（郑州），是中部地区首条连通亚欧大陆的国际物流大通道，为共建"一带一路"国家和地区搭建起互利共赢的桥梁。中欧班列（中豫号）累计开行超 1 万列，已形成 21 个境外直达站点、8 个出入境口岸的国际物流网络。集货范围覆盖全国

---

① 《从内陆腹地迈进开放高地——共建"一带一路"倡议十年河南实践与思考》，《河南日报》，2023 年 10 月 17 日第 T2 版。

② 《文明互鉴，少林寺与吴哥窟将亲密对话》，《大河报》，2023 年 11 月 6 日第 4 版。

3/4 区域，境外网络遍布欧盟和俄罗斯及中亚地区 40 个国家 140 多个城市，集疏商品超过 10000 个品种，打造了"数字班列""恒温班列"和"运贸一体化"等河南省优势特色名片，综合运营能力处于全国"第一方阵"[1]。

2024 年 2 月 20 日，柬埔寨（金边）—越南（胡志明）—中国（郑州）首列公铁联运国际班列开通，这是河南首次开通的中越柬公铁联运国际班列。此趟班列由欧越通多式联运（河南）有限公司根据河南省及周边省份市场需求，采取运贸一体化运营模式，从柬埔寨源头采购优质木薯淀粉，通过公路运输至越南木牌口岸后，转越南铁路经凭祥口岸进境抵郑，清关后将利用河南优越的区位优势，集散分拨至全国各地[2]。开通中越柬公铁联运国际班列，是郑州落实"郑州—柬埔寨—东盟"新"空中丝绸之路"论坛有关协议的具体举措。新国际物流通道的打通，将进一步推动 RCEP 政策红利共享，共建中柬"鱼米走廊"，促进郑州同东南亚国家在农产品贸易等多个领域合作，对于释放陆路丝绸之路物流通道新潜能、提升郑州内陆开放高地建设水平具有重要意义。

（五）人文交流

文化旅游业是共建"一带一路"人文交流的重要纽带。河南省是中华民族和华夏文明的重要发祥地，文化旅游资源丰富，区位优势突出，发展文化旅游业条件得天独厚。柬埔寨作为东南亚文明古国，历史悠久，景色秀丽，除了拥有世界文化遗产吴哥窟等众多文物资源外，还有优质的天然海滩、海岛、森林等自然和旅游资源，在海滩旅游、文化旅游、环境旅游、洞里萨湖—湄公河旅游、农业旅游等方面具有优势。河南省和柬埔寨的文旅资源也非常具有互补性，比如河南省是内陆省份，柬埔寨有丰富的海滩和海岛资源。

近年来，河南省与柬埔寨高层互访频繁、人员往来密切，在文化、旅游、教育等领域交流合作取得了丰硕成果。

---

[1] 《从内陆腹地迈进开放高地——共建"一带一路"倡议十年河南实践与思考》，《河南日报》，2023 年 10 月 17 日第 T2 版。

[2] 《全力拼经济奋战开门红｜河南首次开通中越柬公铁联运国际班列柬埔寨有货踏春来》，《河南日报》，2024 年 2 月 21 日第 1 版。

双方目前在文旅领域已经签订了一系列的合作协议。2023年，柬埔寨旅行社协会与郑州有关方面签署推广吴哥窟和少林寺、高棉拳与少林功夫的谅解备忘录，并与各方携手推动增加更多直飞航班，为两国人民交往交流创造便利条件①。2023年11月3日，在"郑州—柬埔寨—东盟"新"空中丝绸之路"发展论坛上，郑州与柬埔寨签署了《"少林寺与吴哥窟的对话"郑州文化广电和旅游局、柬埔寨国家旅游协会、柬埔寨国家航空有限公司战略合作框架协议》②。2024年2月5日，第二场"2024中国（郑州）文化旅游推介会"在柬埔寨金边隆重举行，柬埔寨旅游协会、柬埔寨河南总商会、柬埔寨国家航空、旅行社及酒店相关行业代表一百余人共同出席了会议。会议现场，郑州文旅体集团分别与柬埔寨旅游业协会、柬埔寨河南总商会等单位进行了签约③。本次推介会旨在通过强化互联互通，依托"空中丝绸之路"，推动郑州与柬埔寨文化旅游业界开展多元化业务合作，实现中柬两国文旅企业的合作共赢及高质量发展。2024年4月9日，中国（河南）—东盟人文交流月在郑州开幕，来自老挝、菲律宾、柬埔寨、马来西亚、印度尼西亚、新加坡、缅甸、泰国等东盟国家的驻华使节、政府官员、非政府组织和工商界代表等300余人参加④。本次活动以"共谱文明互鉴新篇章共享经济发展新机遇"为主题，将全面强化河南与东盟地区人文交流和文明互鉴。2024年4月24日，河南省人民政府和柬埔寨旅游部、暹粒省政府合作，在暹粒举办"当少林遇见吴哥"功夫文化交流活动⑤。少林功夫和柬埔寨高棉拳同台竞技，两大世界文化遗产跨越国界时空精彩对话。这场跨国界的文化交流开创了中柬人文交流新领域，受到两国民众和媒体的热切关注和一致好评。

---

① 《"以武会友"！郑州与柬埔寨未来将加强交流合作》，《郑州晚报》，2024年2月9日，https：//www.zzwb.cn/news/327101。

② 《"少林寺"遇上"吴哥窟"郑州—柬埔寨—东盟新空中丝绸之路发展论坛举行》，大河网，2023年11月4日，https：//news.dahe.cn/2023/11-04/1327947.html。

③ 《"以武会友"！郑州与柬埔寨未来将加强交流合作》，《郑州晚报》，2024年2月9日，https：//www.zzwb.cn/news/327101。

④ 《中国（河南）—东盟人文交流月丨乘"东"风而上》，《河南日报》，2024年4月10日第3版。

⑤ 《火爆全网！"当少林遇见吴哥"功夫交流活动圆满结束！》，郑州文化广电和旅游局，2024年4月28日，https：//wgl.zhengzhou.gov.cn/wgxx/8375654.jhtml。

河南省积极开展与柬埔寨在"中文＋职业教育"等方面的合作。2023年11月3日，在"郑州—柬埔寨—东盟"新"空中丝绸之路"发展论坛上，郑州与柬埔寨签署了《郑州教育局与柬埔寨王家研究院联合开展国际教育合作谅解备忘录》①。2024年4月9日，作为中国（河南）—东盟人文交流月活动之一，中国（河南）—东盟职业教育交流会在郑州召开。交流会的主题是"搭建产教融合新载体共创职教出海新未来"，致力于拓展河南与东盟国家在职业教育领域的合作②。

第二节 中国重点省份对柬埔寨投资情况的比较分析

如前文所述，近年来河南省持续深化与柬埔寨的经贸合作，取得一系列务实成效。课题组去柬埔寨实地调研了柬埔寨河南总商会，与当地的河南省企业家进行座谈，了解河南省在柬埔寨的投资情况。总体而言，河南省对柬埔寨的投资已经初具规模，在农产品加工和出口、林业、轻工业等领域拥有一批成规模的企业。不过，从总体上看，河南省企业在柬埔寨的投资较为分散，尚未建立起高水平的经贸产业合作园区，尚未培育出特色产业集群，在打造产业对接合作的核心载体和河南省企业"抱团出海"的高端平台上依然处于探索阶段。课题组从柬埔寨中国商会了解到，在柬埔寨投资的中国企业以浙江省、江苏省和福建省居多，而其中的浙江省和江苏省已经在柬埔寨建立起一批经济特区、大型工业园和农业园。这说明河南省与柬埔寨合作的比较优势没有得到充分发挥，河南省与柬埔寨之间产能合作规模和质量水平具有很大的提升空间。未来，河南省需要聚合资金、技术、人才等要素资源，推动在柬埔寨布局建设经贸产业合作园区，有效对接柬埔寨需求，着力在产能对接合作、培育特色产业集群、创新建设运营模式等方面打造一批品牌合作园区，助力河南省企业"抱团出海"。

---

① 《"少林寺"遇上"吴哥窟"郑州—柬埔寨—东盟新空中丝绸之路发展论坛举行》，大河网，2023年11月4日，https://news.dahe.cn/2023/11-04/1327947.html。

② 《中国（河南）—东盟职业教育交流会启幕搭建产教融合新载体共创职业教育新未来》，《郑州日报》，2024年4月10日第3版。

本节主要介绍其他省份对柬埔寨的投资情况。中国各省份对柬埔寨投资的具体数据主要来自各省统计年鉴，只有四个省份公布了对柬埔寨的投资数据，分别为河北省、江苏省、安徽省和山东省，可获得的数据较为有限。因此，课题组分析了各省份在柬埔寨投资的经济特区、大型工业园和农业园的基本情况，比较了各省在柬埔寨的投资情况，并且前往柬埔寨实地调研了其中具有代表性的桔井经济特区、浙江经济特区和西哈努克港经济特区等，与当地企业家进行座谈，了解各自在当地的投资建设经营情况以及遇到的困难挑战等。

一、国内各地在柬埔寨投资的基本情况

（一）北京市企业投资的中柬金边经济特区

中柬金边经济特区项目是由北京控股集团投资、北京建设具体承建的。距离首都金边60千米的中柬金边经济特区，规划占地面积30平方千米，是柬埔寨政府批准的面积最大的经济特区，也是柬埔寨探索"产城融合"发展模式的综合新区。5号国际公路穿城而过，北接泰国，南通金边，实现陆海空铁四级联运。

目前已经取得一期土地的土地证并拥有永久使用权，后续的土地仍在持续收购中。未来，将进行特区产业园区发展规划、土地收储、道路、电力、供水等基础设施建设、招商，以及经济特区的管理和运营。特区项目整体开发完成，需要10—15年时间，将达到宜居宜业的规划目标。

（二）广东省企业投资的柬粤产业园

柬粤投资发展有限公司是广东省在柬埔寨发展工业地产长期战略的首个项目。该产业园地处柬埔寨首都金边外环，位于首都经济次中心城市乌廊市内，交通方面处于金边市外环和泛亚公路交接处，可在15分钟抵达内河港口，20分钟内抵达泛亚铁路货站，具备水、陆、空的天然区位优势，拥有铁路、水道、高速、航空等立体交通网络，有着"大交通、大物流"的优势。

该产业园自2019年开始运营，主要投资的企业有农产品加工、轻工产品及其他生产型产品等。工业园面积为20多公顷，适合生产、仓储，配套独立办公楼，集产、储、商于一体。

（三）江苏省投资的西哈努克港经济特区

西哈努克港经济特区是江苏太湖柬埔寨国际经济合作区投资有限公司为响应国家"走出去"发展战略，联合柬埔寨国际投资开发集团有限公司共同开发的，是中国商务部首批境外经济贸易合作区之一。西港特区地处柬埔寨王国西哈努克省，距离柬埔寨唯一的国际港口西哈努克港12千米，距离西港机场3千米，连接4号国道，距离首都金边仅210千米，水陆空交通优势突出，淡水资源获取方便。特区总体规划面积11.13平方千米，首期开发面积5.28平方千米。

西港特区实行产业规划与当地国情的深度融合，特区规划为一轴三片，以洪森大道为发展轴，形成城市配套区、工业园区和综合区三个片区。工业一期以纺织服装、箱包皮具、木业制品等为主要发展产业，工业二期将发挥临港优势，重点引入五金机械、建材家居、汽配轮胎、光伏新材料等产业。全部建成后，将形成300家企业入驻，8万—10万产业工人就业的配套功能齐全的生态化样板园区。

如今，西港特区已经吸引来自中国、欧美、东南亚等国家及地区的180家企业（机构）入驻，企业数约占西哈努克全省工厂企业的60%，已创造就业岗位近3万个。经过多年发展，公司的生产规模不断扩大，产品产量也以每年10%的速度增长，持续保持良好的发展态势。员工数量从一开始的120人增加到现在的470人，生产旺季时最多达550人。2022年，全区企业全年实现进出口总额24.93亿美元，约占柬埔寨全国贸易总额的4.8%，2023年，全区企业实现进出口总额33.62亿美元，同比增长34.86%，约占柬埔寨全国贸易总额的7.18%，对西哈努克省工业经济发展以及人们生活改善起到了积极的推动作用。

西港特区致力于践行"八方共赢"理念，着力打造民心工程、共赢工程。战略对接方面，西港特区始终坚持在共建"一带一路"倡议和柬埔寨国家发展战略指引下进行建设，使开发建设与国家经济发展布局相融合。西港特区契合两国发展战略，主动链接中国倡议与柬埔寨发展规划，成为构建人类命运共同体的平台及抓手，在为中国等世界各地制造业企业搭建抱团发展平台的同时，推动了柬埔寨的工业化进程，促进了全球区域内的产业互补。科教兴区方面，西港特区始终坚持把发展文化教育作为实现高质量发展的根本，推进科教兴区成效显著。2010

年，西港特区资助西哈努克省政府推荐的 7 位优秀学员赴红豆大学学习深造。2015 年，西港特区资助 9 位本土优秀学子赴无锡商院留学。2012 年，西港特区联合无锡商院共同开展培训工作，截至目前已累计 9 万人次参加培训。绿色发展方面，西港特区始终坚持发展经济与保护生态环境的统一，实现人与自然的和谐发展。西港特区致力于打造环境友好型国际园区，收集区内地表水用于工业用水，并且建设了一期 5000 立方米/天的污水处理厂，确保园区内所有废水达标排放。

西港特区有力拉动了当地就业，仅属地的波雷诺县就有 70% 的家庭在西港特区内的工厂工作。西港特区积极参与公益慈善事业，2016 年 3 月，西港特区发起成立柬中友谊公益志愿者联盟，联合在柬企业、人员的力量，共同开展捐资助学、扶贫帮困等公益慈善活动。风险防范方面，西港特区始终坚持强化风险防范，在法律法规范围内规范运营，建设守法、平安经济特区。西港特区坚持合规经营，聘请当地律师作为法律顾问，严格按照柬埔寨法律法规登记注册，办理证照、许可，照章纳税，积极引导入区企业合规经营。同时，注重安全防控，编写《柬埔寨西哈努克港经济特区安全风险清单与防控指南》，针对合规风险、安全生产风险、环境风险、运营风险、公共安全风险、应急处突等方面提出防范措施。与柬埔寨警察局、中国驻柬使馆等建立联络机制。从"人防、技防"方面着力，全方位建立完善的安防措施，确保区内企业及人员的人身、财产安全。西港特区始终坚持发挥好桥梁纽带作用，推动地方政府间交流合作，优化区域整体营商环境。

西港特区未来将继续深入推进 2.0 升级版建设，深化产业化、国际化和证券化，推进产城融合、产教融合和企业发展与社会责任融合。同时，西港特区将积极布局 3.0 规划，依据共建"一带一路"中柬务实合作样板园区战略价值建成产业链较为完善的智能化工业园区、依托左临国际空港、右临国际海港、紧靠金港高速三大优势建成集工业、商业、教育、娱乐、旅游于一体的交汇中心。

西港特区的成功得到了中柬两国领导人的高度评价。习近平主席在 2016 年访柬前夕发表的署名文章中指出西港特区是"中柬务实合作的样板"。前首相洪森先后五次亲临特区，明确指出要以西港特区为示范，将西哈努克省建设成多功能经济特区，打造柬埔寨"工业发展走廊"。

2023年5月，前首相洪森出席共建"一带一路"倡议10周年西港特区成果展时，又高度评价西港特区的发展成果是柬中共建"一带一路"成果的重要组成部分。2023年9月，首相洪玛奈受邀对中国进行正式访问，双方发表的《联合公报》中指出，"依托西哈努克港经济特区和金边—西港高速公路等项目，吸引更多有实力的中国企业加大对柬投资"。

（四）山东省企业在柬埔寨投资情况

（1）山东桑莎（柴桢）经济特区。山东桑莎（柴桢）经济特区位于柬埔寨东南部的柴桢省巴域市（巴韦市），占地220公顷，距越南边境18千米，距胡志明市港口机场不到100千米。

柬埔寨山东桑莎（柴桢）经济特区于2013年投产运行，山东桑莎制衣集团联合中国境内面料、辅料、服装加工业企业入驻，建设辅料及包装区、染色织造区、污水处理厂等，形成了织、染、印、绣、缝及贸易的一条龙配套体系，打造了一个纺织上下游完备的服装加工产业园区。

园区入驻企业13家，产品从柬埔寨出口到国际市场，2022年实现产值5亿美元。柬埔寨山东桑莎（柴桢）经济特区投产10年以来，园区企业为当地人提供了大量就业机会，园区现有员工1万多名，员工工资由建区时的60美元增加到200美元以上，提高了当地员工的生活水平。

（2）桔井省经济特区。桔井省经济特区由青岛中启控股集团投资开发，是面向国内外投资者的国家级综合性工业园区。中启控股集团由原青岛市胶州建设集团发起设立，始建于1949年9月，是一家有着70余年发展历史的综合性国际化企业集团，获全国五一劳动奖状、全国守合同重信用企业、建国70周年功勋企业、全国厂务公开民主管理先进单位等殊荣。集团旗下拥有中启胶建集团、中启凯建集团、中启盛建集团、中启物业发展集团和中启海外集团五大产业集团，以融资、投资及投资管理为主，经营领域涵盖建筑业、工业以及第三产业等。中启海外集团主要从事海外投资开发建设管理，组建于2012年4月，在柬埔寨主要投资建设桔井省经济特区、蒙多基里省生态农业开发区、西哈努克省海龙湾国际旅游度假区以及建筑工程施工等项目。

桔井省经济特区紧邻柬埔寨王国东北部唯一国际陆路口岸城市——桔井省斯努县，距离柬越国际陆路口岸 1.5 千米，距离越南胡志明深水港口 160 千米。泛亚铁路柬埔寨金边（巴登）至越南胡志明（禄宁）连接线途经国家斯努县，地理位置优越，交通便利。

课题组调研发现，桔井省经济特区整体处于起步阶段。园区于 2016 年开始规划和建设，2017—2018 年重点完善基础设施，2019 年企业开始入驻，但是受到疫情影响，国内企业无法"走出来"，柬埔寨政府的审批手续一直拖延，一直到 2023 年，园区才走上生产周期，企业开始陆续入驻和投产。项目规划面积 955 公顷，整体规划为工业加工制造、农产品加工、太阳能光伏新能源、橡胶轮胎制品、服装印染、商贸物流等产业集聚园区，可容纳企业近百家。目前特区的建设及招商初具规模，已有江苏中润光能、青岛华控能源科技、双星集团等共 10 家企业入驻园区，其中电线电缆、家具制作、光伏太阳能等项目已建成投产。

2017 年 12 月，桔井省经济特区项目被列入国家发改委中柬共建"一带一路"合作重点项目，2018 年 3 月被列入山东省"一带一路"建设境外优先推进项目，2021 年 11 月被山东省商务厅和财政厅共同确认为第三批省级境外经贸合作区。

（3）齐鲁（柬埔寨）经济特区。齐鲁（柬埔寨）经济特区由淄博众德投资发展有限公司投资建设。园区始建于 2013 年，于 2017 年 3 月 28 日获得柬埔寨首相洪森亲自签发的"齐鲁柬埔寨经济特区"批准证书；2019 年被评为山东省省级境外经贸合作区；2020 年与柬埔寨环境保护产业协会签署了战略合作协议，将共同打造柬埔寨第一个环保综合产业园。

齐鲁（柬埔寨）经济特区位于柬越边境的柴桢省柴桢市，距市中心 4 千米，距越南胡志明国际机场 95 千米，距西贡港 150 千米。特区计划投资 10 亿美元，总规划占地 800 公顷，最终实现入驻企业 60 余家，用工 5 万—6 万人。

如今，已有 16 家企业入驻齐鲁（柬埔寨）经济特区，涵盖纺织服装、轻工家电、食品加工、五金机械、冶金建材等领域，各家企业生产运营顺利，工业产值对柬埔寨柴桢省柴桢市的经济贡献率已超过 80%。

（4）蒙多基里省生态农业开发区。由中启海外集团投资建设，蒙多基里省生态农业开发区项目拥有经济特许地9068公顷，主要从事橡胶、腰果、木薯等经济作物种植。项目种植橡胶、腰果等经济作物1600余公顷。2016年10月，项目被列入国家主席习近平访柬期间两国签署的重点合作项目。2018年3月，被列入山东省"一带一路"建设境外优先推进项目。

（5）西哈努克省海龙湾国际旅游度假区。由中启海外集团投资建设，西哈努克省海龙湾国际旅游度假区项目于2018年3月被列入山东省"一带一路"建设境外优先推进项目。拥有临海湾地块103公顷，规划建设精品酒店、旅游度假别墅、游艇码头、医疗养老中心、会议中心、餐饮购物中心等。一期旅游度假项目包括精品酒店和度假别墅，建筑面积8万平方米已建成投入使用，二期旅游度假项目正在建设。

（6）中柬天睿农业经贸合作区。中柬天睿农业经贸合作区由中国山东烟台天睿投资有限公司投资运营，是柬埔寨第一家农业产业化经贸合作特区项目，也是中国—柬埔寨首个国家级农业经贸合作项目。

（7）华岳柬埔寨绿色农业产业园。由威海华岳集团打造。近年来，该公司通过并购等方式，在柬埔寨先后拥有了超过4万公顷原始森林的投资开发权，并争取扩大天然橡胶种植面积至10万公顷。同时，又整体收购了柬埔寨规模最大的橡胶加工厂，年生产能力达2万吨。项目全部达产后，将年产干胶15万吨以上。以此为基础建设的绿色农业产业园，将发展橡胶种植、木材加工和农作物开发等项目，有望缓解威海市乃至山东省天然橡胶需求紧张的局面。

（五）浙江省企业在柬埔寨的投资情况

（1）柬埔寨浙江经济特区。2018年，浙江卡森集团在柬埔寨首都金边到西港160千米处创立了柬埔寨浙江经济特区。卡森集团是一家在海内外拥有多家控股、参股子公司的大型综合类跨国企业集团，集团形成先进制造业和现代服务业双轮驱动的发展模式，业务涉及皮革、家具制造业、旅游综合体开发运营、房地产开发、国际产业园区开发运营等领域。皮革、家具制造领域是卡森集团的传统优势产业，集团从事软体家具制造已有近30年的历史，产品以出口欧美发达国家为主。文旅开发领域，卡森集团近年来在海南、浙江、江苏、吉林等优质旅游资源聚集地开发运营了三亚梦幻水世界、博鳌亚洲湾度假酒店、盐城长乐水世界、长白山长白天地度假酒店等旅游度假项目。地产开发领域，集团现有江苏盐城钱江方洲、钱江绿洲、浙江海宁卡森卫星城、海南博鳌亚洲湾、海南三亚凤凰山度假区、长白山长白天地度假区等项目，土地储备近5000亩，开发建筑面积300万平方米。园区开发领域，卡森集团以能源开发、基础建设为重点，相继在柬埔寨、南非、津巴布韦、蒙古等国家进行工业园区投资开发建设。

特区位于柬埔寨4号公路175千米处，项目占地500公顷，离柬埔寨唯一的深水港西哈努克港50千米，离西哈努克机场36千米，离金边市国际河港180千米。这是浙江民营企业迄今在柬埔寨投资兴建的面积最大的经济开发区。

柬埔寨浙江经济特区一期占地180公顷，于2018年建设完成，拥有注册企业30家，生产投资额约2.5亿美元，涵盖了家具家装、宠物用品、医疗器材、五金、化工、建材、包装等行业，产品全部出口日韩、欧美、加拿大等国家和地区，2022年出口总额达6亿美元，为柬埔寨解决了1万多人就业，并间接带动了特区周边其他经济的发展，产生了较好的社会效益。目前正在建设浙江经济特区二期。二期于2023年8月签约，位于柬埔寨4号公路148千米处，占地935公顷，二期现已完成规划设计，市政工程和基础设施项目开工建设，包括自建电厂、污水处理厂和水库，有部分企业入驻动工。浙江经济特区的建设目标是打造具有东南亚特色的工业小镇。

（2）中柬国际农业合作示范园区。由浙江贡河农业有限公司开发，单体杧果种植面积将达到9972公顷，建成后是世界单体面积最大的杧果园。

（3）华立柬埔寨农业园。由中国华立集团与柬埔寨 GOLDEN BROTHERS 合作开发建设的农业投资经营园区。园区所在地址为柬埔寨国家腊塔纳基里省境内。园区总占地7200公顷（2014年取得由柬埔寨政府农业部与土地部批准的正式经济特许土地权证），包含木薯农业基地、热带水果基地、桑蚕养殖基地、橡胶与黄豆种植基地等。截至2021年12月，已开发种植近3000公顷，园区采用"自营＋平台"模式，已吸引66家企业（含个体户）参与园区种植与经营，累计带动当地就业3000余人，致力于在柬埔寨打造精品的中资海外现代化农业园区,促进中国从东盟进口优质农副产品。

(六) 福建省企业在柬埔寨投资情况

(1) 闽柬工业产业园。由太子地产集团联袂福建闽柬实业有限公司共同打造,2017 年开工建设,2019 年正式投入生产。园区位于柬埔寨实居省贡比西县恩波北乡恩戈隆村,柬埔寨国家 3 号公路 32 千米处,距离金边首都 32 千米,距离金边国际机场 18 千米,金边港口 35 千米,西哈努克港 160 千米左右。

该产业园规划的主导产业为农产品加工、轻工业制造等。园区占地面积为 245912 平方米,总建筑面积为 314985.67 平方米,总投资达 1.5 亿美元。将实行"工农业 + 物流业 + 互联网 + O2O"线上线下交易,同时打造出国际化复合型工农物流业产业高地、原生态农业示范园区、一站式全球配送中心等大型项目。

(2) 福隆盛(中柬)工业园区。由福建中柬投资有限公司与柬埔寨泰文隆集团合作开发。福隆盛(中柬)工业园坐落于柬埔寨临海的贡布省,距首都金边 125 千米,距贡布港 30 千米,占地达到 600 公顷。

福隆盛园区定位以基础建设产业为主,将大量生产钢材、汽车配件、PVC 管、小五金、水泥等建筑材料,直接对接柬埔寨基础建设市场。规划建成一个产城一体化的工业城镇,预计容纳 3 万—5 万人,引进 20 家大型骨干企业以及一定数量的配套中小企业,规划投资规模达4 亿元,成为柬埔寨关键的基础建设产业工业园。

(七) 湖北省企业投资的华新(柬埔寨)建材产业园

华新(柬埔寨)建材产业园位于柬埔寨贡布省,占地面积约 500 公顷,是华新践行"一带一路"倡议,以华新柬埔寨卓雷丁水泥有限公司为核心企业,产业链涵盖包装、混凝土、硅钙板、贸易等企业协同发展的经贸合作园区。该园区与柬埔寨首都金边及西哈努克港经济特区距离均约为 100 千米,临近港口和国家公路,石灰石等资源丰富。

园区核心企业华新柬埔寨卓雷丁水泥有限公司被誉为"中柬友谊之花"。20 世纪 50 年代,华新响应国家号召,援建该国历史上第一家水泥厂。2012 年,华新接管该厂成立卓雷丁公司,投资建设全新生产线并于 2015 年点火投产,有力地促进了当地经济社会发展。园区已有 4 家企业入驻,为当地直接或间接创造 2000 多个就业岗位,每年给柬埔寨政府带来利税超过1000万美元。

2022年，华新（柬埔寨）建材产业园正式通过省级认定，成为湖北省首批六个省级境外经贸合作园区之一，也是唯一的资源利用型园区。

(八) 湖南尔康（柬埔寨）工业园基本情况

湖南尔康（柬埔寨）工业园位于柬埔寨西北部马德望省，57号公路48千米处，西与泰国相邻，距离泰国林查班港口300多千米，处于柬埔寨与泰国交通、贸易枢纽位置。工业园区所在的马德望省土壤肥沃，被誉为"柬埔寨的粮仓"，是木薯、玉米等农作物的主要产地。

湖南尔康制药股份有限公司成立于2003年，以"一切为了药品的安全"为企业使命。该公司是行业领先的药用辅料高新技术龙头企业，拥有46个原料药品种、129个辅料品种、149个成品药批文、168项专利授权。尔康制药2013年成功研发出拥有自主知识产权的高新技术产品——淀粉胶囊，该产品为解决药品安全难题提供了全新的解决方案，也为穆斯林、印度教徒和素食主义者提供了新选择。目前尔康制药生产的淀粉胶囊产品已在欧美等30多个国家和地区上市。

木薯在柬埔寨种植广泛，面积超过67万公顷，每年可生产约1400万吨木薯，是淀粉的优质原料。为践行共建"一带一路"倡议，尔康制药2013年8月在柬埔寨成立湖南尔康（柬埔寨）投资有限公司，利用中国的资金和技术开发柬埔寨丰富的木薯资源，进行木薯淀粉和改性淀粉的生产。同时，公司在柬埔寨积极向原料药产业上游延伸布局，欲打造海外规模化生产的医药中间体生产产业园。

湖南尔康（柬埔寨）投资有限公司在过去几年内实现了快速发展，多个项目先后落地。主要包括木薯淀粉生产项目，为尔康制药生产淀粉胶囊提供原料；柠檬酸钠生产项目；改性淀粉生产项目；设立生产医药中间体项目，主要生产对硝基苯酚和对氨基苯酚产品。

(九) 海南省企业投资的柬埔寨—中国热带生态农业合作示范区

园区位于柬埔寨东北部桔井省，由中资企业绿洲农业发展（柬埔寨）有限公司和海南省农业农村厅合作建设，是中国农业农村部首批境外农业合作示范区建设试点之一。示范区规划面积1.3万多公顷，共有自然保护林地约5000公顷，可开垦土地8181公顷，已开垦面积约3000

公顷、已种植面积约 1500 公顷。以绿色香蕉、胡椒、无公害农产品、优质水果为主导产业。

示范区从中国引进香蕉组培苗厂、育苗厂、有机肥厂、包装厂、中转冷库等产业链配套设施，基本形成香蕉全产业链布局。2017 年，绿洲农业发展（柬埔寨）有限公司又制定了适合当地条件的香蕉种植管理标准，并积极协助柬方申请香蕉输华资质。规模化、标准化的香蕉种植管理技术在当地开始推广。2019 年 5 月，柬埔寨香蕉首次直接出口中国，当年出口量达到 13 万吨，次年超过 30 万吨。示范区在加快自身发展的同时也带动了周边地区发展。

二、中国企业选择投资柬埔寨的原因

（一）中柬双边友好关系

中柬两国有着悠久的传统友谊。元朝周达观出使柬埔寨（古称真腊）后著书《真腊风土记》，成为后人研究柬埔寨历史人文的重要著作。1958 年 7 月 19 日，中柬两国正式建交。长期以来，中国几代领导人与柬国家元首西哈努克建立了深厚的友谊，为两国关系的长期稳定发展奠定了坚实基础。2010 年 12 月，两国建立全面战略合作伙伴关系，双边关系进入新的发展阶段。近年来，两国高层互访频繁，在政治、经贸、文化、教育、军事等领域的友好交流合作日益深化，在国际和地区事务中保持密切协调和合作。柬埔寨王国首相洪玛奈于 2023 年 9 月 14—16 日对中国进行正式访问。双方高度评价建交 65 年来中柬关系取得的长足发展，认为由两国历代领导人精心培育的中柬"铁杆"友谊历久弥坚，强调无论国际风云如何变幻，中柬都将坚定不移发展世代友好，坚定不移深化互利合作，坚定不移携手构建高质量、高水平、高标准的新时代中柬命运共同体，为构建人类命运共同体树立典范。

除了与中国有着传统、长期、稳定的睦邻友好关系外，柬埔寨的国际关系也较为和谐，奉行独立、和平、永久中立和不结盟外交政策。1998 年柬埔寨恢复在联合国的席位，1999 年加入东盟并成为其第 10 个成员国，迄今已经同 172 个国家建交，与世界上大多数国家保持友好关系。企业家们认为，中柬两国关系稳固，投资柬埔寨是较为安全的。

（二）柬埔寨政局稳定，经济增速快

1993 年起，柬埔寨恢复君主立宪制度，实行多党自由民主制，立法、司法和行政三权分立。国王是终身国家元首、武装力量最高统帅、国家统一和永存的象征，诺罗敦·西哈莫尼国王（Norodom Sihamoni）于2004年10月登基。国会是国家最高权力机构和立法机构，由125名议员组成，每届任期5年，国会议员均由普选产生。参议院是国家立法机关，每届任期6年，下设10个专门委员会。议员一部分由国王任命，一部分以非普选的形式选出。柬埔寨司法独立，法院系统有初级法院、上诉法院和最高法院三级。政府是最高行政机构，领导军队、警察、其他武装力量和行政机构。柬埔寨是多党制国家，政党政治活跃，2023年国会选举参加乡竞选的政党有18个。人民党（2023年大选赢得逾九成议席）现为执政党和第一大党。

2023年，柬埔寨面临第七届王国政府换届及首相人选确定问题。柬埔寨前首相洪森以其独有的政治智慧引领柬埔寨政府顺利完成新旧交接，将其子洪玛奈推上首相之位，并采取"合纵"手段实现人民党政治利益最大化，为新政府的运转扫清障碍，使柬埔寨反对党及西方反对势力在此轮政治博弈中黯淡收场。新一届政府上台后，虽然面临的各类挑战增多，但其推行的第一个"五年计划"突出"以人为本"的执政理念备受百姓支持，再加上各项惠民政策的迅速落地，在短时间内极大提升了新政府在民众中的凝聚力。

柬埔寨拥有良好的经济前景，是全球经济增速最快的欠发达国家之一。柬埔寨经济在1997年亚洲金融危机后的恢复期（1999—2007年）取得了约10%的年均复合增速。受2008年国际金融危机冲击，次年柬埔寨GDP增速骤降至0.1%。新冠疫情前近10年，柬埔寨经济较长时间保持在年均7%的中高速增长水平，成为世界上经济增长最快的经济体之一，被称为"亚洲经济新虎"，世界银行自2016年7月起将柬埔寨从"低收入国家"调整为"中低收入国家"。受新冠疫情影响，2020年柬埔寨20多年来首次陷入萎缩，但随后经济复苏迅速，2022年柬埔寨经济总量约为300亿美元，GDP增速反弹至5.2%。

（三）柬埔寨的关税和税收优惠待遇

美国、欧盟和日本等27个国家和地区给予柬埔寨最惠国（MFN）和普惠制（GSP）的关税优惠待遇，纺织服装、旅行用品、农产品等货物可在最惠国待遇关税的基础上进一步减免对相关国家出口的关税。经济特区的企业可享受特区税费优惠政策。进口税方面，用于生产的机械设备、建筑材料、零配件、原材料等免征关税及增值税；出口税免税；企业所得税方面，可获3—9年的免税期，免税期过后所得税税率为20%，合格投资项目免税期结束后再享6年优惠政策，即前两年以应纳所得税额的25%缴纳所得税，中间两年以应纳所得税额的50%缴纳所得税，后两年以应纳所得税额的75%缴纳所得税；增值税方面，生产设备、建筑材料等增值税税率为0，服务于出口市场产品的原材料，增值税为0%，服务于内销市场产品的原材料，增值税为10%。

2011年11月，美国商务部对原产于中国大陆的晶体硅光伏电池开启第一轮反倾销和反补贴"双反"立案调查。随后，美国逐步扩大产品调查范围及区域，对中国光伏产品出口限制措施层层加码，欧盟、加拿大、印度等国家和地区也陆续对我国开展"双反"调查。2018年3月，特朗普签署总统备忘录，依据"301调查"结果，计划对从中国进口的商品大规模征收关税，并限制中国企业对美投资并购。随后两年，特朗普政府不断加征关税导致中美经贸摩擦持续升级。拜登政府上台后，继续通过关税、出口管制、产业补贴等手段，升级与中国的"战略竞争"。在中美贸易摩擦的影响下，中国企业通过到柬埔寨投资，可以享受到税收优惠政策，规避贸易摩擦的影响（见表3-1）。

表3-1 中国与柬埔寨部分商品出口税率比较 单位:%

出口产品	从中国出口的税率	从柬埔寨出口的税率
家纺	中国—加拿大：17 中国—欧盟：12	柬埔寨出口：0
箱包	中国—美国：27	柬埔寨出口：0
鞋类	中国—日本：PU类8， 其他皮类21.5	柬埔寨—日本：0
洗涤海绵	中国—日本：3—5	柬埔寨—日本：0
编织袋	中国—欧盟：7 中国—日本：3	柬埔寨出口：0
西服	中国—欧盟：12	柬埔寨—欧盟：0
PE袋	中国出口：70	柬埔寨出口：0

续表

出口产品	从中国出口的税率	从柬埔寨出口的税率
木地板	中国—美国：18	柬埔寨—美国：0
五金管件	中国—欧美：60	柬埔寨—欧美：0
液压叉车	中国—欧盟：78	柬埔寨—欧盟：0
光伏	中国出口：27—165	柬埔寨—美国：2—2.6 柬埔寨—欧盟：0

资料来源：笔者根据在柬埔寨中资企业提供的资料整理。

（四）柬埔寨对外商投资实行特殊优惠政策

柬埔寨对外商投资实行开放和自由政策，且积极吸引外国直接投资。除外国投资者不得持有柬埔寨土地所有权外，外资与本地投资基本拥有同等待遇。柬埔寨实行自由开放的市场经济政策，对外商开放所有领域，且允许外商持有100%股权。外国投资者可通过长期租赁的方式使用土地，最长租期为99年，期满可申请续租，投资者对项目土地上的不动产和个人财产依法享有所有权。同时，柬埔寨对外汇不实行管制。柬埔寨《外汇法》规定，允许居民自由持有外汇，通过授权银行进行的外汇业务不受管制，但单笔转账金额在1万美元（含）以上的，授权银行应向国家银行报告。只要在柬埔寨商业主管部门注册的企业均可开立外汇账户。资本账户开放允许企业的资金自由流动，对于企业将柬埔寨投资项目盈利汇出国外不设限制。

从资本管制走向资本账户可兑换是中国外汇管理体制改革的一项重要内容。在过去20多年时间里，中国资本账户的可兑换程度有了较为明显的提高。根据IMF《汇兑安排和汇兑限制》提到的40类交易项目中，中国的不可兑换项目有4项，部分可兑换项目有22项，基本可兑换项目有14项，表明中国完全不可兑换的交易项目数量已经下降到10%，部分可兑换和基本可兑换的项目合计达到了90%。但是总体上，中国的资本账户开放度仍然处于世界较低水平。截至2023年末，境外机构在中国债券市场的托管余额为3.72万亿元，占中国债券市场托管余额的比重仅为2.4%，境外机构和个人持有境内股票规模为2.79万亿元，占A股流通总市值的比重仅为4.0%，远低于美国、日本、欧盟等发达国家和地区，甚至低于韩国、巴西等新兴市场经济体。课题组调研发现，有企业反映，企业资金从国内汇出，面临非常严格的管制。国内资金汇出需要外管局的批准，外管局对资金用途有要求：用于购买生产设备等的定向资金，第一笔资金购买设备的合同和付款凭证需要在银行备案后，才能将第二笔汇出。

（五）柬埔寨的汇率风险较低

柬埔寨金融市场高度美元化，美元是主要交换媒介，在货币流通的各个环节占据绝大部分份额，流通量占市场货币流通总量的80%以上，在柬埔寨银行体系中的存款和贷款比例约为81.9%。由于货币体系美元化，在柬企业使用美元进行贸易结算和投资。在马来西亚、泰国等其他东南亚国家投资的中国企业，投资和对外贸易多使用本币进行结算，因此，投资柬埔寨的企业相较于投资其他东南亚国家的企业能够更好地规避汇率风险。2022年3月，为缓解高通胀的压力，美联储开启了激进加息进程，共计加息11次，累计加息525个基点，最终将联邦基金利率目标区间上调到5.25%—5.50%。在强势美元的影响下，东南亚国家资本外流，货币大幅贬值，泰铢、印尼盾、马来西亚林吉特2022年最高贬值幅度达10%—20%，使当地投资的中国企业面临本币贬值带来的汇兑损失。但值得注意的是，美元结算也蕴含着一些风险。调研中，有企业家表达了对美元结算可能导致制裁风险的担忧。

（六）柬埔寨的低工资优势

柬埔寨人口约1600万，近年人口年增速保持在1%以上。人口年轻化特点明显，人口平均年龄27岁。15—64岁人口占总人口比例多年维持在65%以上，15—35岁人口超过总人口的一半，劳动力资源较充沛。这使柬埔寨用工成本较低。柬埔寨2022年最低工资标准为194美元/月（每周六天工作制）。根据调研，柬埔寨的平均工资为204美元/月，部分劳动强度更高的重工业行业可达到300—400美元/月，充足的劳动力供应和相对低廉的劳动力成本对劳动密集型企业具有极大的吸引力。

柬埔寨将佛教确定为国教，信仰小乘佛教的人占全国人口的85%以上，因此，柬埔寨人性格淳朴，对中国人和中资企业总体较为友好。同时，调研普遍反映，柬埔寨员工学习能力强，服从管理。西港特区的企业家反映，柬埔寨员工在培训后基本能够满足企业的生产需求，并且不排斥加班，只要有加班费就接受加班。此外，柬埔寨员工有主动学习的积极性,很多员工在白天上完班后,晚上去夜校学习提升个人工作素质。

三、中资企业在柬埔寨面临的困难和挑战

(一)柬埔寨基础设施建设较为落后

柬埔寨的水电供应尚不能满足中资企业的正常生产生活需要,很多中资企业都需要自行解决用水问题。柬埔寨一年只有雨季和旱季两个季节,在旱季用水主要靠雨季的水库蓄水。除首都金边、马德望省和西哈努克省的首府有较为完善的自来水供应管廊外,当地没有成熟的供水体系,企业的自来水供应严重不足。以桔井经济特区为例,特区的自来水消耗量是2万立方米/天,但是整个桔井省的自来水供应只有1000立方米/天,这导致中资企业在当地的生产生活用水只能靠通过爆破修建水库来解决。近年来,柬埔寨提高了环保标准,要求中资企业自建污水处理厂,明显增加了中资企业的前期投入。柬埔寨的电力设施建设落后,导致中资企业的电力供应不足并且不稳定。以桔井经济特区为例,工业园区的运行需要大量的电力,特区一天的电力需求几乎可以掏空桔井省全省的供电量,所以经常面临拉闸限电的制约,考虑到设备停机给生产线造成的危害,特区内的食品加工、轮胎、纺织和光伏企业经常由于限电造成大量不必要的损失。此外,雨季经常跳闸。该特区自2023年1月之后的一年多时间里,遇到过50多次跳闸,每次的损失大约在50万元。这使中资企业需要自行修建变电站和热电厂,保证园区用电的稳定性,因而面临着大量的前期投入。交通基础设施方面,柬埔寨全国目前只有一条东西走向的金港高速公路(首都金边—西哈努克港),南北走向的4号公路只相当于国内省道的通行水平,一旦到了柬埔寨的雨季,常常因为积水无法通行或被暂时关闭。由于柬埔寨土地的私有化问题,在柬埔寨修建公路的速度较慢,这导致中资企业的物流成本普遍较高。

课题组调研的三个经济特区,都是通过自行投资修建基础设施来满足园区内企业的生产生活需要。桔井经济特区由于耗电量大,目前的电力供应不充足也不稳定,特区一直在和电力部门沟通协调,规划从桔井省专门拉一条高压线到园区。柬埔寨的电力部部长专门来特区考察,支持特区的电力协调工作。同时,特区自行爆破修建水库,目前修建了两

个水库，正在规划修建第三个，蓄水量可达 400 万立方米，并且修建了自己的自来水厂和污水处理厂。浙江经济特区的电力供应来自中国华电在柬埔寨的电力项目，电力供应基本稳定，雨季偶尔会出现跳闸。特区自行修建水库，蓄水量达 1000 万立方米，并且修建了自己的自来水厂和污水处理厂。西港经济特区初步实现"六通一平"。西哈努克省的发电厂对园区进行电力供应，园区也修建了自己的高压变电站和热电厂，保证园区用电的稳定性。园区用水一部分联通西港自来水厂，另一部分来自园区自建水厂，供水量达 900 吨/小时，并且园区自建污水处理厂，一期处理量达 5000 吨/天。

（二）柬埔寨监管政策不健全

柬埔寨的税法体系并不健全。课题组调研发现，中企普遍反映柬埔寨税务部门存在乱罚款问题。近年来，柬埔寨税务部门加大了对中资企业的税务稽查，相关稽查缺乏标准，没有明文规则，随意性较大。税务部门往往会找企业纳税的漏洞，提出很多不合理的补交税款的要求，甚至开出天价罚单。税务部门执法不规范，弹性很大，罚款金额从 10 万—100 万美元不等。税务部门对于不同企业执行罚款的尺度差异很大，对于民营企业处罚力度更重，对于国有企业或者柬埔寨中国商会的会员企业，税务部门则相对收敛。调研中有企业反映，由于限电，同一个企业内从 A 车间拉到 B 车间加工的货物被当地税务部门视为销售，罚款 137 万美元。中资企业对于中方驻柬人员的工资进行报税，即便中资企业提供了工资表，税务部门仍然认为企业虚报，税务部门不以企业提供的工资表为依据，而是根据企业办公室的装修、门口停车的数量来推测企业的员工工资，据此认为企业应当缴纳多少税款。面对这些不合理的罚款要求，企业往往需要和税务部门进行谈判。为了避免罚款，企业通常需要给税务部门小费。除了税务执法的不合理不规范以外，柬埔寨当地的政府部门办公效率低下，上报的审批事项往往没有一个明确的办理截止日期，经常需要企业采取公关行动。此外，柬埔寨的企业注册费用较高，中资企业在当地注册企业大约需要 2.8 万美元的费用，但只能开出 0.4 万美元的发票，有 2.4 万美元不提供任何收据凭证。

（三）融资难问题

在柬埔寨的中资企业普遍反映到柬投资主要用的是自有资金，存在融资难融资贵的问题。柬埔寨资本市场活跃度有限，股票和债券市场不发达。柬埔寨证券市场发展进程较缓慢，上市公司数量少、市场规模及融资额度有限。截至2023年8月底，共有11家公司主板上市在柬埔寨证券交易所（CSX）上市。债券市场仅9只债券挂牌。从债券市场来看，柬埔寨主权信用评级较低，政府和企业发债融资难度和成本较高。因此，柬埔寨的股票市场和债券市场不发达，企业想要通过发行股票和债券来进行融资是极为困难的。同时，柬埔寨银行融资成本很高。柬埔寨商业银行业务范围相对较窄，尽管能够提供海外资本划拨、信用证开立及外汇服务，但是提供不动产抵押、贷款等服务仍很困难且借款期限较短，利率较高。根据调研，柬埔寨当地的贷款利率很高，为7.5%—10%。柬埔寨当地还有一些高利贷，虽然放款快但风险极大。

基于上述原因，中资企业基本不会选择从柬埔寨当地银行贷款，而是选择从柬埔寨当地的中资银行贷款，或者从国内银行贷款，但是这两种选择也有非常高的门槛。如果选择从柬埔寨当地的中资银行贷款，国内的商业银行中只有中国工商银行和中国银行在柬埔寨设有分行，资产负债规模和竞争力相对不足，导致中资银行在当地的业务以开立账户、进行结算和代发工资为主，对赴柬投资的中资企业直接授信额度不足，企业跨境投资便利化程度不高，尤其是投标保函业务，银行服务效率无法满足企业对时效的需求。贷款业务对抵押品有比较高的要求。调研中，有在柬埔寨注册的民营企业反映，从当地中资银行贷款需要提供抵押品，比如土地或者不动产，银行对抵押品的价值进行评估，根据抵押品价值的一半贷款给企业。如果选择从国内商业银行贷款，企业同样很难得到国内商业银行的授信支持。企业反映，即便商业银行、国家开发银行、进出口银行等都同意了，中信保的审核也非常难通过。在企业申请贷款期间，柬埔寨修改了一项土地政策，从70年修改到50年，中信保审核认为国家政策经常发生变化，不确定性高，风险较大，便没有通过贷款审核。这体现出中信保的产品和服务目前较为单一，调研企业大多反映目前无法满足中信保的准入条件，风险敞口只能由企业承担。

同时，调研发现，企业从中资银行获得境外贷款，存在信贷歧视现象，民营企业相较于国有企业，在柬埔寨注册的企业相较于国内有母公司的企业，获得贷款的难度更大。这可能是因为，境外贷款对我国大多数银行而言是一个全新的业务领域，参与发放境外贷款的商业银行，主要是政策性银行、大型国有银行及外资银行等。境外贷款业务虽然能够更好地实现跨境金融服务实体经济，促进贸易投资便利化，但同时，境外贷款也让银行面临更复杂的风险，包括合规风险、法律风险、信用风险、国别风险、操作风险、反洗钱风险等。在中国对外投资快速增长的背景下，也出现了一些非理性的对外投资，尤其是在房地产、酒店、影城、娱乐业、体育俱乐部等领域出现了一些非理性、异常的、动机不良的海外投资行为，甚至有些投资行为是假借投资之名，向海外转移资产。这让监管层对于海外投资的潜在风险及其真实性、合规性高度关注。考虑到企业对外投资的主要资金来源是银行贷款，一方面，需要对企业"走出去"提供授信支持，另一方面，境外贷款可能推升了企业在海外的激进投资，甚至非法转移资产，导致资本外流风险加剧。因此，在信贷投放的过程中，银行需要甄别借款企业的合规性、保证担保的有效性、抵押质押的合法性和资金用途的正确性，积极支持国内有能力、有条件的企业开展真实、合规的对外投资。民营企业相较于国有企业，境外注册的企业相较于国内有母公司的企业，风险更高，银行在发放境外贷款时会更加审慎。

(四) 物流成本较高

由于基础设施不健全，柬埔寨的物流成本在东南亚国家中偏高。课题组调研发现，三个经济特区的区位选择都是从节省物流成本的角度出发考虑的。桔井省经济特区选择桔井省斯努县，主要是考虑两个因素：一个是泛亚铁路柬埔寨金边（巴登）至越南胡志明（禄宁）连接线途经斯努县；另一个是距离越南胡志明深水港较近，企业产品能够直接从胡志明港口出口。但是，泛亚铁路的修建一直处于停滞状态，导致特区面临较高的物流成本。柬埔寨浙江经济特区选择位于柬埔寨4号公路175千米处，距金港高速出口处仅3千米，考虑到金港高速是柬埔寨唯一一条高速公路，特区拥有独特的陆运优势。同时，特区距离柬埔寨唯一的深水港西哈努克港70千米，能够通过西港将货物运往世界各地。西港经济特区选择的位置距离柬埔寨第三大国际机场西哈努克国际机场3千米，距离金港高速路口4千米，距离西哈努克港12千米，货物主要从西港出口世界各地。

(五) 供应链不健全

由于柬埔寨发展较为落后，中资企业在当地很难找到供应商。如果企业选择进口原材料，根据调研，进口门到门的费用为15000元，会增加企业的原材料成本，因此大部分企业倾向于自己引进供应商。

第三节　郑州（河南）—金边（柬埔寨）经济合作的潜力分析

当前中柬双方对于构建中柬命运共同体已经达成高度共识，中柬经济合作不断深化。随着共建"一带一路"进入高质量发展的新阶段，中柬双方正在积极围绕"一带一路"建设与"五角战略"的深度对接进行密切合作。基于前面两节的分析，我们可以看到，在过去10多年来国内各省份已经在不同程度上参与和柬埔寨的经济合作，已经奠定了较好的发展基础，并已经形成各自的比较优势。尽管如此，河南省与柬埔寨的经济合作依然存在巨大的潜力和广阔的空间。

其中主要的原因有以下四个方面：第一，柬埔寨的经济社会发展当前正在进入转型升级的关键阶段，其实现中长期的发展目标迫切需要外资的大力支持。河南省企业的投资可以在之前其他省份的经济合作基础上获得更好的投资机遇窗口期。第二，国家关于鼓励河南省参与"一带一路"建设的重点领域定位，正好与河南省的比较优势相契合。2023年底，国家发展改革委发布关于引导地方更好参与共建"一带一路"高质量发展的有关文件，其中明确提出沿黄河省区参与共建"一带一路"主要侧重在农牧业、新能源、历史文化、生态文明、民航运输等重点领域。第三，河南省政府在党中央的支持下，已经和柬埔寨政府在政府间合作、产能合作、民航运输、文化交流等相关重点领域建立了一系列的政府层面的框架协议，为未来深入的经济合作搭建了良好的政策框架。第四，河南省与柬埔寨经济合作的互补性较强，省内企业在现有"一带一路"建设的发展红利刺激下，进一步拓展贸易和海外投资的热情很高。

河南省与柬埔寨深化经济合作的潜力，很大程度上是建立在双方经济发展转型升级的共同需求基础之上的。为此，本节试图围绕柬埔寨发展和转型战略的主要方向与河南省和郑州的优势，分析双方未来开展经济合作的潜力。

一、柬埔寨发展从以依赖援助为主进入积极吸引外国投资的阶段

随着柬埔寨的经济快速发展，将从"最不发达国家"进入"中低收入国家"水平，其发展融资条件在发生根本性的改变。这意味着柬埔寨将从大量依靠无偿援助和优惠贷款为发展融资的局面，转变为需要更多吸引外商直接投资。

柬埔寨作为最不发达国家，其发展支出的80%依靠援助资金。所以，OECD的传统援助国以及国际组织，特别是亚洲开发银行和世界银行的发展融资，是柬埔寨比较主要的资金来源。其中中国更多的是为其基础设施建设提供优惠贷款，所以并不占优势[1]。但是，这种局面已经在发生快速的转变。2021年7月，联合国开发计划署发布《柬埔寨发展融资评估》报告[2]，对柬埔寨在2021—2025年公共、外资和国内投资，以及外国无偿赠款和优惠贷款来源和变化进行全面分析。该报告指出，柬埔寨预计将于2030年之前脱离"最不发达国家"行列，外国予以柬埔寨的援助，也将从现有以无偿援助或优惠贷款为主，转变为利息更高的发展贷款。外国发展援助（ODA）将继续成为另一重要的发展融资来源，2020年占GDP的7.9%，2025年则预计下降至7.4%。然而，外国发展援助将从现有以无偿援助为主，转为利率更高的优惠贷款。世界银行基于柬埔寨已晋升为中低收入国家，决定大幅提高向柬埔寨提供的贷款利率，从现有的0.7%提高至2.8%。柬埔寨政府对世界银行这一举措明确表示不满[3]。但是，柬埔寨政府必须面对融资环境发生变化的局面。正如联合国开发计划署的报告所言，随着柬埔寨脱离"最不发达国家"行列，政府有必要调整发展融资策略，确保国家经济和社会可持续性发展。

---

[1] "Southeast Asia Aid Map", Lowy Institute for International Policy, 2023.11, http://www.lowyinstitute.org/.

[2] UNDP, "Cambodia's Development Finance Assessment", 2021.7.15, https://www.undp.org/cambodia/publications/cambodias-development-finance-assessment.

[3] 驻柬埔寨王国大使馆经济商务处：《柬埔寨发展融资需求五年内将翻倍》，2021年7月19日，http://cb.mofcom.gov.cn/article/zwrenkou/202107/20210703176660.shtml。

在柬埔寨发展升级进入中低收入阶段以后，中国作为最大的投资来源国地位更加巩固，而且日益重要。中国多年来一直是柬埔寨最大的外资来源国。根据柬埔寨发展理事会的数据，2023 年来自中国的投资占柬埔寨总投资额的 66%。其中主要涵盖交通、电力、农业、制造业、旅游开发、经济特区、信息通信等多个领域。2024 年前 2 个月，中国依旧保持柬埔寨最大外资来源国地位，中国对柬投资达 5.45 亿美元，占外国直接投资的 39%，投资主要集中于工业、基础设施和农业[1]。正因如此，洪马内总理在 2023 年上任后访问多国，积极开展招商引资。其中洪马内特别强调中国投资的重要性，重申要加强与共建"一带一路"的国家和地区合作，推动双边关系取得更大进展。柬埔寨商业部国务秘书兼发言人宾索维吉也明确表示，RCEP、《中柬自由贸易协定》等是吸引外国直接投资的关键因素。目前，柬埔寨的投资审核较为宽松[2]，柬埔寨政府也有更大的动力通过积极改善营商环境，为外资创造更加有吸引力的条件。

在这种背景下，河南省的相关企业可以基于市场原则以更加有利的条件进入柬埔寨投资。目前柬埔寨在发展农业、劳动密集型产业和电子组装产业等方面，吸引力较大。相关企业可以在双方政府合作的框架文件支持下，借鉴和利用国内其他省份在柬埔寨的经济特区和开发区投资平台，避免早期海外投资国内企业成为投机资本的无序混乱状态，更加有序地开展投资。

二、柬埔寨迫切需要缩小交通基础设施建设缺口，提升地区物流枢纽地位

柬埔寨的物流水平在东南亚各国家排名中处于落后的地位，已经构成其经济发展面临的严重阻碍。根据世界银行编制的物流绩效指数（LPI），柬埔寨和老挝在东南亚地区处于第四梯队，大幅落后于马来西亚、泰国和越南的第二梯队，以及菲律宾和印度尼西亚的第三梯队（见

---

[1] 刘慧：《柬埔寨加大力度吸引外国投资》，人民网，2024 年 3 月 18 日。
[2] 根据柬埔寨发展理事会的要求，对于下列条件的外商投资项目，需提交内阁办公厅批准：一是投资额超过 5000 万美元；二是涉及政治敏感问题；三是矿产及自然资源的勘探与开发；四是可能对环境产生不利影响；五是基础设施项目，包括 BOT、BOOT、BOO 和 BLT 项目；六是长期开发战略。参见中国驻柬埔寨经商参处：《柬埔寨对外国投资的市场准入的规定》，2014 年 4 月 23 日，http：//cb.mofcom.gov.cn/article/ddfg/201404/20140400559808.shtml。

图 3-3）。老挝在 2021 年 12 月中老铁路顺利开通后，在本地区的连通性和物流便利性大幅提升，竞争力出现了反超①。柬埔寨目前开通运行的只有一条金边—西哈努克港的高速公路，在 2023 年才开始动工建设金边到巴域的第二条高速公路。另外，柬埔寨的港口开发也较为落后，西哈努克港作为唯一的海港和深水港，集装箱能力远不如泰国的林查班港，越南的胡志明港、海防港和盖梅港（它们已经成为 2022 年全球集装箱 50 强）。

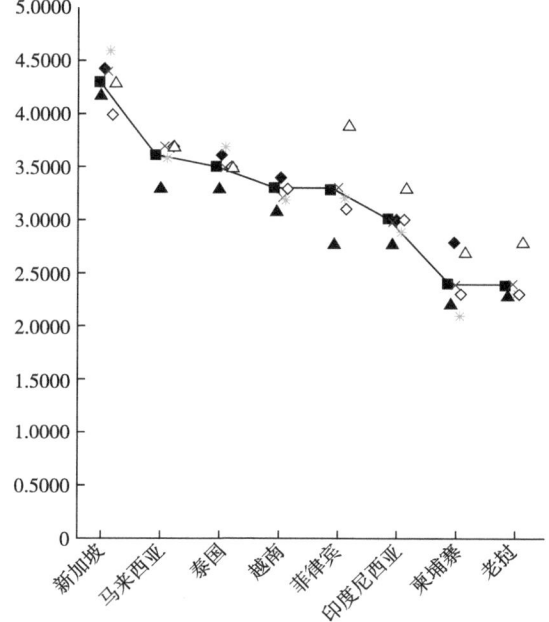

■ 物流绩效指数：综合分数（数值范围1—5）
▲ 物流绩效指数：清关程序的效率（数值范围1—5）
◆ 物流绩效指数：追踪查询货物的能力（数值范围1—5）
× 物流绩效指数：物流服务的能力和质量（数值范围1—5）
＊ 物流绩效指数：贸易和运输相关基础设施的质量（数值范围1—5）
◇ 物流绩效指数：安排价格具有竞争力的货运的难易度（数值范围1—5）
△ 物流绩效指数：货物在预定时间内到达收货人的频率（数值范围1—5）

图 3-3　2022 年东南亚各国的物流绩效指数

资料来源：张海清：《东南亚产业经济快速发展　物流需求增加》，载《中国远洋海运》2023 年第 11 期，第 34—38 页。

---

① World Bank, "Connecting to Compete 2023", https：//lpi.worldbank.org/sites/default/files/2023-04/LPI_2023_report.pdf.

柬埔寨政府高度重视交通基础设施的发展，强调要在"五角战略"中继续优先发展。柬埔寨通过的《2023—2033 年运输和物流系统综合总体规划》中提出了短期、中期和长期愿景，包括道路、铁路、内陆运河、海运、航空运输、物流等 174 个基础设施发展项目，项目总投入预计超 360 亿美元，近中期投入将达 200 亿美元①。柬埔寨也高度重视与中国的合作，开发建设中柬铁路。2023 年 10 月，在洪玛奈首相访华期间，中柬双方签署铁路合作文件，双方同意开展中柬铁路建设合作，签署《关于建立中柬铁路合作机制的谅解备忘录》，明确双方牵头单位和工作职责，稳步开展有关合作②。2023 年 5 月，柬埔寨政府宣布，将在共建"一带一路"框架下与中国合作，在未来 5 年时间内建成联通金边与西哈努克港的德崇扶南运河，并在 10 月与中国路桥公司签署项目框架协议。该运河的建成对于减少对经从越南湄公河出海口的贸易依赖，改善柬埔寨的国内物流和整体经济发展水平都具有非常重要的意义。

国内各大物流公司正在积极布局东南亚，柬埔寨是东南亚物流网络中的重要组成部分③。数据显示，运输和仓储业占中国在东南亚地区融资的 27%，规模位列第二，仅次于在能源领域的投资④。目前在柬埔寨物流发展处于前列的是中通快递。资料显示，柬埔寨中通已发展成为以快递业务为核心，集海外仓、快运、商业等业务板块于一体的综合物流服务公司，仓储面积超 10000 平方米，服务网点约 400 个，运输车辆近 500 辆，服务覆盖柬埔寨全境，可提供本土全境次日达服务、中柬往返国际包裹运输服务⑤。另外，顺丰旗下的嘉里物流遍布泰国、越南、马来西亚、柬埔寨，成为顺丰海外业务的重要增长点。近年来，随着中国企业在柬埔寨交通基建方面的项目顺利开展，极大降低了物流成本，其

---

① 王涛：《柬埔寨经济保持高增长》，《经济日报》，2024 年 4 月 11 日。
② 《国家发展改革委与柬埔寨有关部门签署四份合作文件》，国家发展改革委网站，2023 年 10 月 19 日。
③ 马婷：《投资新聚焦——电商带动下的东南亚物流业》，载《中国远洋海运》2023 年第 6 期，第 30 - 35 页。
④ Southeast Asia Aid Map, Lowy Institute, November 2023.
⑤ 陈云广：《物流巨头纷纷"押宝"东南亚，谁走在了前列？》，《物流时代周刊》，2023 年 8 月 24 日。

中金港高速公路的开通，极大提升了该国的物流效率。

河南省在装备制造业领域具有重要的比较优势，可以在积极参与柬埔寨的基础设施建设中发挥重要作用。其中，"河南造"的中铁装备的盾构机及其供应链是河南省作为中部省份参与"一带一路"建设的突出优势，使其可以成为柬埔寨未来铁路、运河开发的重要合作伙伴。郑州是国内辐射整个北方地区的物流枢纽中心，这一优势使其可以作为柬埔寨商品对接进入中国北方市场的理想合作伙伴。郑州在地理上具有极佳的区位优势，也是国内主要的交通物流枢纽中心之一。郑州在800千米的半径范围可以覆盖国内巨大人口规模的消费市场，同时还有建设"空中丝绸之路"（货运）和中欧班列的物流中心的领先优势，因此被全国许多物流公司选择作为物流配送的中心。郑州可以利用这一优势，开发利用其现代化物流科技管理模式，在冷链运输、农产品加工和配送方面与柬埔寨进行进一步的合作。

三、柬埔寨在能源转型与碳中和方面存在巨大发展需求

柬埔寨作为深受气候变化不利影响的发展中国家，积极响应国际社会实现能源转型和在21世纪中叶实现全球碳中和的承诺。2021年12月，柬埔寨政府正式向联合国气候变化框架公约（UNFCCC）秘书处提交《碳中和长期战略》（TS4CN），承诺要在2050年实现碳中和目标。其中涵盖农业、森林和其他用途、能源、交通、工业和产品用途、废物管理六个关键领域。2021年，柬埔寨政府相应地制定了《能源领域发展状况和能源发展总体规划（2022—2040年）》。该规划计划到2040年将可再生能源发电的比例达到59%，将全国的温室气体排放量减少34%。柬埔寨政府明确将通过建设光伏、风力、液化天然气电站实现能源供应多元化，不再批准新的燃煤发电项目，并减少对进口燃料的依赖性，降低发电成本。柬埔寨政府还鼓励投资创新能源技术，如氢气、电子和能源储存、能源互联网，以实现柬埔寨能源系统的转型。

尽管柬埔寨提出了宏大的长期能源和气候政策目标，但是缺乏技术和资金的支持。柬埔寨主要能源供应中，60%来自化石燃料（煤炭和石油），其余40%则来自可再生能源（水力、太阳能和生物质）。安全稳定的能源供应是实现经济发展的前提，但是目前柬埔寨的电价较贵，稳定性较差，特别是水电容易受到旱灾的影响。这对柬埔寨的工业化和经济增长造成了严重的束缚。据柬埔寨矿产能源部统计的数据，2021年柬埔寨的自主供电量为92.56亿度，进口电量33.45亿度，进口量约占总用电量的26.5%。在柬埔寨部分城市和大部分农村地区，电力供应质量仍不稳定，无法保证24小时供电，季节性缺电的情况仍然存在。柬埔寨供电价格较高，电价为0.15—0.2美元/千瓦时[①]。

这意味着柬埔寨在能源领域存在巨大投资需求与国际合作的潜力。2024年，联合国开发计划署发布了《柬埔寨国家开发项目文件（2024—2028）》，其中确定了柬埔寨的三个转变，并呼吁国际社会予以相应的支持。其中第一个转变是转向更可持续和绿色的经济发展模式，以加快包容性增长、经济多样化和人类发展。第二个转变包括倡导公正的能源转型、气候行动和基于自然的解决方案，以此作为国家财富、社会福利和抵御冲击能力的基础[②]。

中国是东南亚地区发展新能源的重要支持者。数据显示，2015—2021年，东南亚地区约62%的清洁能源是由中国提供发展援助的[③]。目前，中柬双方都高度重视把新能源和绿色低碳投资合作作为两国合作的重点方向。2023年10月17日，在中国和柬埔寨两国领导人共同见证下，国家发展改革委和柬方有关部门负责人签署共建"一带一路"、产能与投资、绿色低碳发展投资等多份合作文件。其中，双方签署《关于共同推动中柬产能与投资合作第三轮重点项目的谅解备忘录》，确定基础设施、制造业、建材、新能源等作为重点合作领域；《关于绿色低碳发展投资合作的谅解备忘录》，将加强两国在应对气候变化、绿色发展、循环经济和环境保护等领域的交流合作[④]。

根据国家发展改革委关于地方参与"一带一路"建设的定位要求，

---

① 商务部：《对外投资合作国别（地区）指南：柬埔寨（2022年版）》，http://www.mofcom.gov.cn/dl/gbdqzn/upload/jianpuzhai.pdf。

② 第三个方面是数字经济转型和治理。参见UNDP, "Country Programme Document for Cambodia （2024—2028）", 2024.4.5, https://www.undp.org/sites/g/files/zskgke326/files/2024-04/20240404_cpd_final.pdf.

③ Southeast Asia Aid Map, Lowy Institute, November 2023.

④ 《国家发展改革委与柬埔寨有关部门签署四份合作文件》，国家发展改革委网站，2023年10月19日。

沿黄河省区参与共建"一带一路"的重点领域，是"要协同推进与共建国家在农牧业、新能源、历史文化、生态文明、民航运输等领域交流合作，加快建设黄河流域对外开放门户"。所以，新能源和生态文明等领域显然是河南省可以大力加强与柬埔寨方面合作的重要领域。

四、柬埔寨发展数字经济需要外部力量支持

发展数字经济已经成为当今世界经济发展的重要潮流，柬埔寨作为发展中国家也积极希望在数字经济领域追赶世界前沿。近年来，国际社会纷纷提出数字经济发展规划，联合国开发计划署发布了《2022—2025年数字战略》，东盟也提出了《东盟数字总体规划2025》。根据《东盟数字经济框架协议》，预计到2030年，东盟数字经济总量将从每年1万亿美元增至2万亿美元。2021年，柬埔寨政府发布《数字经济和数字社会政策框架（2021—2035）》，提出要在15年内建设数字基础设施、建立数字系统信心、培养数字公民、推行电子政务，以及推动数字商业五大"数字发展目标"。2023年6月，柬埔寨政府又启动数字技术战略计划（2023—2027），旨在提高公共服务和工作效率，并加强网络安全。根据柬埔寨政府规划的数字经济发展路线图，柬埔寨计划在2025年实现高速互联网在城市地区覆盖率100%、乡村地区达到70%的目标。2027年，将移动互联网络覆盖到全国，同时考虑在未来合适时机启用5G技术。到2030年，主要公共服务全部数字化，建立起以数字基础设施和技术为基础的智能政府，实现治理结构现代化。私人企业数字技术普及应用率须达到70%，数字领域从业人员占就业人口比例须达到4%。2035年，柬埔寨将完成数字化转型，数字经济达到GDP的5%—10%，建立一批创新和智慧型企业，并至少拥有一个智慧城市。有关部门还计划在10年内培养10万名数字技术人才，以推动数字领域技术研发和创新[①]。

洪玛奈新政府上台后表示高度重视数字经济的发展。洪玛奈总理表示，促进数字经济和社会发展是柬埔寨政府"五角战略"的重要一环，

---

① 《柬埔寨加快发展数字经济》，柬埔寨中国商会网站，http://www.cambochina.com/content/?523.html。

柬埔寨政府将积极推进数字政策议程。"五角战略"在此前"四角战略"道路、水利、电力和人力四大关注领域的基础上,增加了"科技"一项,并强调在"五角战略"第一阶段,柬埔寨政府将重点关注数字技术发展。柬埔寨政府也希望大力吸引中国数字企业前往柬埔寨投资兴业,在当地搭建电子商务、信息传输平台,生产电子元器件,引领柬埔寨数字经济新业态发展,同时为柬埔寨培养大批数字技术人才,提升各级各类政府官员的数字化技能[①]。

河南省和郑州也在积极发展数字经济,在国内已经形成一定的竞争优势,可以与柬埔寨发展数字经济的战略进行深度对接,为双方共同发展提供重要机遇。郑州已经建成全国第七个国家超算中心,中原科技城综合排名位列全国前20名。郑州印发《郑州数据要素市场化配置改革行动计划(2023—2025年)》,其中提到力争到2025年底,数据交易额超15亿元等目标[②]。河南省和郑州可以利用现有优势并整合国内资源,在人才、技术和管理模式方面与柬埔寨发展数字经济的战略需求相对接,以进一步拓展海外市场,在构建国内国际双循环的新发展格局中实现发展壮大。

五、柬埔寨政府鼓励发展农业现代化,可与河南省在种业、农业机械和农产品深加工等方面的优势相对接

中柬双方就着力打造中柬"钻石六边"合作架构达成共识,并将农业作为重点合作领域,为给郑州(河南)—金边(柬埔寨)共建"鱼米走廊"务实合作提供更多机会。当前,柬埔寨农业发展资金严重不足,RCEP与《中柬自由贸易协定》的生效为河南省企业走进柬埔寨创造了政策红利。随着中柬合作进入新时代,河南省企业可充分利用共建"鱼米走廊"机遇,在优质种苗、饲料生产、水产品加工等重点环节加大投资力度,积极参与产业链构建,助力柬埔寨农业产业链延伸,形成农业特色品牌,增强农产品国际竞争力,同时可拓展中国企业的海

---

① 顾佳赞:《国际观察:携手构建更加牢不可破的中柬命运共同体》,人民网,2023年9月19日,http://m.people.cn/n4/2023/0919/c23-20769303.html。

② 《郑州发力数字经济,提出力争到2025年底数据交易额超15亿元》,河南省人民政府网站,2024年1月17日,http://www.henan.gov.cn。

外市场，实现互利共赢。

农业是柬埔寨国民经济的支柱产业，柬埔寨主要的作物为水稻、玉米和橡胶等①。总体来看，柬埔寨社会经济基础薄弱，农业基础设施贫乏，许多农产品种植仍以原始耕作方式为主。柬埔寨的农作物单产低于世界平均水平，水稻、橡胶、胡椒等主要农作物单产低于中国，提升空间较大；农产品的生产、市场和销售都处于较落后的状态。近年来，中国企业与柬埔寨在农业领域合作进行了一些尝试，探索农业综合开发，包括农作物、经济作物种植，家畜养殖等。柬农产品质量标准尚不能满足大部分国家对农产品进口的要求，其国内农产品深加工产业严重缺乏。近年来，柬政府致力于发展农产品深加工，努力推动农业产业化经营上新台阶。河南省相关企业可顺应柬政府的政策导向，在生产技术、产后保存和处理技术方面提供支持，进一步提高农产品加工能力，投资农业等初级产品，出口加工后的成品，提升其农产品附加值及国际竞争力，并且可享受柬埔寨作为WTO成员所享有的减免关税待遇。这样不仅可以节省大量的成本，而且有利于规避贸易壁垒。

河南省是农业大省，具有得天独厚的农业人才、农业技术、食品加工与制造等方面优势。省内全国性农产品加工示范基地至少有六个，示范加工企业较多，有许多较为出名的农产品加工企业。以河南农业大学为首的农业类院校为河南省培养了大量的农业、食品加工、机械制造等人才。郑州（河南）—金边（柬埔寨）在资源、产业结构上的差异，使双方在产业内和产业间都形成了互补特征，为双方在农业、资源开发领域的合作提供了良好契机，发展潜力巨大。柬埔寨本国的农业缺乏发展种业的意识，农产品种子从中国进口，河南省可发挥在种业方面的优势，充分利用资金和技术，加大科研力度，提升农作物种植生产环节效率。带动当地在水稻和多种经济作物的种植上采用新技术，转变种植方式，提高产量，增加收入，推动中柬农业合作的可持续发展。河南省相关企业和农业技术人员可利用其技术、人力资源和机械化优势与柬埔寨进行农业合作开发，在农业全产业链方面进一步加强农业科技推广，以

---

① 水稻是柬埔寨最重要的粮食作物，产值占全国农业产值的70%以上，有80%以上的耕地用于种植水稻。玉米也是柬埔寨的重要作物之一，大部分用于国内消费。除了上述两种作物之外，柬埔寨还有其他的经济和食用作物，如橡胶、蜀黍、木薯、蔬菜等。

提高农业经济效益。

柬埔寨政府把农业机械化列入重点规划,推广农业机械化发展。柬埔寨全国总体处于农业机械化初级阶段,柬埔寨需要很多的农用机械来实现机械化作业,非常重视推进国家农业机械化,以期改善落后的农业生产条件,增大粮食作物种植面积,提高农业综合生产能力,推进农业现代化建设。农机装备已经成为发展现代农业的重要基础,中国制造的拖拉机、水田机械、甘蔗机械和玉米收获机等物美价廉的农机产品受到当地农民的欢迎。

河南省规模以上农机装备制造企业 200 余家,是全国重要的农机装备制造大省,农机装备产业总体发展水平位居全国前列。在工信部指导,河南省人民政府、国机集团等单位联合支持下,由中国一拖集团有限公司等 10 家单位联合出资组建面向农机领域的创新平台,是我国农机行业唯一一家国家级制造业创新中心。河南省企业可利用其丰富的农业生产经验、现代农业科技水平和先进农用机械设备,在柬设立农业示范中心,探讨建立规模化产业发展基地,带动河南省"走出去"进程和海外投资重点及方向上的转移。柬埔寨的气候高湿热,农业机械使用有其特殊性。如需要适应水田作业要求,适应当地道路崎岖、负载量大的特点,要保障做好售后服务工作,为用户提供技术咨询、技术培训、维修服务、配件供应等多功能服务。总的来看,河南省可通过向柬埔寨转移有关产业链的初期阶段,辅以合理分工,组建区域产业链,农机、家电、机电等领域的企业可抓住机遇"走出去",将柬埔寨劳动力、土地优势以及出口欧美市场享受的优惠政策与河南省企业的资金、技术、设备优势相结合,既帮助柬埔寨建立工业基础、提供就业和税收,又有利于河南省调整产业结构,帮助企业开拓国际市场,逐步做大做强。

六、柬埔寨有较强的文化旅游资源优势,可与河南省形成优势互补,共同促进文明交流互鉴

柬埔寨旅游资源丰富,特别是以吴哥古迹群为代表的吴哥文化更是吸引了世界各地众多的游客。柬埔寨已开发包括自然景观、历史文化景点、休闲度假胜地在内的旅游景点 2000 余处,著名旅游景区有吴哥古迹、荔枝山、西哈努克港、洞里萨湖、塔山、万谷湖、金边王宫以及湄公河生态旅游区和柬东北生态旅游区等。柬埔寨吴哥古迹每年吸引200多万名外国游客；大量岛屿、海滩等生态旅游资源尚待开发。柬埔寨政府将旅游业作为吸引外资的重点领域，制定了优惠的政策措施，在旅游产品开发、旅游宣传促销以及自然资源和文化遗产的重点保护等方面取得了较为明显的效果。中柬两国传统的友好关系为双方旅游合作奠定了良好的基础，随着柬埔寨旅游业的兴起，中国赴柬旅游人数大幅增长，更多的中国企业及投资商选择在柬投资发展旅游产业。郑州（河南）—金边（柬埔寨）在旅游合作上也拥有良好契机，双方政府可通过建立长效合作机制，共同规划中长期合作蓝图，拓展旅游领域的交流与合作。借助于旅游业促进郑州（河南）—金边（柬埔寨）的经贸往来，加强双方的了解和沟通。开展旅游合作，可以起到增强民众的双向了解和文化互信的作用。

河南省发展旅游业具有优质资源和强大优势。作为中华民族和中华文明的主要发祥地之一，河南省拥有深厚的历史文化底蕴，河南省是黄河文化核心区和集大成之地，在数千年延绵不绝的历史中积淀了丰富的文化资源，其中有相当一部分对中华民族的形成和发展具有源头性、根脉性的意义，被誉为中国历史文化博物馆。因此，河南省在文化旅游资源方面具有得天独厚的优势。据统计，河南省地下文物、储藏文物、重点文物保护单位均居全国第一，地上文物居全国第二。从旅游资源的数量看，河南省拥有4大古都（洛阳、开封、安阳和郑州）、4个国家文化公园（黄河、大运河、长征、长城4大国家文化公园）、8个国家级历史文化名城（分别是洛阳、开封、商丘、安阳、南阳、郑州、浚县、濮阳）、5处世界文化遗产（洛阳龙门石窟、安阳殷墟、登封"天地之中"历史建筑群、中国大运河河南段以及丝绸之路河南段崤函古道）；省级历史文化名城（镇）21座；全国重点文物保护单位共计51处（54项）；在全国500个国家全域旅游示范区中，河南省有26个；拥有国家AAAAA级旅游景区13个。

中国政府与河南省人民政府高度重视发展旅游经济，大力支持传承和发扬黄河文化。2021年，中共中央、国务院印发的《黄河流域生态保护和高质量发展规划纲要》明确提出"打造具有国际影响力的黄河文化旅游带"。在全国乃至全世界都有较大影响和知名度的文化遗产，在信仰、节庆民俗方面，有黄帝祭典、马街书会、商丘春节文化庙会、浚县正月古庙会、中岳庙会等；在手工技艺民俗方面，有朱仙镇木版年画、唐三彩烧制技艺、汝瓷烧制技艺、钧瓷烧制技艺、浚县泥塑、豫西剪纸、开封汴绣等；在体育娱乐民俗方面，有少林武术、陈式太极拳、狮子舞、旱船舞、高跷舞、对花鼓等；在曲艺民俗方面，有豫剧、曲剧、河南坠子、怀梆、越调等；在饮食民俗方面，有道口烧鸡、逍遥镇胡辣汤、开封灌汤包、洛阳水席等。总体上看，河南省文化资源种类繁多，且文化品位高、价值大、时代连续性强。从交通优势来看，河南省属于中原腹地，承东启西、连接南北，拥有铁路"双十字"和"米字形"高铁网，高速公路通车里程多年居全国首位，带来物流、铁路、航空方面的优势。河南省在国内具有完善的交通条件优势，为郑州（河南）—金边（柬埔寨）旅游合作奠定了良好的基础。

教育是人文交流的重要一环。柬埔寨的鲁班工坊通过师资培训、留学生交流、设备输出、课程建设、制度搭建等活动，实现器物、文化和精神的输出和沟通，实现输出中国先进制造装备、中国职业技术标准、职业教育品牌等建设成果，传播了中国职教文化，增进人文交流、民心相通、文明互鉴、世界和平，为构建人类命运共同体作出贡献。

中医药学是中国传统文化的优秀代表，是中国文化软实力的中坚力量。向柬传播中医药文化对于弘扬中华优秀传统文化，展示中华文化特有魅力，促进中柬文明互通互鉴以及构建中柬人类命运共同体具有重要意义。柬埔寨是东南亚华侨华人的主要分布国之一，总人数已突破百万，这一比例在东南亚国家中仅次于新加坡和马来西亚。在柬华侨华人信赖中医药，将中医药理念融入当地医疗体系，传承中华优秀传统文化，推动两国人文领域的交流，促进中医药在柬发展，这样的文化环境十分易于中医药的传播与推广。2023年10月，中国—柬埔寨中医药中心成立，中心不但能为柬埔寨当地民众提供一份健康保障，还将为柬培训高质量、高水平的中医药专业人才，成为中柬人文交流合作的"旗舰项目"。境外办学是培养中医学专业国际化人才的一种重要形式，河南省的中医药文化历史悠久、氛围浓厚。河南中医药大学通过和马来西亚管理与科学大学开展合作，开办境外办学项目，探索中医学专业合作办学人才培养模式，构建国际化中医高等教育课程体系，积极培养能够满足中医药文化海外传播需要的国际化人才。

第四节　探索实现郑州（河南省）—金边（柬埔寨）经济合作潜力的有效路径

共建"一带一路"倡议是我国在新时期对外开放的顶层设计和开展经济外交的总规划。各地方基于自身资源禀赋和条件与共建国家积极开展务实的合作，将我国与相关共建国家的良好政治关系转化为经济合作机遇，造福两国人民，进一步夯实和提升双边关系，积极构建发展伙伴关系，推动构建人类命运共同体。河南省和郑州积极挖掘新时代中柬命运共同体的重要机遇，利用国家对当地参与"一带一路"建设特别是"空中丝绸之路"品牌建设的政策支持，积极打造郑州—金边"空中丝绸之路"，是探索实现郑州（河南）—金边（柬埔寨）经济合作潜力的有效路径。

一、理解郑州（河南）参与"一带一路"建设优劣势的比较分析框架

地方是参与共建"一带一路"的重要主体。为了更好理解不同地方参与"一带一路"建设的优劣势，我们基于对河南省和郑州以及其他省市的实践经验，试图提出一个包含六个指标维度的分析框架来综合比较分析和评估各地参与"一带一路"建设的禀赋和条件。这六个方面的指标涵盖了政治和经济、中央和地方、政府和企业、地理和政策等多个维度的内容，可以为我们全面分析和评估各地方的优劣势提供一个参照系（见图3-4）。这六个指标可以大概分为三组：

（1）中央层面，有双边政治关系和国家政策支持两个指标。我国与具体共建国家的双边政治关系是基本前提，两国签署共建"一带一路"的备忘录以及具体的相关规划构成了地方开展具体合作的基本政策背景和合作框架。在此基础上，中央政府对具体地方政府参与相关合作的定位、要求以及政策支持水平，是决定地方参与具体共建国家合作的政策基础。正如前面分析的，中柬关系以及两国的具体战略对接安排，以及中央对于河南省以及郑州的定位，都赋予了当地加强与柬埔寨开展

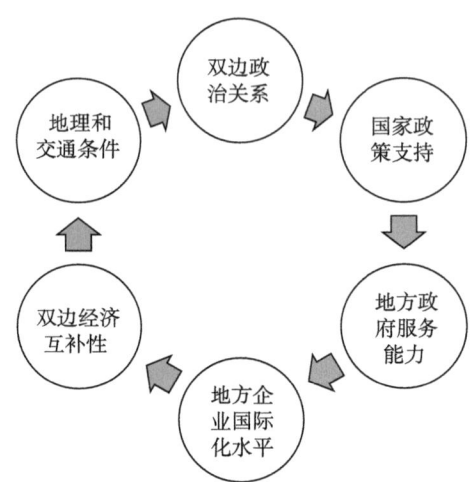

图 3-4　评估地方参与"一带一路"建设优劣势的分析框架

资料来源：作者自制。

经济合作的重要机遇和能力。

（2）经济合作的实际潜力和互联互通的物质基础，具体体现为双边经济互补性和地理与交通条件两个指标。不同地方的发展阶段不同，东部沿海地区、中部地区以及西部省份的经济结构、资源优势和产业基础也存在较大差距，这决定了各地参与中柬经济合作的潜力。同时，各地与柬埔寨的贸易物流条件也有较大差距，自身在国内的交通条件也有很大差别。东部沿海地区交通较为发达，可以通过海路与柬埔寨相联通。我们也看到，东部不少省份，如山东、江苏和福建等较早在柬埔寨建立了产业园。西部一些省份具有与东南亚地理毗邻的优势，可以通过陆路与柬埔寨相联通。河南省在国内处于全国交通枢纽的优势地位，郑州又是中欧班列的重要枢纽城市，但是与柬埔寨的交通联系缺乏优势，通过"空中丝绸之路"建设与金边直接建立互联互通关系，是降低物流成本实现直接联通的有效选择。

（3）本地条件，体现为地方政府服务能力和地方企业国际化水平两个指标。共建"一带一路"需要发挥有为政府和有效市场两个方面的力量，共同挖掘和培育共建国家的发展机会，培养形成新的经济增长动力，实现共同发展。在"一带一路"建设实践中，我们看到不少地方在早期就搭建了企业"走出去"的政策支持平台，很多有实力的国有企业和民营企业已经在海外积极投资布局,为后续"一带一路"建设打下了良好的基础。地方政府的国际化视野和对外开放水平,也是决定不同省区参与"一带一路"建设的重要影响因素。地方政府为企业"走出去"搭建合作平台,提供相关的政策和信息支持,也是有效降低投资风险,引导企业规范有序参与共建"一带一路"的重要条件。

基于课题组在河南省和郑州的深入调研,结合前面对中柬关系以及各省份在柬埔寨投资情况的比较分析,我们可以形成一个对河南省和郑州与柬埔寨经济合作优劣势的基本评估(见表3-2)。

表3-2 河南省(郑州)与柬埔寨经济合作的综合优劣势对比

指标	沿海省份	部分沿边省份	河南省(郑州)
双边政治关系	高	高	很高
双边经济互补性	高	低	中等
国家政策支持	不一定	高	较高
地理和交通条件	不一定	较高	中等
地方政府服务能力	高	偏弱	中等偏强
地方企业国际化水平	较强	偏弱	中等

资料来源:作者自制。

二、建设"空中丝绸之路"是实现郑州(河南)与金边(柬埔寨)经济合作潜力的有效选择

河南省作为我国中部地区的人口和经济大省,在参与和柬埔寨共建"一带一路"方面具有重要的经济潜力。河南省和郑州在过去10年中参与共建"一带一路"也取得了重要的成就,在国内各省区特别是中部地区发挥了很好的榜样作用。国家对于河南省在未来金色10年高质量共建"一带一路"进程中更好地发挥地方优势也寄予了很高的期望。

从本章前面的分析来看,不同省区在参与共建"一带一路"方面各有优劣势,河南省立足自身资源禀赋,扬长避短,选择加强与柬埔寨和东南亚地区经济合作,是基于相关优劣势评估之后的合理选择。当前,东南亚地区是我国最大的贸易伙伴,也是我国对外关系的优先发展方向。柬埔寨对华关系当前处于历史最高水平,中柬命运共同体建设前景广阔。我国各省在柬埔寨的投资普遍处于较为初步的阶段,经济增长

潜力尚未完全体现。柬埔寨在实现国家发展战略方面存在巨大的潜力和机遇，需要通过深入参与"一带一路"建设来充分实现其发展目标。河南省和郑州应该抓住当前中柬关系的发展契机，积极服务和适应国家发展需要，加快提升国际化水平和促进国际消费中心城市的建设，作为加快实现中部地区崛起的重要战略选择之一。

  正如前面分析指出，郑州政府和企业在建设"空中丝绸之路"方面积累了重要的经验，在国内形成了品牌效应和人才优势，获得了国家在中欧班列、航空港和第五航权等领域的重大政策支持。"空中丝绸之路"的建设可以更好发挥河南省和郑州在交通和文化旅游等方面的特殊优势，避免地理毗邻和产业互补性等方面的不足，从而在与东部沿海地区及西南沿边地区的比较中发挥出自身优势，进而带动自身以及周边地区的发展，可望为国家与柬埔寨共建"一带一路"作出重要贡献。

第四章

推动共建"一带一路"框架下经济走廊与"空中丝绸之路"建设的前景

共建"一带一路"框架下的经济走廊有多种类型:"陆路丝绸之路""海上丝绸之路""空中丝绸之路"等。早在2015年3月中国政府发布的《推动共建丝绸之路经济带和21世纪海上丝绸之路的愿景与行动》就明确指出,"陆路丝绸之路"是由六大经济走廊所组成的。"海上丝绸之路"与"空中丝绸之路"实际上也是一种经济走廊①。因此,对"空中丝绸之路"的研究需要纳入共建"一带一路"框架下的经济走廊之中。本章通过对共建"一带一路"框架下的经济走廊的分析,将为研究"空中丝绸之路"提供一个理论视角;同时,通过对郑州—卢森堡"空中丝绸之路"的案例分析将为构建郑州—金边"空中丝绸之路"提供一个有益的参照。

---

① 亚洲开发银行就把印度尼西亚—马来西亚—泰国增长三角洲(IMT-GT)称为经济走廊,尽管它们没有陆路相连。参见 Brunner H.-P., "What is Economic Corridor Development and What Can It Achieve in Asia's Subregions?", ADB Working Paper Series on Regional Economic Integration, 2013, No.117。习近平总书记2014年11月在"加强互联互通伙伴关系"东道主伙伴对话会上也明确指出,中方制定的"一带一路"规划以经济走廊为依托,包括陆上经济合作走廊和海上经济合作走廊。参见习近平:《习近平谈"一带一路"》,中央文献出版社2018年版,第46-52页。联合国亚太经济社会委员会的一项研究则直接把"一带一路"定义为以经济走廊为基础的跨洲长期发展战略。参见 ESCAP, "The Belt and Road Initiative for Seamless Connectivity and Sustainable Development in the Asia-Pacific Region". United Nations ESCAP, 2021。

第一节 经济走廊的内涵与特性

一、经济走廊的内涵

简单地说,经济走廊可定义为通过特定的地理标识(如河流、山脉、区域)或交通运输线把沿途经济体联系起来的机制,其核心功能是解决区域间发展的不平衡问题。它为不同的经济节点或枢纽提供了一种联系渠道,这些经济节点通常以城市为依托,是经济资源和人口的聚集地;同时,它也为市场的供给与需求提供了联系渠道[①]。

这一定义体现了经济走廊的地理和经济双重属性。按照它所依托的载体可以划分为地理标识型经济走廊与交通运输线型经济走廊。既有的经济走廊大多属于地理标识型经济走廊,如莱茵河经济走廊、大湄公河经济走廊等。以特定的地理标识为依托构建经济走廊具有顺其自然的特性,因为这些地理标识有助于把沿线的经济节点连接起来。交通运输线型经济走廊则具有"无中生有"的特征。除了水路外,交通运输线通常都具有"人为"色彩,如公路、铁路、航空、管道、通信等。共建"一带一路"框架下的经济走廊大多属于后一种类型,即按照共建国共同发展的诉求而规划、建设起来的。理论上,共建"一带一路"以古丝绸之路为纽带。古丝绸之路是历史上的运输通道,但近现代其运输通道功能已不复存在。中国领导人只是借用了这一历史符号,并从中提炼出了"和平合作、开放包容、互学互鉴、互利共赢"的丝路精神。在这种意义上,共建"一带一路"框架下的经济走廊是一个从无到有的产物。

二、经济走廊的功能

经济走廊的地理属性决定了它不可能是像世界银行、世界贸易组织那样的多边经济合作机制,只能是一种区域经济合作机制。与现有的区

---

① Brunner H. -P., "What is Economic Corridor Development and What Can It Achieve in A-sia's Subregions?", ADB Working Paper Series on Regional Economic Integration, 2013, No. 117.

域经济一体化机制相比，经济走廊的核心功能是解决区域间发展的不平衡问题，而非单纯的区域内贸易投资自由化。以区域经济一体化中的自由贸易区为例，其主要目标是消除成员国之间的贸易壁垒，开发利用成员国之间的比较优势。只有在区域经济一体化程度较高的共同市场、经济共同体之中才会关注成员国之间的发展不平衡问题。如欧洲经济共同体在接纳南欧国家后这一目标才提到议事日程，原因在于解决成员国之间的发展不平衡问题需要成员国让渡财政政策权利，推进转移支付。此后，欧盟为推动东扩进程一直致力于这一目标，但由此产生的矛盾也在不断加大。较为发达成员国的民众对此存在抵触心理，英国退欧就有这方面的考虑。现实中，大多数区域经济一体化都不会以设定这样的目标为前提，像东盟从1992年就决定组建自由贸易区，但到目前为止东盟老成员国与新成员国的经济发展水平差距仍然很大。关键原因在于区域经济一体化组织只有具备超国家政府的职能才可能设置这样的目标①。

解决区域间发展的不平衡问题是经济走廊的一项突出优势。共建"一带一路"充分利用了这一优势，把经济走廊建设与发展导向有机结合起来。在共建"一带一路"框架下，经济走廊建设首先为东道国创造了新的比较优势。具备了这一前提，经济走廊还可进一步开发利用成员国的比较优势。由此可以看出，经济走廊与区域经济一体化安排是可以并存的。以中国与巴基斯坦的关系为例，在中巴经济走廊提出之前，双方就签有自由贸易区协定，但很少人能意识到这一点，原因是巴基斯坦缺少参与国际经济合作的比较优势，即使对其出口实施零关税，它也无力出口。中巴经济走廊以构建铁路、公路、港口、管道为手段推进双边互联互通，这将有助于为巴基斯坦创造新的比较优势。只有实现了这一目标，中巴自由贸易区协定才

---

① 理论上，区域经济一体化组织通过贸易投资自由化可以达到区域内所有生产要素的自由流动，从而解决区域内发展不平衡问题。但在实践中，这是很难实现的。一方面，很少有区域经济一体化组织能够实现区域内所有生产要素的自由流动；另一方面，即便能做到自由流动，解决区域内发展不平衡问题仍然需要成员国共同的财政政策干预，具体地说，需要类似中央政府的财政转移支付。

能真正发挥作用。

经济走廊的这一核心功能要求不同区域和国家之间存在经济上的位势差。这种位势差既可能体现为技术水平的差异，也可能体现为资本充裕度、市场规模、需求水平的差异。正因为位势差的存在，区域间的生产要素、商品服务流动才有动力。比如，过去10年间，共建"一带一路"框架下的六大经济走廊中，运行效果最佳的当数新欧亚大陆桥经济走廊，这和中欧之间存在位势差有很大的关系。

三、经济走廊的发展阶段

经济走廊不是一个静态概念。既有经济走廊的动态演变过程显示，从起步到成熟通常要经历四个阶段[①]：第一阶段是以交通运输线为主的狭义经济走廊。无论是自然形成的河流、海洋等运输通道，还是人工建设的运输通道都是经济走廊发挥作用的第一步。区域和国家之间缺少商品服务、生产要素流动的最大制约因素就是交通运输线。正因如此，交通运输线被看成狭义经济走廊的代表。第二阶段是拓宽经济走廊。单纯的交通运输线有助于拉动区域间的贸易往来，但它不是拉动一国经济增长的充要条件。要让交通运输线对沿线经济产生辐射效应就需要沿交通运输线改善投资环境，推进城镇化与工业化，如产业园区、科技园区等。至此，经济走廊从"线状"拓展为"带状"。第三阶段是以贸易便利化为核心，推动跨境商品、服务和人员的流动，从而夯实了经济走廊。与前两个阶段相比，经济走廊开始具有真正意义上的跨国特性，国际经济合作拉动沿线地区和国家的就业、税收与经济增长。第四阶段的主要任务是协调不同国家或区域的发展计划与政策，形成广义的跨境经济走廊。这相当于在设施联通、贸易畅通的基础上增添了政策沟通的内容。

在共建"一带一路"框架下，不同经济走廊的起点有所不同，有些经济走廊本已存在交通运输线，有些需要建设新的交通运输线，形式

---

① 有关经济走廊阶段划分的分析，参见 Srivastava P., "Regional Corridors Development in Regional Cooperation", ADB Economics Working Paper Series, 2011, No. 258。

上并不完全吻合上述发展阶段划分，但总体上它们都服从上述演变模式。

第二节 构建共建"一带一路"框架下经济走廊的途径

一、构建共建"一带一路"框架下经济走廊的路径选择

由于经济走廊建设不同阶段的具体目标存在差异，所需的参与主体与投入要素自然也不完全相同。第一阶段的建设目标是以基础设施为主的交通运输线，这是制约发展中国家，尤其是最不发达国家经济发展的瓶颈，长期存在投资不足问题。一方面这些国家缺少所需的投资资金，另一方面这类项目通常具有投资规模大、回收周期长的特征，国内、国际私人资本缺少投资的积极性，依靠纯粹的市场机制难以完成这一目标。这是市场失灵的突出表现，只有依靠政府参与才有可能摆脱市场失灵的困境，因而，共建国政府在这个阶段发挥着特殊的作用。第二阶段的建设目标是通过改善投资环境，吸引私人资本沿交通运输线进行生产性投资，以拓宽经济走廊。政府不再充当经济走廊建设的主体，其主要作用体现为创造良好的投资环境。相比之下，民营企业发挥的作用提升，市场化程度提高。在经济走廊建设的第三阶段，市场化程度进一步提高，政府间合作的重点转向贸易投资自由化的规则构建，不同国家企业间的合作成为主流。经济走廊第四阶段是在已有基础上提升政府间合作的范围和质量，合作对象超越了贸易投资自由化，步入跨国政策协调领域。

由此可见，在经济走廊建设的整个过程中，政府参与和政府间的合作始终发挥着重要的作用，只是在不同阶段参与和合作的侧重点有所不同。具体到共建"一带一路"框架下经济走廊的建设，作为倡导者，中国政府发挥着特殊的作用。此外，经济走廊建设不同阶段还涉及"硬联通"与"软联通"的关系、中资企业与外资企业的关系、创造新优势与利用现有比较优势的关系。表4-1勾画了共建"一带一路"框架下参与主体与建设目标在经济走廊建设不同阶段的变化趋势。

表4-1　共建"一带一路"框架下经济走廊建设
不同阶段参与主体与建设目标的演变

阶段	政府与企业	硬联通与软联通	中资企业与外资企业	创造新优势与利用现有比较优势
第一阶段：狭义经济走廊	政府主导(4) vs. 企业主导(1)	"硬联通"(4) vs. "软联通"(1)	中资企业参与(4) vs. 外资企业参与(1)	创造新优势(4) vs. 利用现有比较优势(1)
第二阶段：拓宽经济走廊	政府主导(3) vs. 企业主导(2)	"硬联通"(3) vs. "软联通"(2)	中资企业参与(3) vs. 外资企业参与(2)	创造新优势(3) vs. 利用现有比较优势(2)
第三阶段：夯实经济走廊	政府主导(3) vs. 企业主导(3)	"硬联通"(2) vs. "软联通"(3)	中资企业参与(3) vs. 外资企业参与(3)	创造新优势(2) vs. 利用现有比较优势(3)
第四阶段：广义经济走廊	政府主导(3) vs. 企业主导(4)	"硬联通"(1) vs. "软联通"(4)	中资企业参与(4) vs. 外资企业参与(4)	创造新优势(1) vs. 利用现有比较优势(4)

资料来源：作者自制。

注：括号内的赋值反映的是该因素的重要程度；赋值1—4反映了从最小到最大。

二、深化经济走廊建设是共建"一带一路"高质量发展的内生要求

（一）惠民生与深化经济走廊建设

过去10年"一带一路"建设的经验证明，共建国民众能否获得实实在在的收益是其可持续发展的基础，但由于基础设施投资短期内难以产生直接的惠民生效应，导致共建"一带一路"项目经常被某些国家和地区的选举政治操纵，反对党会把共建"一带一路"合作当成攻击执政党的口实，等成为执政党后又重新支持共建"一带一路"合作。尽管近年来中方倡导扩大"小而美"项目的投资，但这并不能从根本上改变基础设施项目投资周期长、见效慢的特征。这也是基础设施领域投资不足的原因所在。解决这一难题的出路在于通过经济走廊升级，吸引更多的企业从事生产性投资，拉动就业、税收和经济增长。世界银行的一组研究表明：其一，以交通运输线为核心的基础设施项目投资完成后，共建"一带一路"会大幅降低域内国家的运输时间和成本，进而拉动其贸易和经济增长[①]。其二，如果在此基础上附之于关税程序改进

---

① Soyres F. D., et al., How Much Will the Belt and Road Initiative Reduce Trade Costs? *Policy Research Working Paper*, World Bank, 2018, No. 8614.

等措施，其贸易拉动收益和经济增长收益会分别提高 289% 和 192%。其三，如果在基础设施项目之上附之于降低优惠关税等措施，其贸易拉动收益和经济增长收益会分别提高 326% 和 282%。其四，如果在基础设施项目之上附之于后两项措施，其贸易拉动收益和经济增长收益会分别提高 508% 和 386%[1]。从中可以看出，以交通运输线为主的"硬联通"固然重要，但倘若没有后续的"软联通"跟进，其收益将会大打折扣。换言之，实现惠民生目标必须推动经济走廊的升级，而不能停留在狭义经济走廊之上。

（二）高标准与深化经济走廊建设

共建"一带一路"框架下的高标准目标首先意味着有标准和规则可依，同时又意味着所执行的标准和规则要得到国际社会的认可。这是经常会受到西方国家智库和政府官员质疑的一个领域，他们一方面质疑共建"一带一路"没有明确的规则，另一方面又质疑共建"一带一路"所执行的标准和规则过低，比如，其环境标准达不到世界银行和经合组织关于限制对燃煤发电项目提供融资的要求[2]，其反腐标准达不到《联合国反腐败公约》及美国《反海外腐败法》的要求，等等。

针对前一项质疑，这是与共建"一带一路"的发展导向联系在一起的。现行全球治理体系下无论是多边还是区域经济合作机制都奉行规则导向，即"先定规则后谈合作"，共建"一带一路"的发展导向则奉行"先合作后定规则"，因此在"一带一路"或经济走廊建设的第一阶段，规则并不是开展合作的前提条件[3]。但伴随合作的深化，对规则的需求增加，制定规则将成为一种必然的选择。比如，经济走廊建设第三阶段推动贸易便利化和自由化就是共建国之间制定规则的体现；至于第四阶段的跨国政策协调体现了对规则更高的需求。总之，对规则的需求和经济走廊的升级将呈现同步发展的趋势。

---

[1] Soyres F. D., et al., Common Transport Infrastructure: A Quantitative Model and Estimates from the Belt and Road Initiative. *Policy Research Working Paper*, World Bank, 2019, No. 8810.

[2] 2013 年，世界银行开始限制对燃煤发电项目提供融资；其他多边开发银行随之也采取了类似的政策。2015 年，经合组织成员达成一项协议，出口信贷机构（ECAs）将根据二氧化碳排放标准限制对燃煤发电项目提供融资。

[3] 李向阳：《跨太平洋伙伴关系协定与"一带一路"之比较》，载《世界经济与政治》2016 年第 9 期，第 29－43 页。

针对后一项质疑，情况则更为复杂。标准的高低究竟是以西方发达国家的标准来衡量，还是以国际组织的标准来衡量，抑或根据共建国的实际需要来衡量，本身就存在很大的争议。推动共建"一带一路"高质量发展需要更多国家的理念认同。作为共建"一带一路"的倡导者，中国需要把深化经济走廊与提升规则标准同步推进。比如，2021年9月，中国政府正式宣布停止新建境外煤电项目；2019年4月，在第二届"一带一路"国际合作高峰论坛上，根据《联合国反腐败公约》精神，中国与有关国家、国际组织及工商学术界代表共同发起了《廉洁丝绸之路北京倡议》，明确提出要为共建"一带一路"参与方开展反腐败合作创造坚实的法律基础和制度保障。

（三）可持续与深化经济走廊建设

在某种程度上，高质量发展的可持续目标涵盖了惠民生与高标准目标。可持续不仅要求经济领域的可持续，而且要求环境、社会、政治、安全领域的可持续；不仅要求对中国（作为倡导者）是可持续的，而且要求对其他共建国也是可持续的。这是西方学者质疑"一带一路"的另一个热点领域。他们对共建"一带一路"可持续性的质疑主要基于三类因素：一是东道国经济的不可持续。共建"一带一路"的国家和地区大多属于发展中国家，有些甚至属于最不发达国家。这些国家一方面存在巨大的投资风险，另一方面其偿债能力较低。在这些国家里，以基础设施为代表的互联互通项目与后续的经济增长之间很难形成良性的互动，从而形成债务风险。二是来自中国的不可持续性。尽管中国具有巨额的外汇储备和国内储蓄，但仍难以满足共建"一带一路"的国家和地区基础设施建设投资的融资缺口。三是共建"一带一路"现有的机制不能保证把资金投到商业盈利价值的项目上[①]。

西方学者对共建"一带一路"可持续性的质疑除了有污名化的动机外，所提出的这些风险值得我们理性看待。比如，世界范围内基础设施领域长期存在投资不足问题，国际投资领域客观上存在"摘苹果效应"（人们首先摘去的是最下面的苹果，越向上摘苹果的难度越大），

---

① Hillman J. E., China's Belt and Roller Coaster. 2018.9.14, https：//www.csis.org/analysis/chinas-belt-and-roller-coaster. 丹尼尔·克里曼、阿比盖尔·格蕾丝：《权力的游戏：应对中国"一带一路"战略》，"一带一路"百人论坛，2018，http：//www.OBOR100.com。

因此共建"一带一路"必须有自身特有的机制来克服这些难题。

（四）深化经济走廊建设是新时期应对国际环境变化的必然选择

深化经济走廊建设的外生动力主要来自国际环境的变化，它们对共建"一带一路"的高质量发展构成了严峻的挑战。

第一，西方国家借全球价值链重塑之势，加快推动"去中国化"，尤其是在供应链领域的"去中国化"。国际金融危机爆发以来，全球价值链不断延长的趋势出现了逆转，突出表现为价值链的"缩短"与布局的"本地化"或"区域化"。价值链"缩短"的直接驱动力来自企业从追求效率优先转向追求韧性优先。在这种转向的背后既有技术进步因素、自然灾害与战争等客观因素的影响，也有贸易战、经济制裁的影响。在印太经济框架的四大支柱中，供应链安全或有韧性的供应链被置于最优先的地位①。在其14个创始国成员中，东亚、东南亚与南亚地区国家占据了多数，未来可能还有更多的国家，包括区域外国家（如欧洲国家）参与进来。这对中国在全球价值链中的地位构成了重大挑战。应对这一挑战不外乎两种选择：一是避免被西方国家从现行的全球供应链中驱赶出来；二是以共建"一带一路"为载体，构建以中国为核心的区域供应链或价值链。在这一点上经济走廊建设具有极为重要的意义。

第二，基于地缘政治的考量，西方大国纷纷创建对冲共建"一带一路"的机制性安排。在"一带一路"建设的第一阶段，西方大国除了唱衰其前景外并无实质性的举措，近年来开始转向构建对冲机制。2017年，印度和日本联合推出了"亚非增长走廊"计划，旨在推进发展与合作项目、高质量基础设施与制度型互联互通、能力与技能提高以及人员往来的伙伴关系，大力宣扬国际规范与高质量基础设施建设，促进南亚、东南亚与非洲的互联互通，加强两国在印太地区的战略存在与协调。2019年，日本与欧盟签署了《可持续互联互通和优质基础设施伙伴关系协定》。同年，美国与日本、澳大利亚一道，启动了"蓝点网

---

① 在2023年9月美国商务部正式公布的《印太经济框架供应链协定》（Indo-Pacific Economic Framework for Prosperity Agreement Relating to Supply Chain Resilliance）文本中，协定成员国将建立三个机构：供应链理事会、供应链危机反应网络以及劳工权利咨询委员会。这标志着印太经济框架迈向机制化的实质性安排。

络"计划,旨在制定全球基础设施规则及评估认证标准。2021年,在美国的推动下,七国集团(G7)推出了"重建更好世界"(B3W)的全球性基建计划。同年,欧盟推出的"全球门户"计划。2022年,七国集团再次推出"全球基础设施和投资伙伴关系"(PGII)计划,聚焦基建、气候变化和卫生健康等。作为"全球基础设施和投资伙伴关系"计划的组成部分,在2023年9月举行的二十国集团峰会上,美国、印度、沙特阿拉伯、欧盟签署了谅解备忘录,宣布建设"印度—中东—欧洲经济走廊"(IMEC),打造"现代香料之路"。这条走廊计划通过铁路将中东各国串联起来,再通过港口使它们与印度联结,最终建成一个"可靠且具有成本效益的跨境船运转铁路过境网络"。这些制度性安排具有共同的战略导向:对冲共建"一带一路"。

第三,全球经济增速放慢,共建"一带一路"高质量发展面临的债务风险加大。自2022年起,为遏制通胀压力,美欧步入加息通道,货币管理当局甚至不惜以牺牲经济增长为代价[1]。进入2023年,全球经济增速放慢将成为大概率事件。世界银行前行长戴维·马尔帕斯在2023年春季会议上宣称,21世纪20年代的全球经济增长率将会比上一个10年降低1/3,因此世界可能面临一个失去的10年。利率上升与经济增速放慢无疑会加重广大发展中国家的债务负担,这对共建"一带一路"国家和地区的冲击将是非常直接的。

第四,国际经济合作的安全化趋势凸显。以2008年国际金融危机为分水岭,经济全球化步入周期性退潮阶段,未来一个相当长时期内,"反全球化"与"再全球化"的趋势难以改变。与此相对应,安全考量对国际经济合作的影响越来越大:在企业层面,供应链决策目标从效率优先转向韧性优先[2];在国际层面,价值观驱动的合作成为主流。尽管西方发达国家是"反全球化"与国际经济合作安全化的推动者,但其背后存在客观的必然性。以此为背景,全球价值链重塑日趋明显,全球不确定性事件进一步加速了重塑进程,西方国家将会借势加快推进"去中

---

[1] 即便主要发达国家央行即将停止加息的进程,国际资本市场在可预见的将来也很难再回到新冠疫情之前的超低利率或负利率阶段。

[2] 比如《印太经济框架供应链协定》就明确指出,全球供应链除了考虑成本因素外还要考虑韧性、效率、生产率、可持续性、透明度、安全、公正与包容性等。

国化"。这将对我国推动共建"一带一路"高质量发展构成重大挑战。

三、以深化经济走廊为抓手，为推动共建"一带一路"高质量发展奠定微观基础

在共建"一带一路"框架下深化经济走廊建设既要遵循经济走廊建设的一般规律，又要充分考虑到共建"一带一路"的属性与高质量发展的目标。为此，要坚持共商共建共享原则、渐进性原则、正确义利观原则与市场化原则①，以此为指导，推动经济走廊的升级。

第一，以新发展格局为基础，扩大国内消费需求，为共建"一带一路"国家和地区提供最终消费市场。以美国为主的西方国家利用全球价值链"缩短"趋势试图达到"去中国化"的目标。作为应对，中国也同样可以利用全球价值链布局的"本地化"或"区域化"趋势构建新的区域价值链②。鉴于在未来一个相当长时期内中国经济仍能维持一个较高的增长速度，且伴随实施以扩大国内消费需求为主的新发展格局，中国将成为全球最大的最终消费市场之一。对多数共建"一带一路"国家和地区，尤其是对其中的发展中国家来说，国内消费市场不足是一个普遍难题。只有解决了最终消费市场的制衡，经济走廊的升级才能够步入良性循环。过去10年，许多共建"一带一路"国家和地区都希望通过参与"一带一路"建设既解决投资不足难题，又解决需求不足难题。即便是像东盟这样的新兴经济体，同样也面临类似的困扰。

第二，协调政府与企业的关系，以市场化为导向，构建多元化的建设主体和融资机制。在经济走廊建设的各个阶段存在程度不同的市场失灵现象，使政府参与成为一种必然选择。相比较而言，经济走廊建设第一阶段市场失灵程度最高，政府需要发挥主导作用，具体表现为：作为

---

① 李向阳：《推动共建"一带一路"高质量发展的路径选择：一项分析框架》，载《经济学动态》2023年第10期，第2–15页。

② 对于中国参与和构建区域价值链，国内学术界主流的观点是双向"嵌套型"全球价值链分工新体系，即对上融入发达国家主导的全球价值链分工体系之中，向下引领其他发展中国家融入区域价值链。参见黄先海、余骁：《"一带一路"建设重塑全球价值链》，载《经济学家》2017年第3期，第32–39页；刘志彪、吴福象：《"一带一路"倡议下全球价值链的双重嵌入》，载《中国社会科学》2018年第8期，第17–32页。这是一种有创建、令人期望的出路，但它忽略了一个基本的约束条件：西方国家致力于在供应链领域"去中国化"。

倡导者，中国政府不仅承担了理念宣传的职能，而且还通过官方发展援助、中资开发性金融机构提供优惠贷款、协调中资国有企业参与经济走廊建设，客观上发挥了"多予少取""先予后取"或"只予不取"的功能。步入第二阶段以后，市场化应该是基本的发展方向，政府参与经济走廊建设的方式也需要做出相应的调整。以改善投资环境为主的第二阶段更多需要的是东道国政府的参与；中资民营企业和东道国企业将取代中资国有企业充当建设主体；"多予少取"或"只予不取"的合作模式逐渐转向"予取相等"的正常商业合作模式。至于第三和第四阶段，深化经济走廊建设需要进一步提高市场化水平，政府参与的方式更多体现为跨国之间的政策协调。

第三，协调"硬联通"与"软联通"的关系，构建适应深化经济走廊建设要求的规则和机制。以基础设施为主的"硬联通"是经济走廊的基础，以标准和规则为代表的"软联通"则是经济走廊运行的保障。由共建"一带一路"的发展导向所决定，在"硬联通"建设阶段对规则的需求并不明显，尽管对技术和行业标准有一定的需求。一旦完成"硬联通"建设，以交通运输线为主的基础设施项目开始运行，并对上下游产业产生拉动效应，对规则或"软联通"的需求就会提升。过去10年间经济走廊建设的重点是"硬联通"，并已取得实质性进展①。未来则需要构建可持续发展的合作机制、利益分配机制以及相应的融资、税收、安全保障、争端解决等领域的支持体系。

理论上经济走廊建设的发展阶段可以做出明确的划分，但实践中不同阶段的进展是交叉在一起的。以中国—中南半岛经济走廊为例，狭义经济走廊以泛亚铁路网为基础，它进一步又可分为东中西三条线路（东线从南宁经河内、胡志明市到金边，再延伸到曼谷；中线从昆明、万象、曼谷、吉隆坡到新加坡，再延伸至印度尼西亚；西线从昆明、曼德勒到仰光，再延伸至曼谷），但只有中线的中老、中泰铁路建设取得了进展。这不等于说只有泛亚铁路网全部建成后经济走廊才进入第二阶

---

① 第一类经济走廊的交通运输线本来就存在，如中蒙俄经济走廊、新欧亚大陆桥经济走廊；第二类经济走廊的交通运输线属于新建范畴的，如中巴经济走廊、中国—中南半岛经济走廊、"海上丝绸之路"的港口建设等；第三类经济走廊的交通运输线建设较为滞后，如中国—中亚—西亚经济走廊；第四类尚无实质性的进展，如孟中印缅经济走廊。

段。中老铁路建成后就需要构建中老之间的合作规则与机制。总之,面对经济走廊升级的要求,机制化建设已经提到议事日程,对规则的需求将经历从无到有、从低约束向高约束的转型。

第四,协调创造新优势与利用现有比较优势的关系,推动经济走廊建设的可持续发展。现行国际经济合作的理论基础是比较优势原则,消除国家间的贸易投资壁垒、开发和利用各国的比较优势是其基本逻辑。然而,实践中许多发展中国家,尤其是最不发达国家缺少参与国际分工的比较优势。经济走廊为这些国家创造了新的比较优势,从而有助于解决区域发展不平衡问题。这种创造新优势的过程体现了共建"一带一路"所秉承的正确义利观。无论是"多予少取""只予不取"还是"先予后取"都是一种国家间利益的让渡。在利益让渡的前提下,如何推动经济走廊建设的可持续发展既是一个重大的理论问题,也是一个重要的实践问题。为此,创造新优势与开发利用比较优势必须有机地结合起来,把"多予少取"(部分利益让渡)、"只予不取"(对外援助)与"予取相等"(正常的商业合作)三种合作方式有机结合起来,产生"1+1+1>3"的协同效应。

第五,协调共建"一带一路"国家和地区政府之间的政策,降低和消除经济走廊建设中的各类风险。从狭义经济走廊向广义经济走廊的升级是一个风险不断扩大的过程,因而也是对共建国之间政策协调需求不断提高的过程。在这一过程中,经济走廊建设会面临诸多风险:其一,政策错位风险。东道国基于国内政治、宗教、民族层面的考量所做出的布局规划可能不能满足多数民众的诉求,结果是利益受损或无法获益的利益集团会把对本国政府的不满迁怒于项目本身。其二,某些共建"一带一路"国家和地区的国内法律风险。以蒙古国的《矿产资源法》为例,1994 年、1997 年和 2006 年蒙古国三次颁布《矿产资源法》。2006 年 7 月生效的《矿产资源法》又经过了 10 次的修改,其中 2010 年、2011 年和 2014 年每年修改两次[1]。法律体系的不稳定性大大提高了合作的风险。其三,某些共建"一带一路"国家和地区的道德风险。

---

[1] 龙长海:《信任困局的破解路径:中蒙俄经济走廊建设的非正式制度供给与软法合作》,载《求是学刊》2019 年第 4 期,第 90 – 102 页。

共建"一带一路"框架下的经济走廊具有国际公共产品属性，中国是这种国际公共产品的提供者，客观上会遇到国际合作中各种道德风险。最常见的是某些国家以政府更迭的名义，指责前任政府签署的协议不公平或存在的腐败现象，要求中方更改协议条款或者向中方提出额外的让步要求。此外，共建"一带一路"国家和地区之间国家层面还有各种各样的风险。因而，深化经济走廊建设需要这些国政府之间在诸多领域开展政策协调，如发展规划、投资安全保障、争端解决机制、贸易便利化与自由化、人员跨国流动等。

深化经济走廊建设是推动共建"一带一路"高质量发展的微观基础。其成功与否关系到共建"一带一路"的目标能否真正落地。探索其发展路径是共建国的共同责任。

第三节　郑州—卢森堡"空中丝绸之路"建设的发展历程

"空中丝绸之路"是以国际航线与航空口岸为依托，实现跨境商品、服务、生产要素流动的通道。2023年10月，国务院新闻办公室发布的《共建"一带一路"：构建人类命运共同体的重大实践》白皮书指出："'空中丝绸之路'建设成效显著。共建国家间航空航线网络加快拓展，空中联通水平稳步提升。"① "空中丝绸之路"作为中国新时代推进世界互联互通的重要战略路径，是共建"一带一路"倡议的重要内容，是中国民用航空（民航）参与共建"一带一路"的核心任务；高水平建设"空中丝绸之路"是构建新发展格局、推进高质量共建"一带一路"的重要抓手，是助力共建"一带一路"国家和地区分享中国发展成果的重要方式。作为"空中丝绸之路"建设的一个成功范例，郑州—卢森堡"空中丝绸之路"自2014年开通以来，已覆盖欧洲24个国家200多座城市，辐射中国90多座城市，成为中国—卢森堡乃至中欧互联互通的一条经济大动脉。其成功经验将会对郑州—金边"空中丝

---

① 《共建"一带一路"：构建人类命运共同体的重大实践》，https://www.gov.cn/zhengce/202310/content_6907994.htm，访问时间：2024年3月29日。

绸之路"建设提供有益的借鉴。

一、"空中丝绸之路"的提出

"空中丝绸之路"与"陆路丝绸之路""海上丝绸之路"共同构成了共建"一带一路"的组成部分。与"陆路丝绸之路""海上丝绸之路"相比,"空中丝绸之路"具有不受地域限制的优势,能够为内陆地区或国家提供运输通道与对外开放的机遇。另外,航空运输要求运送的货物具备体积小、重量轻、附加值高的特点,"空中丝绸之路"的这种属性决定了其运输量与运输种类较少。作为共建"一带一路"的组成部分,其功能更多体现在临空经济区及其辐射效应上。

中国民用航空局于2016年出台的《民航推进"一带一路"建设行动计划(2016—2030年)》指出,以更加完善的方式为建设"空中丝绸之路"提供指导,明确发展方向、基本准则、具体目标和关键任务,以确保"空中丝绸之路"建设顺利完成[1]。

2017年5月,在首届"一带一路"国际合作高峰论坛上,习近平主席指出:"我们要着力推动陆上、海上、天上、网上四位一体的联通。"[2]其中"四位一体"所提及的"天上"即"空中"的"丝绸之路"。2017年6月,在与卢森堡首相贝泰尔的会谈中,习近平首次明确提出"空中丝绸之路"的倡议。

2021年3月,第十三届全国人大四次会议审议通过的《中华人民共和国国民经济和社会发展第十四个五年规划和2035年远景目标纲要》明确提到建设"空中丝绸之路"[3],将"空中丝绸之路"建设提升到国家规划层面,体现国家对"空中丝绸之路"建设的高度重视。

2022年5月,民航局、国家发展改革委联合印发《"十四五"时期推进"空中丝绸之路"建设高质量发展实施方案》(以下简称《实施方案》)。为助力"十四五"时期共建"一带一路"高质量发展,《实施

---

[1] 许艺彤:《"空中丝绸之路"的"软联通"研究》,载《财经问题研究》2023年第12期,第118-127页。
[2] 《习近平谈"一带一路"(2023年版)》,中央文献出版社2023年版,第169页。
[3] 《中华人民共和国国民经济和社会发展第十四个五年规划和2035年远景目标纲要》,中国政府网,2024年3月29日,https://www.gov.cn/xinwen/2021-03/13/content_5592681.htm。

方案》提出了 8 项量化预期指标；围绕政策沟通、设施联通、贸易畅通和民心相通等方面，《实施方案》还提出加强双边政策沟通、推动标准互联互通等 11 项重点工程①。

在共建"一带一路"倡议提出后，中国民航行政部门、航司、机场和地方政府等均积极参与"空中丝绸之路"的建设，加速"快连快通"。根据中国民航局最新统计结果，中国民航已与 104 个共建"一带一路"国家签署双边航空运输协定，与 28 个共建国家建立双边适航关系，2023 年上半年，"空中丝绸之路"旅客运输量占中国国际航空市场的比重达到 71%②；国内航司先后在"一带一路"沿线的 24 个国家设立境外营业部，与 64 个国家保持定期客货运通航。

二、郑州—卢森堡"空中丝绸之路"的建设进展

河南对机场经济（Airport – based Economy）的大力发展源于该省在 21 世纪初期艰难的经济状况。尽管河南省的地区生产总值当时排在中国 34 个省级行政区的第 5 位，但产业模式长期以农业为主，产业结构单一；2005 年河南省的人口数量接近 1 亿，位居中国各省份之首，但其中 69% 的人口生活在农村地区，人均 GDP 排名仅为全国第 17 位。基于区位因素导致的开放程度低，河南省对外直接投资流量在 2004—2010 年远远落后于安徽省、山东省、河北省和湖南省等相邻省份③。

面临经济落后的困境和相邻省份发展的压力，河南省设想将郑州打造成一个国际航空枢纽（International Aviation Hub），以货物运输和直航为基础，发展与东亚、东南亚国家和北美以及中东、非洲和欧盟的交通往来。在此计划下，河南省政府于 2007 年批准航空港项目，将机场区域面积从 4.6 平方千米扩展到 138 平方千米，并开展相关配套的陆路交通基础设施建设。此项举措领先于其他内陆省份，如陕西省直到

---

① 《民航局　国家发展改革委联合印发〈"十四五"时期推进"空中丝绸之路"建设高质量发展实施方案〉》，2024 年 6 月 1 日，caac.gov.cn。
② 《高质量建设空中丝绸之路》，2024 年 3 月 30 日，http://www.caacnews.com.cn/1/tbtj_/202309/t20230918_1370560.html。
③ 《2010 年度中国对外直接投资统计公报》，2024 年 3 月 30 日，http://images.mofcom.gov.cn/hzs/accessory/201109/1316069604368.pdf。

2014年才宣布将西安咸阳国际机场的机场新城扩大至146平方千米。除了大力投资航空经济发展外，河南省政府还积极寻求外资，以增加该省的生产和出口能力，富士康（Foxconn）就是其中之一。2010年，富士康在郑州新郑国际机场附近正式建厂并投入生产，使河南省对国际货运需求急剧提升。数据显示，2010—2011年，河南省的外贸额增长了83%，据估计增长部分的52.6%是由富士康推动[①]。

2010年，河南省的航空发展计划得到国家层面的支持。就在与富士康签署战略合作协议框架后不久，国务院批准在原郑州航空港区内设立郑州新郑综合保税区，保税区的规划面积为5.073平方千米，于2011年11月封关运行。作为中国中部地区第一个综合保税区，郑州新郑综合保税区是机场区域的扩展，以产业集聚为特征、以基础设施为保障来面向社会提供综合性服务。保税区与郑州新郑国际机场的近距离有利于生产组件及货物的进出口，生产和运输得以高度整合，其出口总额位于全国综合保税区的第一方阵，成为"小区推动大省"的典范。2013年，国务院批准《郑州航空港经济综合实验区发展规划（2013—2025年）》[②]，郑州航空港经济综合实验区（以下简称郑州航空港）正式成立[③]。郑州航空港以畅通郑州航空物流通道为主要目标，吸引与航空关联的高端制造业和现代服务业于区内集聚发展[④]。河南省位于中国中部，作为重要的交通枢纽，同其他省份和地区有着良好的交通基础设施连接。凭借公路网建设与富士康和其他制造商相关的现有出口能力的物流需求，以及郑州航空港和保税物流中心的"区""港"联动，河南省的机场经济开始迅猛发展。

2015年3月28日，国家发展改革委、外交部、商务部联合发布《推动共建丝绸之路经济带和21世纪海上丝绸之路的远景和行动》，其

[①] "Henan Aviation Firm to Take Stake in Cargolux"，https://usa.chinadaily.com.cn/epaper/2013-12/10/content_17164240.htm，访问时间：2024年4月1日。

[②] 《郑州航空港经济综合实验区发展规划（2013—2025年）》，https://www.ndrc.gov.cn/xxgk/zcfb/ghwb/201304/W020190905497712805506.pdf，访问时间：2024年4月1日。

[③] "The State Council Approved the Planning and Development of Zhengzhou Comprehensive Experimental Zone for Airport-based Economy"，http://www.china.org.cn/china/2013-04/03/content_28438663.htm，访问时间：2024年3月30日。

[④] 《空中丝绸之路：郑州、卢森堡双枢纽发展》，https://research.hktdc.com/archive/201808/485612_sc_olor2018Jul26_gen.pdf，访问时间：2024年3月30日。

中明确对各省市如何参与共建"一带一路"建设做出指示①。在此框架下，同年11月，河南省发展和改革委员会发布《河南省参与建设"一带一路"实施方案》，其中提到"以郑州新郑国际机场为龙头，完善通航点布局和航线网络，建设国际航空货运枢纽和国内航空综合枢纽，构建连接全球重要枢纽机场和主要经济体的空中丝绸之路"②。这是"空中丝绸之路"这一概念的首次提出，也标志着河南这一内陆地区要坚持走一条开放型经济发展的道路。

在共建"一带一路"倡议中，河南省郑州与卢森堡之间的"空中丝绸之路"是其中的一项省级倡议（Provincial BRI Initiatives），以郑州—卢森堡"空中丝绸之路"为代表的"空中丝绸之路"倡议是丝绸之路经济带与海上丝绸之路倡议的补充，是构成共建"一带一路"倡议的重要内容，建设"空中丝绸之路"更是完善陆、海、天、网"四位一体"互联互通的重要环节。2022年11月，在同卢森堡大公亨利就中卢建交50周年互致贺电时，习近平主席高度赞扬"郑州—卢森堡'空中丝路'搭建了中欧互联互通的空中桥梁"③。截至2023年，郑州—卢森堡"空中丝绸之路"已发展成为一条拥有每周14架次往返于郑州新郑国际机场和卢森堡芬德尔国际机场的航班的货运专线④，目前该货运专线的目的地已经扩展至匈牙利的布达佩斯机场⑤，航线通航点已覆盖伦敦、芝加哥、米兰等全球15个城市，成为共建"一带一路"的成功案例。

随着郑州航空港发展初具规模，提升其对外门户功能，加快郑州航空港与国际物流枢纽对接是河南省委及省政府的工作重点。2014年，河南省民航发展投资有限公司（以下简称河南航投）以2.31亿美元的

---

① 《推动共建丝绸之路经济带和21世纪海上丝绸之路的远景和行动》，http://2017.beltandroadforum.org/n100/2017/0407/c27-22.html，访问时间：2024年4月1日。

② 《河南省参与建设"一带一路"实施方案》，https://www.yidaiyilu.gov.cn/p/1804.html，访问时间：2024年4月2日。

③ 《习近平同卢森堡大公亨利就中卢建交50周年互致贺电》，https://www.mfa.gov.cn/web/wjdt_674879/gjldrhd_674881/202211/t20221116_10976285.shtml，访问时间：2024年3月29日。

④ Cargolux. 2023a. "Cargolux Flight Schedule"，file:///Users/Wiebke/Downloads/cargolux-flight schedule.pdf，访问时间：2024年4月1日。

⑤ Cargolux. 2019b. "Cargolux boosts Budapest Frequencies"，3 April，https://www.cargolux.com/media room/media-releases/media-releases/Cargolux-boosts-Budapest-frequencies，访问时间：2024年3月30日。

价格收购卢森堡机场内营运规模最大的全货运航空公司——卢森堡国际货运航空（Cargolux Airlines International，Cargolux，中文简称卢森堡货航）35%的股份，并额外投资1500万美元用以补贴前期郑州航线的亏损。卢森堡货航是欧洲最大，也是世界第六大全货运航空公司，拥有覆盖全球的货运航线网络。借助郑州和卢森堡的区位优势，郑州新郑国际机场开始同卢森堡芬德尔国际机场合作，河南省开始构建以郑州作为亚太物流中心、以卢森堡作为欧美物流中心的"双枢纽"（Dual-hub Strategy）国际货运航空网络。

"双枢纽"战略令郑州和卢森堡的货运往来渐趋频繁。2014年6月，郑州—卢森堡国际货运航线正式开通。开通初期，货航航班量每周1班，至2014年底增至每周6班，到2017年加密至每周16班。截至2018年，卢森堡至郑州航线累计完成货运量47.2万吨，累计执行航班数2707班[1]。2014—2018年，航线共实现利润4亿美元，货运量以10倍速度发展，累计为郑州机场贡献国际货运量近50万吨，对郑州机场货运增长量贡献率达79%，货运种类也由单一传统轻工业品发展到高精尖的精密仪器、活体动物等10余类、200多个品种，累计国际货运量、国际货运航线数、航班数量、国际通航点等主要指标均稳居郑州机场首位，带动郑州新郑国际机场货邮吞吐量跻身全球50强[2]。卢森堡货航也扭亏为盈，其货运周转量世界排名从2014年的第九位上升至2019年的第七位，利润水平也从2014年的840万美元上升至2019年的2020万美元，年复合增长率为15.7%。[3] 2017年6月，在会见卢森堡首相贝泰尔时，习近平明确提出要深化中卢双方在"一带一路"建设框架内金融、产能等合作，中方支持建设郑州—卢森堡"空中丝绸之路"；同年9月，河南省人民政府印发《郑州—卢森堡"空中丝绸之路"建设专项规划（2017—2025年）》《推进郑州—卢森堡"空中丝绸之路"建设工作方案》，围绕"空中丝绸之路"共制定56项重点任务清单，"空

---

[1][2] 《货运航线架起中欧空中丝路促经济高速发展》，http://www.chinawuliu.com.cn/zixun/201904/23/340092.shtml，访问时间：2024年3月30日。

[3] 《一条联通世界的"空中丝绸之路"》，http://www.xinhuanet.com/fortune/2023-08/07/c_1129790245.htm，访问时间：2024年3月30日。

中丝绸之路"建设开始正式推进①。

第四节　郑州—卢森堡"空中丝绸之路"建设的经验与面临的挑战

一、政府参与和支持是推动构建"空中丝绸之路"的前提条件

如上所述，在经济走廊建设的初级阶段，无论是国际还是国内私人资本都缺少参与基础设施投资的动力，政府参与是一个不可或缺的前提条件。在郑州—卢森堡"空中丝绸之路"的建设过程中，政府的参与和支持主要表现在以下三个方面。

第一，中国与卢森堡政府的参与和支持。卢森堡政府对华友善，一直开放拥抱中国市场，是中国在欧盟的第一大投资目的地，也是第二个加入共建"一带一路"倡议的欧盟创始成员国。2017年6月14日，卢森堡首相贝泰尔对我国进行国事访问，国家主席习近平在北京会见时强调中方支持建设郑州—卢森堡"空中丝绸之路"，从而为其顺利发展奠定了基础。

第二，政府主管部门的支持。以中国民航局、海关总署、商务部为代表的中央政府主管部门为郑州—卢森堡"空中丝绸之路"的政策支持发挥了重要的作用。以航空管理领域为例，2012年，河南省抓住国家在中西部地区培育大型货运枢纽的机遇，与民航局实现省部共建，利用郑州良好的空域资源和综合交通体系，积极谋划建设郑州航空港经济综合实验区，探索以航空经济促进发展方式转变的新模式，并于2013年3月获批成为首个国家级航空港经济发展先行区。2014年，河南省开创了郑州—卢森堡"双枢纽"合作新模式，助推由内陆腹地走向开放前沿。中卢两国在2015—2019年共四次增补双方航权协议，卢森堡货航拥有卢森堡经郑州飞往北美、欧洲、中东、澳大利亚等方向的每周20多班的第五航权，助力其在郑州进一步增加通航点，从而构建环球飞循环网络。2018年7月，中国民航局和河南省政府联合印发实施

---

① 《河南省人民政府办公厅印发〈推进郑州—卢森堡"空中丝绸之路"建设工作方案〉的通知》，https://www.yidaiyilu.gov.cn/p/29386.html，访问时间：2024年3月30日。

《郑州国际航空货运枢纽战略规划》①；2020 年 7 月，中国民航局出台《货邮飞行航班时刻配置政策》②，这些官方文件为郑州的货邮航班进出港及 7×24 小时不间断通关提供了政策保障。

第三，地方政府的参与和支持。为破解河南省面临的发展难题，通过多年的摸索，河南省以物流枢纽为突破口，向蓝天打开出口，提出了"不靠海、不沿边，扩大开放靠蓝天"的发展思路。为此，河南省从 2007 年开始实行民航优先发展战略，到 2010 年建成郑州新郑综合保税区，再到 2012 年与中国民航局实现省部共建，以郑州良好的空域资源和综合交通体系积极探索航空经济发展方式转变新模式，最终于 2013 年成立首个国家级航空港经济发展先行区——郑州航空港经济综合实验区，并于 2014 年开创了郑州—卢森堡"双枢纽"合作模式，成功助推河南省成为内陆开放的新高地。在坚定将发展航空货运作为合作方向的前提下，河南省和卢森堡政府间高层频繁进行互访，双方经济文化层面的交流不断增进，互信基础不断增强。2017 年 8 月，河南省政府出台了《郑州—卢森堡"空中丝绸之路"建设专项规划（2017—2025 年）》《推进郑州—卢森堡"空中丝绸之路"建设工作方案》，从而为新时期郑州—卢森堡"空中丝绸之路"建设提供了具体路径。

对于地方政府而言，建立缓释风险和支持配套改革的政策和制度是参与共建"一带一路"的关键。"空中丝绸之路"建设涵盖的规则标准涉及民航领域的各个方面，目前在国际民航组织框架内的规则标准达 1 万多项，涉及海关、商检、防疫等多个方面。此外，"空中丝绸之路"涉及跨境电子商务网络平台和跨境电子商务产业交易链，且各国的交易、税收、消费者权益保护、快递物流等规则标准复杂。这些规则标准专业性强、涉及面广、影响力大、交叉性明显，需要拟对外开展合作的政府和企业认真研究规则，在此基础上提高开放度，包括进出口贸易便利度和对公众透明度等，在管控环境风险和统一基础设施建设标准等前

---

① 《河南省人民政府 中国民用航空局关于印发郑州国际航空货运枢纽战略规划的通知》，https://www.yidaiyilu.gov.cn/wcm.files/upload/CMSydylgw/201808/201808171204001.pdf，访问时间：2024 年 4 月 10 日。

② 《解读一〈货邮飞行航班时刻配置政策〉》，http://www.caac.gov.cn/PHONE/XXGK_17/XXGK/SYZCFBJD/202008/t20200812_204022.html，访问时间：2024 年 4 月 10 日。

提下，积极实施互联互通和一体化，以实现共赢。

二、参股卢森堡货航并共同组建合资公司是推动构建"空中丝绸之路"的突破口

在众多内陆省份积极参与"空中丝绸之路"建设的背景下，郑州—卢森堡"空中丝绸之路"之所以脱颖而出与河南省航投收购卢森堡货航股权有直接的关系。企业层面的这种利益捆绑为双方的深度合作寻找到了一个突破口。

2014年4月22日，河南航投与卢森堡货航完成股权交割，成为卢森堡货航的第二大股东。双方致力于构建以卢森堡为欧洲经济圈枢纽、以郑州为东亚经济圈枢纽的覆盖全球的"双枢纽"航空物流网络。2017年6月12日，卢森堡货航和河南航投等在北京市正式签署《合资合同》，合资成立以郑州为基地的本土货运航空公司。通过与卢森堡货航共享技术、管理和网络资源，打造根植郑州机场、面向全球市场的航空物流运营高地和连接世界的航空骨干运力。

卢森堡货航对航空货运有着先进的运输网络结构和经营管理方法，能够以成熟的枢纽产品来实现价格竞争优势。作为"双枢纽"战略模式的主要承运人，卢森堡货航凭借大通道的战略思维，在郑州和卢森堡两地集聚运力、高效规划航班架次，通过八大品类三种时效的航空货运产品，为全球客户提供温控、易损、易腐、高附加值、超大体型和活体货物运输的定制物流运输解决方案，带动郑州新郑国际机场对标国际一流货运机场运输水平，推动机场枢纽保障能力快速提升。

河南航投对卢森堡货航的投资为河南省扩大与卢森堡之外的欧洲市场合作提供了新的机遇。从2019年4月起，卢森堡货航每周新增两班郑州至布达佩斯的直飞货运航班。匈牙利是中国在欧洲地区的重要合作伙伴，也是中国企业在欧洲大陆经营的中心。卢森堡和布达佩斯之间的货运航线自2002年以来就已存在，作为卢森堡货航从郑州返回卢森堡航班的经停点，布达佩斯作为经停点加入进"空中丝绸之路"是三方互利共赢的结果。2019年5月，希望进入中东欧市场的河南航投还同意进一步发展布达佩斯机场作为中东欧地区的新货运枢纽，进一步巩固了双方的关系。

三、空港产业园区、综合保税区、自贸试验区成为"空中丝绸之路"建设的重要平台

不同于"陆路丝绸之路"与"海上丝绸之路","空中丝绸之路"的货物运输功能弱是一个难以改变的属性。相比之下,通过航线联系起来的空港产业园区、综合保税区、自贸试验区是其更重要的依托。河南省从民航优先发展战略起步,到建成郑州新郑综合保税区,再到首个国家级航空港经济发展先行区——郑州航空港经济综合实验区,为郑州—卢森堡"空中丝绸之路"奠定了基础;河南自贸试验区的设立进一步夯实了这一基础。

从郑州—卢森堡"空中丝绸之路"的发展历程中可以看出,机场建设与航线开辟固然重要,但真正产生经济拉动效应的是其所依托的空港产业园区、综合保税区与自贸试验区。作为国务院批准设立的首个国家级航空经济发展先行区,河南郑州航空港聚焦"空中丝绸之路"先导区、国家航空港经济实验区、中原经济区和郑州都市圈核心增长极、现代化国际化世界级物流枢纽"五大定位",致力于建设国际先进制造业中心、国际商贸物流中心、国际创新创业中心、国际创意时尚中心、国际人才中心"五大中心"。

作为郑州—卢森堡"空中丝绸之路"的先导区,郑州航空港具备国际一流营商环境,港区内"重点产业项目总代办员制度""7×24小时预约通关机制""税费事项智慧办理"等服务和产业生态的优化、产业集群的培育使郑州—卢森堡货运航线的积极影响得到最大化发挥,更为"空中丝绸之路"潜力发展提供必要帮助。

在国内航空港激烈的竞争中,郑州航空港以其完善的口岸功能,不断扩大航空货运规模,吸引了国内外企业源源不断地进入。以卢森堡航空公司为主的21家货运航空公司、近百家国际货代企业、40家国内货代企业在郑州运营。2017年,中国(河南)自由贸易试验区的设立为郑州—卢森堡"空中丝绸之路"进一步拓展了发展空间。

四、郑州—卢森堡"空中丝绸之路"建设面临的挑战

郑州—卢森堡"空中丝绸之路"业已取得巨大的成效，成为河南省对外开放的一张名片。同时，它也为中国拓宽共建"一带一路"国际航空服务网络的参与范围提供了经验。在双边合作深化的基础上，共建"一带一路"节点城市将面向特定国家和地区开放航权，在一定程度上促进中国同共建"空中丝绸之路"合作伙伴间的国际航空建设和发展。同时，郑州—卢森堡"空中丝绸之路"的建设经验也为"节能减排"等国际问题的解决提供帮助。2023 年 6 月，加注可持续航空燃料（SAF）的航班在郑州新郑国际机场满载货物直飞卢森堡，这是郑州机场首架"SAF 航班"，标志着郑州—卢森堡"绿色空中丝绸之路"正式开启，"空中丝绸之路"建设步入高质量发展新阶段①。

但同时我们必须清醒地看到，其未来的发展会面临一系列挑战。其一，来自内陆省份的同质化竞争。共建"一带一路"为中西部内陆省份对外开放提供了前所未有的机遇。对这些省份而言，理论上对外开放的渠道无外乎三种选择：一是利用以中欧班列为代表的"陆路丝绸之路"；二是开通与沿海省份的陆路通道，利用陆海新通道；三是利用"空中丝绸之路"。实践中，内陆省份都在同时利用上述三种选择，其中"空中丝绸之路"不仅成为所有内陆省份对外开放的选项，而且也在成为许多沿海省份的选项②。更重要的是，在推进构建"空中丝绸之路"时，多数省区提出的政策措施具有高度同质性，如自由贸易区空港功能区、保税物流中心、航空旅游联盟、新航线专项基金、第五航权等。其二，作为郑州—卢森堡"空中丝绸之路"重要产业支撑的富士

---

① 《SAF 航班首次横贯双枢纽》，https://fgw.henan.gov.cn/2023/06-14/2761186.html，访问时间：2024 年 4 月 1 日。

② 例如，2023 年 11 月陕西出台《空中丝绸之路新起点建设方案（2023—2035）》，目标是锚定高质量建设空中丝绸之路（西安）新起点，探索建设"空港+陆港"型的内陆地区自由贸易港。目前，甘肃以兰州机场三期扩建工程为契机，提出打造"一带一路"枢纽制高点，加快推进"空中丝绸之路"建设，助推西北地区临空经济再上新台阶。云南提出，构建中国面向西南开放的"空中丝绸之路"门户。即使是像江苏、上海这样的省市也要推动构建"空中丝绸之路"。

康公司正在加速撤离中国市场。这是全球供应链重塑的趋势所致，诸如此类的挑战决定了河南省未来的对外开放模式及郑州—金边"空中丝绸之路"的建设不可能完全复制郑州—卢森堡"空中丝绸之路"的发展模式。

第五章

对策建议

以推动构建中柬命运共同体、加强双边合作为前提，基于郑州（河南）—金边（柬埔寨）经济合作的潜力，为积极参与"一带一路"建设的高质量发展与深化经济走廊建设，借鉴郑州—卢森堡"空中丝绸之路"建设的经验，本章提出建设郑州（河南省）—金边（柬埔寨）"空中丝绸之路"的建议。

第一节 深化郑州（河南）—金边（柬埔寨）农业投资合作

中柬两国领导人高度重视农业合作，双方在该领域合作潜力巨大。根据柬现代发展需求及河南省农业高新技术产业发展基础，推进郑州（河南）—金边（柬埔寨）农业合作。

一、围绕稻渔产业提升、生态种养等领域推进"鱼米走廊"共建

水稻是柬核心农业产业，全国耕地的约80%用于种植稻谷，产量占柬全年农产品产量的90%。[①] 柬埔寨的稻米种类繁多，主要分为水稻及旱稻；水稻品种主要有香稻、非香稻和糯稻，水稻种植面积占全国稻谷的85%左右，一年两熟或三熟。柬埔寨有两大稻谷生产区，其中马德望、班迭棉吉、暹粒主要生产香米；湄公河下游茶胶、干丹等省主要

---

① 冯韵等：《柬埔寨农业发展现状及趋势研究报告》，载《热带农业科学》2022年第11期。

生产大米。柬西北部有全球第二大淡水湖——洞里萨湖，洞里萨湖湖滨地区土地较为肥沃，是传统稻、渔优势产区。柬埔寨洞里萨湖区水资源丰富，在旱季有望配合灌溉系统保障生产的连续性，扩大两季稻的种植范围。

近年来，柬埔寨的水稻种植面积和总产量不断实现新突破。但柬政府一直鼓励原生稻种植，一些农村地区对品种改良尤其是杂交稻的种植还比较排斥。柬埔寨不仅是现今世界上种植水稻最古老的国家之一，也是延续种植原生稻品种最多的国家之一，现存原生稻品种有1000多种。这些做法在一定程度上保持了柬埔寨大米的优良品质，特别是柬埔寨香米已具备品牌建设基础，其茉莉香米曾四次获得"世界好大米"称号，但也严重抑制了大米单位面积产量和总产量的增加。例如，香米出口量占其稻米总出口量的六成以上，可是由于种植成本较高，目前只有约10%的柬埔寨农户种植香米。柬埔寨迫切需要加大科学种田的力度，提升水稻生产技术，如推广杂交稻种植，以提高稻谷的单产量和总产量。

水稻种植是柬埔寨的主要农业活动，水稻种植在减少贫困和营养不良方面发挥了至关重要的作用。柬埔寨农业基础设施尤其是水利系统基础较差以及资金不足极大地制约了稻米产量增加，尽管柬实现了水稻自给自足并成为水稻出口国，但柬水稻生产以小农户粗放式经营为主，仍有较大比例农户利用简单的栽培技术和落后的管理方式种植传统水稻产品，依然采用人工收割，以大米为基础的农业只能给农村人口带来低收入。生产技术较为初级（如平整土地，使用化肥农药和小型耕作农机具等），其单位面积产量远远低于世界平均产量和周边国家；柬现代水稻品种也多集中在南部省份用于出口，水稻、渔业仍处于低水平发展阶段[1]。因此，提高水稻种植生产率是维持经济增长和减少农村贫困的关键干预措施。

柬埔寨在水稻和农业生产方面仍面临着发展挑战，如降雨分布和河流排放、现有灌溉基础设施恶化以及气候条件的影响。由于基础设施恶化和老化、缺乏维修资源以及运营和维护不足，柬埔寨现有灌溉系统大多功能失调或表现不佳。由于柬埔寨农业基础设施落后，抵御自然灾害

---

[1] 张倩等：《中柬共建"鱼米走廊"前景广阔》，载《世界农业》2023年第10期。

的能力弱，旱涝灾害常常使柬埔寨农业损失惨重，农业发展一直处于"靠天吃饭"状态，农业增收难有保障。当前柬埔寨的水利设施建设大多是民间集资或地方投资而进行的中小项目，目标主要是项目的灌溉、防洪和排涝，抵御自然灾害的能力极为有限。要从根本上改变这种被动状态，需要建设完备的水利设施系统。

2023年2月，中柬就打造"钻石六边"合作架构，重点建设"鱼米走廊"等达成重要共识。柬西北部9个省（市）中的菩萨、马德望、磅通、磅清扬、暹粒5省在洞里萨湖畔；马德望、菩萨、班迭棉吉、拜林是柬埔寨"鱼米走廊"重点合作省。郑州（河南）—金边（柬埔寨）可继续在水稻技术和生产上加强合作，河南省可利用自己具有农业生产经验、现代农业科学技术和先进的农用机械设备的优势，带动柬当地农民在水稻和多种经济作物的种植上采用新技术，改变传统的落后种植方式，进一步增强柬埔寨的稻米生产优势。通过提高种植能力以增加柬埔寨种植面积和农业土地利用率，推动中柬农业合作取得新进展。郑州（河南）—金边（柬埔寨）必须加大农业基础设施的建设，减少被洪涝和干旱损毁农田的面积，推进共建"鱼米走廊"抵御自然灾害的能力提升。

柬埔寨渔业资源丰富，以淡水渔业为主，洞里萨湖区是重要的水产来源地，但其水产养殖以家庭小规模粗放养殖为主，复合颗粒饲料使用率低。有些地区在我国援建的基础上，开始发展稻渔综合种养；如磅清扬省在我国援建的灌溉水渠基础上，规划建设淡水水产养殖基地，大力发展苗种和养殖。柬在水产养殖技术和管理方面较为落后，郑州可利用自身的资金、技术和设备优势，与柬渔业资源优势相结合，将大力发展生态、可持续的水产养殖业作为渔业产能的主要增长点，积极开展淡水养殖合作，共同开发渔业资源，发展绿色生态渔业。可在渔业科技创新方面加强合作与交流，提高养殖技术和设施装备化水平，围绕洞里萨湖的班迭棉吉、马德望、拜林、菩萨和磅清扬等为重点建立绿色鱼米产业集群，就现代化苗种繁育、规模化养殖等领域加大合作力度，为共建"鱼米走廊"提供技术保障。

二、以"一带一路"建设为契机，在柬发展现代化农业

除稻谷外，柬埔寨的农作物还有玉米、木薯等。玉米是柬埔寨的重

要作物之一，主要品种是黄玉米、白玉米和紫玉米。柬埔寨玉米大部分用于国内市场消费，供居民食用或用作饲料，其余的主要出口到泰国和越南。玉米种植面积最大的省份是马德望，班迭棉吉、拜林、菩萨等省区的种植面积也较大。木薯是柬埔寨的重要杂粮作物之一，是柬埔寨种植面积最大的块茎类作物；木薯既可以食用，也可以大量用作饲料。柬埔寨有发展木薯种植的自然条件优越，近年来无论是种植面积还是总产量都有大幅度的增加。柬埔寨与泰国的木薯单产量相当，超过了越南木薯单产量。马德望、班迭棉吉、奥多棉芷、磅通、暹粒、特本克蒙等省区的种植面积较大。

柬埔寨经济作物有橡胶、胡椒、棉花、黄麻、咖啡以及各种热带水果。柬埔寨是天然橡胶产业的新兴国家，天然橡胶产业发展迅速，不仅成为柬埔寨农业收入的重要组成部分，也是国民经济增长的主要动力。天然橡胶种植在磅通的面积最大，其次是蒙多基里。由于天然橡胶较其他作物经济周期长，橡胶树从种植到可生产橡胶通常需要6年，并且对种植园管理要求较高。橡胶树病虫害防控技术、采胶技术及种植园管理能力是柬埔寨提高橡胶生产能力的关键。橡胶是柬埔寨最重要的出口创汇经济作物之一，在出口贸易方面，柬埔寨橡胶主要出口至中国、越南、马来西亚和新加坡。

近年来，由于胡椒经济效益及市场前景好，柬埔寨胡椒的种植面积和产量明显增加。虽然柬埔寨的胡椒产量及出口量在世界总产量和出口量的占比不高，但其贡布省出产胡椒获得欧盟地理标志认证，是世界公认的优质胡椒产区。柬埔寨主要胡椒种植区在特本克蒙、桔井、腊塔纳基里、蒙多基里、贡布等省区，其中特本克蒙省占全国胡椒总产量近40%。受本国技术和经济水平影响，胡椒加工技术较为落后，导致产品品质一般，出口以初加工产品为主。

柬埔寨是重要的热带水果产区，主要热带水果有香蕉、杧果、榴莲、菠萝、火龙果、番石榴、龙眼等。杧果种植面积最大，其中马德望省杧果种植面积最大，其次是奥多棉芷、甘丹、磅湛。香蕉主要生产省区有马德望、菩萨、磅湛、柏威夏。柬埔寨热带水果种植虽以小规模种植为主，但出口贸易发展迅速。中国市场对热带水果需求巨大，柬埔寨热带水果具有很大的发展潜力。在冷链物流快速发展的背景下，柬埔寨热带水果产业将是其农业发展的重要特色产业之一。

柬埔寨具有发展农业种植的土地和气候条件天然优势，推进中柬农业产业合作符合两国需求，尤其在农业种植与产品加工方面。在共建"一带一路"框架下，中柬农业合作取得了一些实质性的进展，通过并购当地公司或租赁政府经济特许土地进行水稻、木薯、橡胶、热带水果等农作物的种植和加工。中国农垦集团、中国海外经济合作公司、广西北海外经公司等企业曾先后在柬埔寨投资发展农业；中柬农业促进中心、中柬生态农业合作示范区等援助项目和大型农业合作建设设施。当前，柬埔寨农业产业发展和技术水平相对落后，农业经济仍然处于自给自足的自然经济状态，广大农村地区基本上以家庭为单位从事农业生产。农业和畜牧业产业技术、产品质量与加工、劳动能力与水平等均有很大的提升空间，家庭经营模式要向集约化、规模化经营发展，仍然需要一个较长的过程。

农作物种植是柬埔寨农民主要收入来源的产业，其存在生产管理粗放、标准化程度低、病虫草害防控技术欠缺等问题，严重制约了产业效益的提升，也影响了农民收入的增加。柬埔寨农作物和热带水果种植虽以小规模种植为主，但出口贸易发展迅速。以柬埔寨独特的自然条件为立足点，郑州与金边可在柬埔寨开展作物种植与热带水果种植方面的合作，有针对性地选择优势新品种，设立农业示范合作基地。双方以企业牵头，成立农业开发公司、农业联合公司、农业合作社等多种类型的企业，转变种植方式，帮助柬埔寨提高单产水平，推动中柬农业合作可持续发展。郑州与金边农业合作通过调研选择适宜的地区，在柬埔寨优势产区建立生产基地，作为农业投资合作示范区的主要根据地，与对柬埔寨农业技术援助、农业投资有效结合，从探索农作物、经济作物种植，家畜养殖等农业综合开发，促进我国先进技术、绿色农资在柬埔寨推广和标准对接，逐渐向生态农业、现代化农业发展，打造一批在柬农产品海外供应基地，增强中柬农产品国际供应链韧性。

与柬合作开发天然胶橡资源符合中柬两国国情，在橡胶种植方面，有广东广垦集团公司和广垦国际（柬埔寨）有限公司共同投资的以橡胶种植为主的农业综合开发项目。天然橡胶合作对柬本国的经济发展、出口创汇和扶贫减贫领域具有重要作用，将是郑州（河南）—金边

（柬埔寨）农业合作的亮点。郑州企业可规划在柬合作种植橡胶树，建立天然橡胶加工厂、制品厂和橡胶木材加工企业。河南省企业及相关科研机构加强与柬合作，对柬埔寨天然橡胶资源布局、科研体系运行、市场体系建设、科技需求等开展针对性合作，探索发展橡胶产业科技进步之路。创建优质种苗繁育生产基地，特别就籽苗芽接和小筒苗育苗、高产高效栽培措施等共建技术推广模式，建立专家工作站，开展新品种与新技术的引进、推广、示范、试验。橡胶树病虫害防控技术、采胶技术及种植园管理能力是柬埔寨提高橡胶生产能力的关键，要推进橡胶高新技术成果转化产业化开发，开展橡胶领域科技决策和咨询服务。建设割胶技术示范基地，推动电动割胶设备等产业技术的交流合作。建设加工技术示范基地和林下经济示范基地，推广林下间套种方案。针对柬埔寨当地的土壤类型，采用测土配方技术，开展郑州（河南）—金边（柬埔寨）橡胶树专用肥生产项目，创新适用于当地胶园的橡胶树专用有机肥和化肥，为持续释放产胶潜力、保持生态环境提供支持。

三、加强农机装备合作

农业的根本出路在于机械化，柬埔寨在耕整地、播撒、除杂草、收获、脱粒、加工等方面逐渐步入农业机械化，过去由人或牲畜为主的农耕活动逐渐被机器取代，进一步的机械化有望提高劳动生产率和农业收入。柬政府将农业持续发展作为国家发展的核心动力，并强调农业机械化，农业机械的使用持续增加。打造以柬西北部和洞里萨湖区为中心的"鱼米走廊"，对农机的需求很高，特别是对拖拉机需求较高；在每个农户农地规模较大的西北地区，大型拖拉机和联合收割机被大量使用。近年来，柬农村人口再次流入首都等城市以及泰国等邻国，引进农机的必要性越来越大，特别是对劳动强度高的收获、耕地、插秧等务农活动，农机需求进一步增加。橡胶、木薯、甘蔗种植园企业和从政府获得经济土地优惠的大规模企业，对大型拖拉机的需求很大。

河南省农机向柬"走出去"，要明确市场需求，寻找市场空白点。要针对柬农业生产的特点及农业生产者的需求，提高农业生产者对我国农机产品的接受度。河南省企业通过出口柬需要的拖拉机、收割机、播种机，投资建设农业机械化高效生产示范农场等方式，逐步让当地农民体会到中国农机制造和服务的优势，进而实现标准和技术"走出去"，逐步实现农机领域相关产品、技术、标准的兼容。将农机产品出口与河南省乃至我国对外农业援助项目相结合，带动河南省特色的小型水稻作业机械的出口。充分利用河南省在农机化及试验鉴定、技术推广等方面的优势，探索与柬共建联合农机试验室、农机适应性试验示范基地等，为国内农机产业发展和对柬贸易创造良好条件。

此外，农机具有自己的独特性，并非只将机器销往国外即可，还存在后续的售后、维修以及零配件的提供，这些问题的不完善会产品在国际市场上的认可度，因此，要整合河南省农机行业资源，共同构建农机产业在柬流通与服务体系建设，针对柬市场建立产品及零部件供应、营销网点、质量保障和售后服务体系，与在柬企业形成农机技术、维修、培训、操作、营销人才输出等多种内容的合作，推动市场开拓。

选择行业中或产业链中1—2家有生产能力、营销能力的整机生产企业，给予重点指导和培育，提高其产品的科技含量和核心竞争力，形成自营出口的能力，以带动整个行业的科技进步和创新，树立河南省农机产业的品牌形象。积极鼓励河南省有条件的农业企业利用现代农业科技和先进农用机械设备，针对柬生产力水平不高、购买能力有限的现状，重点支持粮食初加工机械，磨粉磨浆机、电动风车、潜水泵等产品面向柬市场。要加强与柬当地政府、农机科研机构、制造企业和经销商的联系与合作，实现互利互惠，也可通过当地机构，建立与农业生产者的有效沟通机制。鼓励中国及柬当地流通企业与银行、小额金融机构等合作，根据政府方针和市场需求推出农业机械贷款项目，向购买拖拉机、联合收割机等大型农机时无力支付全额费用的农户提供农机贷款，增加农户购买农机的可能性。

第二节　开展优势产业对接和产能合作

柬埔寨部分特色农产品供应充足，但柬埔寨农产品加工能力有限，制造业处于现代化发展初级阶段，正由家庭式作坊生产向现代农产品加工企业生产过渡，大部分农产品未经加工而直接出口。柬埔寨农业总产值中只有约10%在国内加工，而加工农产品出口仅占出口总额的8%。

除了碾米（产能扩大）、橡胶和胡椒的基本加工外，农产品加工部门在很大程度上还不发达，其农产品加工业的大部分生产资料需要依靠进口，包括生产设备、基本生产物资（包装箱）等。由于缺乏国内外投资来充分激发潜力，农产品加工能力不足。柬埔寨的农产品加工业由大型企业（员工超过100人）主导，大型企业主要面对国际市场，存在国内市场供应不足的情况。而微型企业（员工不超过10人）数量庞大，小微企业主要服务国内市场，生产能力有限，且存在一定的食品质量与安全隐患[1]。由于国内市场供应不足，加工产品仍需要依靠进口。

柬埔寨增加农产品加工的主要制约因素包括电力的可靠性和成本、许可证和文件的非正式支付、缺乏技能和信息、难以获得发展资本以及技术和机械。柬埔寨稻渔产业发展主要集中在种植养殖环节，尚未形成完整的产业链条，均缺乏品牌建设、检测监测标准管理体系和营销体系，河南省企业赴柬埔寨参与其产业链和价值链建设空间大。充分利用柬国内原料，开展农产品加工，将更有利于柬产业的可持续发展。

推进郑州（河南）—金边（柬埔寨）开展优势产业对接和产能合作符合中柬两国需求，河南省以对柬农业投资合作为重点，参与柬埔寨农业产业价值链构建延伸，符合柬埔寨农业发展的迫切需求。在中柬合作背景下，河南省郑州可根据本地区农业龙头企业发展现状，尽快选择一批具有一定规模、发展基础较好的企业，对柬开展农业投资。通过在柬投资合作、合资设厂等方式，从细分领域切入，以轻资产重服务的方式参与柬埔寨农产品质量提升与品牌建设。郑州企业要把握中柬共建"鱼米走廊"的机遇，谋划在柬埔寨农业价值链提升的关键领域、关键环节开展投资合作，如稻米仓储加工、水产品加工、农产品快速检测、冷链保鲜等领域，打造一批能够在对柬农业产业链条和国际农产品市场上灵活运营、长期发展的实力派跨国农业企业，促进农业资源整合、产业链延伸，这有助于改善柬埔寨在全球产业价值链中的劣势，为柬提供就业岗位，解决柬农村富余劳动力的问题。

---

[1] 冯韵等：《柬埔寨农业发展现状及趋势研究报告》，载《热带农业科学》2022年第11期。

一、开展天然橡胶全产业链合作

柬埔寨东部和东北部是红土质区，无台风记录，是橡胶最理想的栽培地。虽然柬埔寨橡胶种植业快速发展，但橡胶产业技术研究开发及科技创新能力薄弱，适合本国应用的天然橡胶生产技术成果少。柬橡胶种苗基本由企业或胶农自己繁育，优良品种覆盖率较低；柬橡胶一般直接引用品种来源国的栽培技术进行种植，没有采用标准化栽培；柬缺少熟练割胶工人，橡胶树死皮率较高，弃管弃割问题严重；柬小胶农的生产技术与管理措施落后，胶乳产量低；初加工业无法支撑橡胶种植业与加工业的发展，生产的橡胶原料质量普遍较差；柬埔寨企业没有参与到胶乳收获后的原料收购、储藏等价值链管理中，胶乳、生胶片等初级产品加工原料只能被运到越南进行加工，这使柬埔寨橡胶种植者始终处于价值链低端[1]。

河南省企业可发挥柬埔寨天然橡胶原料产地优势和自己在资金、技术及贸易上的优势，参与柬埔寨橡胶业发展，与柬埔寨合作开发天然胶橡资源，在柬埔寨合作种植橡胶树，建立天然橡胶加工厂、制品厂和橡胶木材加工企业，拓展深加工领域，积极发展高性能和乳胶制品深加工，开发乳胶、干胶制品大市场。强化对天然橡胶产业的资源控制力，发掘柬埔寨在培育橡胶木、环保新材料等产业的优势，降低加工成本，鼓励胶农合作生产品质优良、稳定的天然橡胶产品，出口符合中国加工业需求的优质天然橡胶，将橡胶业发展产业链延伸到周边国家，实现互利双赢。

二、投资大米加工合作

2015 年 8 月，柬埔寨发布了《2015—2025 年制造业发展规划》，该规划指出农产品加工业是未来的主要发展领域之一（其余包括中小微企业、运输及物流业和技能培训），柬政府以中小微企业为主发展农产品加工业，政府通过政策鼓励和技术培训等方面大力扶持中小微加

---

[1] 赵溪竹、王真辉、王立丰：《中国—柬埔寨天然橡胶科技合作成效分析》，载《热带农业科学》2022 年第 10 期。

工企业，利用金融服务和订单农业等多种形式促进农产品加工企业发展①。

柬埔寨政府于2013年11月启动"气候适应性水稻商业化部门发展计划"（The Climate Resilient Rice Commercialization Sector Development Program，Rice SDP），该计划旨在通过改善家庭和国家粮食安全，在三个水稻产量高的省份（马德望、磅通和波罗勉）开展业务，支持实施柬政府的"促进水稻生产和大米出口政策"，帮助将以自给为主的稻米部门转变为以商业为导向的部门，并通过以下方式扩大稻米出口：（1）消除阻碍稻米商业化的法律和监管限制；（2）提高水稻作物的生产率和精米质量的一致性；（3）加强稻米价值链支持服务；（4）通过缓解和适应应对气候变化风险。

柬埔寨政府高度重视稻谷生产和大米出口，柬埔寨大米生产、加工及出口的潜力巨大。2023年，柬埔寨出口65.6万吨大米，已直接出口到全世界61个国家和地区。柬埔寨出口的大米中，香米占比高达82%，普通白米则占13%，其余为蒸谷米、有机米和糯米等②。为了提升本地农民的积极性，柬埔寨政府不断加大对稻米生产和出口销售的投资。2015年，柬政府首相洪森提出百万吨大米出口计划，利用先进的管理技术改良稻种、建立现代化的碾米厂。柬碾米设备主要在越南和中国制造，但绝大多数碾米厂使用的设备陈旧，效率相当低，需要升级或更换。然而，大多数商业工厂的利润率很低，无法节省足够的资金来翻新或更换其碾米设备。

商业碾米厂可分为小型家庭碾米厂和中型碾米厂，前者的生产能力低至500千克，后者的生产能力高达每小时5吨水稻。乡村小型碾米机通常由一个家庭拥有和运营，这些碾米厂都是以家庭为基础的加工厂，很少有正式员工。乡村碾磨作业的设备能力低于每小时500千克水稻（甚至低于每小时300千克），每天仅作业几个小时，每周3—4天。碾米厂使用一台单程机器进行操作，该机器可以去壳并去除一部分米糠，

---

① 张超：《柬埔寨农产品加工业的发展现状与机遇》，载《农产品加工》2020年第1期。
② 驻柬埔寨王国大使馆经济商务处：《柬埔寨制定新大米出口战略，知名度和产品质量并重》，2024年3月22日，http：//cb.mofcom.gov.cn/article/sqfb/202404/20240403491001.shtml。

但不会对大米进行抛光、分类、分级或分离。由于没有分拣设备，因此无法将大碎米和小碎米与整粒米分开。

商业碾米厂也有更大的厂房用于碾磨水稻，并有空间储存干水稻、碾米和副产品。它们直接从农民和当地贸易商那里购买水稻，并将其储存在自己的仓库中，其中一些仓库可以储存多达500—3000吨的水稻。通常，一些商业工厂在生产期间直接向农民提供小额贷款或投入，农民在收获时以现金或以市场价格支付水稻来偿还贷款。商业碾米厂生产的大米主要用于国内市场，或供给大型碾米厂用于出口市场的再加工。这些碾米厂通常是家族企业，季节性雇用3—10名工人。虽然一些较小的商业碾米厂具有与乡村碾米厂相似的特点，但大多数商业碾米机正朝着商业化的方向发展。商业工厂平均每月加工约230吨水稻，或每天加工7—20吨水稻，并为当地市场、省级城镇和金边市场供应碾米。

中国在稻米的生产、加工领域投资较多，有代表性的有国宏柬埔寨实业有限公司和广西国宏经济发展集团有限公司投资的大米加工厂、种子生产基地、香米种植基地、农业科技示范园等，云南海外投资有限公司和柬埔寨索玛集团投资的大米加工项目，山东中垦美品米业有限公司和美品米业（柬埔寨）投资的稻米产业综合开发项目等。

柬碾米厂产能利用率低的一个关键原因是它们没有足够的营运资金，柬碾米厂现有产能的大部分扩张自筹资金。尽管许多碾米厂为扩大规模，在仓储方面进行了大量投资，但由于储存设施不足，工厂的运营能力没有得到充分利用，限制了企业可以处理的出口订单的规模。大多数柬埔寨碾米厂只运行8—10小时/日班。相比之下，规模相当的泰国企业几乎全年都在三班倒。柬埔寨生产的大部分水稻出口到泰国和越南，在那里进行碾磨，然后在当地分销或作为碾磨米进一步出口到其他国家。这一过程意味着柬埔寨碾米厂和贸易商失去了增加价值、直接出口和在当地创造就业的巨大机会。

中国是柬埔寨大米重要的出口目的国，2010年，中柬两国签署关于柬大米对华输出的检验检疫议定书，大米贸易成为两国经贸合作新增长点；2016年以来，中国已成为柬埔寨大米最大出口市场，中国企业进入柬稻米产业链投资，对推动柬稻米产业发展起到了重要作用①。2023 年 5 月，柬政府代表来华考察期间重点关注了稻米加工、水果保鲜等技术。河南省企业稻米仓储、加工技术等方面技术成熟，在低温等离子体冷杀菌技术等果蔬保鲜方面拥有国际先进水平的技术和装备，品牌建设经验丰富，可在柬埔寨稻米产业的多个产业链环节开展投资合作。河南省企业要深入研究柬当地大米市场及政策法规，结合当地市场状况有针对性地制定营销战略，充分利用鼓励投资优惠政策条款，推动河南省有实力的企业到柬埔寨投资建设粮库、碾米厂以及其他农产品加工厂，进入柬埔寨农产品市场和销售体系。

2024 年 3 月，柬埔寨商业部、农林渔业部和联合国粮食及农业组织（FAO）联合举办关于"《扩大柬埔寨大米出口和多元化战略（2024—2030 年）》编制"研讨会，促进柬埔寨大米出口到具有竞争力的国际市场。在新战略下，政府和相关方将注重保护商标和知识产权两个关键领域，特别是集体商标（Collective Mark）的建设，提高柬埔寨大米质量，包括包装质量及食品安全。目前，柬埔寨商业部已成功帮助三种大米品种注册成为集体商标，以进一步推动和增加大米出口量。三种大米品种分别为"SKO"香米、"DMSK"糯米和"柏威夏大米"（Preah Vihear Rice）。郑州可加大对大米的交易商和加工企业进行贸易融资和项目支持，鼓励企业可在柬当地设立碾米厂，利用香米和有机米建立质量形象，建立品牌香米认证标志，结合国际要求制定大米分级、质量标准和卫生标准，开发柬大米出口的潜力。

三、其他农产品加工合作

（一）热带水果加工合作

中国市场对热带水果需求巨大，柬埔寨香蕉、杧果、菠萝等热带水果具有很大的发展潜力。2023 年，柬胡椒、食用水生动物、野生水产品实现对华出口贸易，双方签订柬椰子输华议定书，正加速推进燕窝、熟食肉制品、鳄鱼等其他柬优质农产品进入中国市场。据柬方统计，中

---

① 冯璐：《国际市场需求下的中柬稻米合作——柬埔寨稻农种植行为实证》，载《热带农业科学》2021 年第 10 期。

国是柬香蕉、龙眼最大出口目的国。当前，约有三成的柬大米和绝大部分的柬香蕉、龙眼出口至中国市场①。郑州（河南）—金边（柬埔寨）可在柬埔寨开展热带水果产品加工方面的合作，将生鲜产品出口转化为最终产品出口。以开展香蕉深加工为例，开展香蕉深加工，延长产业链，能够提高产业抗风险能力。香蕉在采收后需要进行分级，分级后可将其开发为香蕉片、乳饮品、香蕉酒、香蕉醋、膨化食品等，丰富产品线，满足消费者多层次的需求；同时香蕉茎叶等副产物可以为造纸、制药、新型饲料等提供丰富的原材料。河南省投资者可先聚焦于向中国出口的香蕉市场，因地制宜地建立柬埔寨香蕉品牌、发展差异化的产品，逐步建立柬埔寨香蕉品牌，再逐步拓展全球市场。积极开发多元化市场开发差异性香蕉品种，满足不同消费群体需求。

柬埔寨水果出口到中国的主要障碍是柬埔寨国内缺乏灭菌厂。例如，柬埔寨每年的杧果产量非常高，然而其杧果每年出口量较低。中国及其他国家对进口动植物检验检疫程序要求十分严格，柬埔寨需要建立起标准的包装厂和灭菌厂，以应对严格的检疫程序；否则柬埔寨杧果出口到中国市场，甚至其他国际市场将非常困难。目前柬埔寨国内灭菌厂数量及工作效能急需提高，尤其要建设杧果灭菌工厂。

（二）食品加工业

柬埔寨自然条件优越，食品加工业发展所需资源条件丰富；但柬埔寨食品加工业不发达，食品加工企业产能有限，不能满足本土消费需求，食品加工业是柬埔寨优先发展的领域，柬埔寨食品加工业具有很大的发展潜力。据联合国粮农组织统计，2023 年柬埔寨腰果产量超过 65 万吨，世界排名第三（位居前两位的国家分别是科特迪瓦和印度）。柬埔寨虽然腰果产量大，但腰果加工欠发达。全球最大的腰果加工国家是越南，其次是印度和巴西②。为促进产业发展，柬埔寨通过实施吸引投资的政策，不断改善投资环境，取得一定成效。河南省在食品加工领域

---

① 驻柬埔寨王国大使馆经济商务处：《2023 年中柬经贸合作成果丰硕，亮点纷呈——中国驻柬埔寨大使馆参赞钟洁》，2024 年 1 月 23 日，http://cb.mofcom.gov.cn/article/sqfb/202401/20240103468238.shtml。

② 驻柬埔寨王国大使馆经济商务处：《2023 年柬埔寨腰果产量位列世界第三》，2024 年 2 月 5 日，http://cb.mofcom.gov.cn/article/sqfb/202402/20240203471453.shtml。

发展具有丰富的经验和技术力量，特别是通过与柬埔寨食品加工企业技术合作、在柬埔寨设立分厂、收购柬埔寨加工企业等方式与柬埔寨开展合作，重点输出河南省食品加工行业先进的技术和产品，拓展郑州（河南）—金边（柬埔寨）在食品加工领域合作，夯实和改善柬埔寨食品加工业发展基础和现状。

在柬埔寨合作养牛、养猪和家禽等，建设屠宰场，进行畜禽产品加工与贸易。柬埔寨规模型畜牧养殖无论是科技投入、规模化经营，还是产业链发展，均具有广阔的发展空间。河南省在畜牧养殖领域有着丰富经验，建议企业赴柬埔寨考察畜牧业投资空间，抓住机遇开展合作，推动柬埔寨农业发展的同时，实现双赢。

第三节 探索与柬农业合作机制建设

中柬两国农业合作虽然起步早，但发展较为缓慢，实质性的成果、成功的案例不多，大多仍处在摸索阶段。中柬两国农业部门已经签署了《合作编制柬埔寨现代农业发展规划的谅解备忘录》，不断完善两国农业合作机制，加强政府层面的沟通和战略对接。加强与柬埔寨合作开展农业机制建设，包括农业技术合作、特色产业规划、农业园区发展规划等，能够营造良好的投资环境，引导河南省中资企业在柬埔寨投资农业。

一、加强优势农业科技交流

柬埔寨当前处于传统农业阶段，从其农业技术发展看，农业技术发展水平和农业现代化技术水平较差。柬政府对农业科技投入有限，包括种植、加工、检验检疫等技术在内的农业现代生产技术水平难以提升，制约着其农业现代化发展。柬埔寨政府注重农业科技发展，加强农业科技推广，以提高农业经济效益。但柬埔寨农技推广工作面临巨大挑战，一是农业科技人员缺乏和水平不高，农产品科技含量低下的状况仍然未有根本性的改变。二是缺少财政支持，柬提升农作物种植生产环节效率，需要充分的资金和技术，加大科研力度。三是农技推广制度和体系不健全，其农技推广体系主要由政府主导（国外援建等），国家农业研究体系是在农业部领导下，由多个研究机构组成的，主要研究机构包括：柬埔寨国家农科院（CARDI）、内陆渔业研究与开发研究所（IFReDI）、林木与野生植物科研所（FWSRI）、柬埔寨香蕉研究所（CRRI）、国家动物防疫与繁殖研究中心（NAHPIC）等。这些研究机构是针对不同农产品开发建立的，相互之间交流联系并不密切，主要依托一些专业研究项目进行合作[①]。

柬埔寨农作物产量增长主要依赖于农田面积增加，单位面积产量仍处于较低水平，农业优良品种是农业增产的关键。柬埔寨的改良种子品种供应有限，尽管优质水稻种子的年供应量一直在增加；蔬菜种子是进口的，柬埔寨政府尚未根据2008年《种子法》批准具有种子质量标准的种子政策。柬埔寨每公顷农田的肥料使用量从2005年的10千克增加到2018年的33千克。农药的使用有所增加，特别是在旱季水稻种植和蔬菜部门。但农药依赖进口，大多数杀虫剂要么监管不力，要么不受监管。而正确使用受管制的杀虫剂对农民的安全、食品安全和生态系统健康至关重要[②]。由于柬农产品质量标准尚不满足大部分国家对农产品进口的要求，因此，需通过农业科技合作等方式，提升其农产品附加值及国际竞争力。

长期以来，我国向柬埔寨提供的援助涉及各个方面，通过共建"一带一路"农业合作项目与柬埔寨在农业方面进行了科技、产业和贸易等各领域合作，农业技术合作方面，有中国云南—柬埔寨班迭棉吉农业科技友谊示范园和云南—暹粒友好农业科技示范园等，主要开展农业技术的推广。农业科技的投资合作也取得了积极成果，为柬埔寨社会经济发展做出重要贡献。中国政府援助柬大型农业项目"中柬农业促进中心"，由广西富德农业技术国际合作有限公司承担，推广农业栽培管理技术、机械化应用技术、开展农作物品种的改良及良种的培育、农产品采后处理技术的示范培训与推广；帮助柬农林渔业部建立"农林渔业大数据库运营中心"，进一步提高柬农业发展的国际化水平。

---

① 冯韵等：《柬埔寨农业发展现状及趋势研究报告》，载《热带农业科学》2022年第11期。

② Asian Development Bank, "Cambodia Agriculture, Natural Resources, and Rural Development Sector Assessment, Strategy, and Road Map", July 2021.

柬对资金、贸易、技术和人员培训合作需求强劲。郑州（河南）—金边（柬埔寨）在开展技术交流、共建科研平台、协助构建标准体系、参与技术培训等方面加强合作。建立农业投资联合实验室，如农作物联合育种实验室、生物经济多样性产业基地等，深化郑州（河南）—金边（柬埔寨）农业投资合作。河南省可通过技术输出、技术培训、专家互访、共建研发中心等形式，帮助柬埔寨农业机构加快研发速度，构建柬埔寨农业产业技术及推广体系。与柬埔寨在农业合作上探索"科技＋企业"的联盟合作模式，加快推进以科技合作为内涵、农业贸易为载体的双边农业全产业链合作。

针对柬埔寨农业技术和管理人才储备不足、高层次农业科技人才匮乏的现状，成立郑州（河南）—金边（柬埔寨）现代农业技术交流示范和培训中心等交流合作新平台，通过举办技术培训班和官员研修班、举办科技创新论坛等多种形式促进柬埔寨农业人才能力水平的提升，为柬提供人才及科技支撑，带动河南省农业科技成果在柬的转移转化。探索设立郑州（河南）—金边（柬埔寨）农业合作基金，以"服务企业'走出去'、促进双边科技合作"为目的，激励建设一批以带动河南省农业科技成果"走出去"为目的的农业科技示范基地，带动河南省优势农业科技成果进入柬埔寨市场。

二、推动双边共建农业合作园区建设

农业境外园区作为农业产业合作新的运作模式和经营平台，主动对接农业产业链，实现双方农业产业投资从环节输出向链条输出转变，使农业产业运作内在关系更为契合与有机，从而放大产业链条效应，有利于形成一体化联系和协同化经营。例如，天睿农业经贸合作特区是集研发、种植、培育、收购、仓储、加工、销售、物流、服务等上中下游产业链于一体的国家级农业经贸合作项目。

结合河南省农业生产优势特点，充分利用河南省与柬农业交流合作机制，立足现有农业对外投资基础，推动双边共建农业合作园区，引导企业参与对柬农业对外合作园区、农业产业园区的建设运营，完善柬当地基础设施配套建设涉及科研、生产、加工、仓储物流、销售等多个环节的境外农业产业园区，争取农业部境外农业合作示范区认定挂牌，形成河南省境外投资的样板工程。中小型企业可与本省、京津或国内产业相关企业抱团"走出去",或利用境外已有农业产业园区实现"走出去",降低境外投资风险,形成"走出去"合力。

加快发展在柬农产品加工产业集群,积极培育农产品加工主导产业。结合柬农业资源优势,充分发挥河南省自身资源特点和传统优势,聚焦初加工、主食加工、精深加工等领域,推进河南省优势产品、优势企业向柬农产品加工重点领域加快发展,大力推进农产品加工业向重点区域集聚发展,争取实现加工与产地、销地、园区结合。大力发展多种形式的加工园区和产业集群,促进园区加快发展,做大农产品加工业产业集群。

三、引导大型农业企业对柬投资

柬埔寨政府高度重视农业发展,竭力改善农业生产及投资环境,将农业列为优先发展的领域,甚至将农业发展提高到国家安全的战略高度。柬政府为提高农业领域劳动生产率,制定了《2021—2030年农业发展政策》,确定若干目标:提高农业领域劳动生产率(员工年产值从2019年的1986美元提升至2030年的4625美元),实现农业领域3%的年增长率。2019年,柬公布《2019—2023年农业发展战略》,该五年战略计划旨在提高农业领域劳动生产率,发挥柬传统农业优势的基础上发展农业并实现农业现代化,促进现代化农业贸易发展,以推动国民经济增长和提高农民生活水平。

柬急需扩大农业投资(包括投资农业产业发展和农业基础设施)、提高农业现代生产技术(包括种植技术、加工技术、检验检疫技术、施肥技术、农药等),但柬财政投入十分有限,因此农业种植、加工和贸易各个环节都急需外来投资。柬政府鼓励外商投资农业及农产品加工业,希望借助外商投资,充分利用其土地资源和优良自然环境条件,全面推动农业产业现代化发展。柬采取的鼓励措施包括免征全部关税和税收优惠政策,产品产量80%供出口的项目进口的生产资料、建筑材料、各种物资、原材料、半成品及零配件均可获得100%免征关税。针对达到一定规模的外商投资项目,政府只征收纯盈利税(税率9%);分配投资盈利均不征税。外国人和外资控股法人可租赁使用其土地。

河南省在现代农业生产模式、农业科技水平、农业科技人才培养、农业生物育种、生物基因技术等方面都有明显的优势，整体农业生产发展的水平与柬埔寨相比优势明显，因此，河南郑州与柬埔寨金边农业合作具有较强的互补性。河南省郑州要壮大国际市场综合竞争力，提升品牌知名度，形成有自生能力的国际农业企业，并逐步构建完整的产业链，增强企业国际资源配置能力。支持小型外向型农业企业发挥自身优势，充分运用柬各项政策措施，推动农业企业、农民专业合作社和家庭农场等经营主体与外向型农业企业联合，发展订单生产，建立联合基地，实行外向型经济发展模式。进一步培育外向型现代农业服务业主体，扩大农业服务领域对外交流。

全产业链模式有助于改善松散的农业产业链结构，降低农产品质量与安全不确定性。现代农业产业链延伸增加了农产品生产与流通环节复杂性，致使任何环节出现问题均会迅速波及产业链其他环节，而全产业链投资在一定程度上确保农产品生产流程高度系统性和协调性。全产业链考验企业垂直方向控制力，要求企业控制上游原材料种植领域，巩固扩大中游技术和产能优势，强化下游产业，打造国内外完善的物流服务平台和价值创造体系。各部门、各行业要立足于产业发展的高度，合理规划好农业对外投资合作的发展目标，并采取分阶段的形式对农业"走出去"战略进行详细设计，尤为重要的是要做好涉农企业"走出去"的空间布局战略规划，避免投资的恶性竞争。政府大力支持企业间形成产业联盟，加快中小型涉农企业之间、涉农企业与其他有实力的非农企业之间形成合力抱团"走出去"，使企业"走出去"的综合成本下降、竞争力与抗风险能力增强。

四、化解对柬农业投资企业的融资困境

对柬农业投资企业须得到金融体系的大力支持，针对河南省农业对柬投资不足问题，可统筹安排，以整合产业融合资金，扶持农产品加工企业和产业融合主体，真正惠及赴柬农产品加工企业和产业融合主体。河南省可探索引导社会资金，组建农产品加工行业贷款担保公司，缓解赴柬投资企业贷款难问题；扩大河南省对柬投资农业企业的融资抵押种类，为农业企业的贷款、抵押提供便利化条件，允许对柬投资企业母公司为在柬子公司提供担保。2023 年，中国人民银行授权中国银行金边分行担任柬埔寨人民币清算行，将进一步便利人民币在柬使用和跨境交易，推动中柬贸易、投资与经济合作的发展。中国银行金边分行成立于 2010 年，是第一家进入柬埔寨的中资金融机构，拥有全功能银行业务牌照，率先推出人民币与柬埔寨瑞尔直接兑换交易、人民币远期结售汇、人民币现钞跨境调运等产品和服务，于 2023 年作为直接参与者加入人民币跨境支付系统（CIPS）。① 加快金融行业在柬埔寨的渗透，加快保险行业的对外投资风险产品的开发，为企业提供种粮丰富的保险产品，减少河南省对柬农业投资企业的投资风险成本。

第四节　探索在柬发展现代物流经营模式

2024 年 2 月 20 日，柬埔寨政府审议《2023—2033 年运输和物流系统综合总体规划》，提出短期、中期和长期愿景，列出 177 个基础设施发展项目，包括 94 个道路项目、8 个铁路项目、25 个内陆运河项目、23 个海运项目、10 个航空运输项目、17 个物流项目（见表 5-1）。需要投入 366.8 亿美元，其中，近中期投资需 199 亿美元。政府将通过公私合作模式，开放企业投资建设②。根据该规划，柬政府制定了综合多式联运的庞大物流业发展蓝图，包括公路、铁路、水路、航空、港口和物流中心建设等，主要目标是完善柬埔寨基础设施，促进交通干网互联互通，以期降低物流成本。同时，通过提速增效，建设现代化物流体系，确保 2030 年将柬埔寨打造成连接澜湄国家和其他东盟国家的区域物流中心枢纽③。

---

　① 驻柬埔寨王国大使馆经济商务处：《央行：中国银行金边分行获准担任柬埔寨人民币清算行》，2023 年 12 月 12 日，http://cb.mofcom.gov.cn/article/sqfb/202312/20231203460137.shtml。
　② 驻柬埔寨王国大使馆经济商务处：《柬埔寨提出 174 个基建项目需要投入超 360 亿美元》，2024 年 2 月 23 日，http://cb.mofcom.gov.cn/article/sqfb/202402/20240203474100.shtml。
　③ 驻柬埔寨王国大使馆经济商务处：《〈柬埔寨物流系统总体规划（2023—2033 年）〉摘译》，2024 年 4 月 12 日，http://cb.mofcom.gov.cn/article/zwrenkou/202404/20240403503359.shtml。

表 5-1 柬埔寨物流网总体规划

编号	项目	项目数量（个）	预计投资（亿美元）	前期（2023—2027年）		后期（2028—2033年）	
				项目数（个）	投资（亿美元）	项目数（个）	投资（亿美元）
1	公路	94	136	35	71.4	59	64.6
1.1	高速	9	71.7	4	41.8	5	29.9
1.2	国、省道	85	64.3	31	29.6	54	34.7
2	铁路	8	100.1	4	38	4	62.1
3	河运	25	32.5	16	25.6	9	6.9
4	海运	23	54.6	14	24.9	9	29.7
5	民航	10	33	10	33	0	0
6	物流网	17	9.6	9	6.3	8	3.3
7	其他	4	1	2	0.1	2	0.9
总计		177	366.8	90	199.3	91	167.5

其中，公路项目共计94项，计划投资136亿美元。其中高速公路9项，计划投资71.7亿美元；国道及省道85项，计划投资64.3亿美元。前期规划（2023—2027年）包含35项，计划投资71.4亿美元。其中高速公路4项，计划投资41.8亿美元；国道及省道31项，计划投资29.6亿美元。后期规划（2028—2033年）59项，计划投资64.6亿美元。其中高速公路5项，计划投资29.9亿美元；国道及省道54项，计划投资34.7亿美元。公路是柬埔寨国内运输的主要方式，柬埔寨的国内运输成本有所降低，但仍高于泰国和越南等邻国，需要改善道路和加强地方运输服务之间的竞争，以降低运输成本。

铁路项目共计8项，计划投资100.1亿美元。前期计划（2023—2027年）包含4项，计划投资38亿美元；后期计划（2028—2033年）4项，计划投资62.1亿美元。河运项目共计25项，计划投资32.5亿美元。前期计划（2023—2027年）包含16项，计划投资25.6亿美元；后期计划（2028—2033年）9项，计划投资6.9亿美元。海运项目共计23项，计划投资54.6亿美元。前期计划（2023—2027年）包含14项，计划投资24.9亿美元；后期计划（2028—2033年）9项，计划投资29.7亿美元。民航项目共计10项，计划投资33亿美元，全部计划在前期（2023—2027年）完成。物流网系统项目共计17项，计划投资9.6

亿美元。前期计划（2023—2027年）包含9项，计划投资6.3亿美元；后期计划（2028—2033年）8项，计划投资3.3亿美元。

表5-2为具体的高速公路项目。

表5-2 高速公路项目

编号	项目	长度	车道（个）	预计投资（亿美元）	前期（2023—2027年）	后期（2028—2033年）
1	金边—巴域（EXI）	金边三环至巴域135.1千米	4	13.8	√	
2		铁桥头至金边三环3.7千米	4	2.3	√	
3	金边—暹粒—波贝（EX6及EX5）	金边三环至暹粒250千米	4	25	√	
4		暹粒至波贝150千米	4	15		√
5	金边三环公河东岸路段第一阶段（连接孤岛两座桥梁及30千米道路）	36.2千米	2/4	2.1		√
6	金边三环公河东岸路段第二阶段（跨湄公河桥梁及3千米道路）	2.4公里	4	1.3		√
7	金边四环	41.6千米	4	3		√
8	金边二环柬韩友谊桥至金边—巴域高速段	21.5千米	4	0.8	√	
9	金边尊那环岛至阿雷亚克萨乡隧道	3.5千米	4	0.9		√
	总计	648千米		71.7	4	5

通过市场竞争筛选出具有现代物流经营管理能力的优势企业，引导相关企业或个人参与在柬现代物流节点的建设与管理，激活现代物流经营管理的产品供应链服务功能与产业带动功能，实现在柬农产品生产与销售的双向流通，并发挥现代技术的优势，优化现代物流配送网络，协调现代物流不同环节的运作，构建在柬生产消费一体的物流运营服务。

一、科学合理构建农产品物流设施布局

根据在柬农产品生产种类和存储加工需要,提高现代化农产品存储设施覆盖率,化解农产品物流供应链环节之间的对接矛盾,提供供应链资源整合能力。在有条件的地区建设特色农产品物流园区,以农业生产的规模化与集聚效应带动特色农产品的现代化物流发展,集中地有针对性地配置物流各环节设施建设,方便进行集中管理,提高物流管理效率。

进入柬市场的河南省物流企业,可根据柬农产品生产特点和产品特征,构建符合柬农产品生产与消费的现代物流软硬件设施,包括农产品生产、分拣、加工、保鲜、仓储、运输等环节及与此相关的操作设施与现代物流技术,优化柬当地现代物流发展环境。农产品物流体系中的流通主体包括农产品的运输、包装、装卸、配送等功能要素。在农产品储运过程中,须采用低温防潮、烘干、防虫害等一系列技术措施,它要求有配套的硬件设施,包括专门的仓库、专用码头、专供渠道。而且农产品物流中的发货、收货以及中转环节都须进行严格的质量控制,以确保农产品质量达到规定的要求。

发展专业化的农产品加工、存储及运输企业,细化农产品物流专业分工。加工企业除了承担原材料、半成品、成品等物流管理工作,还承担原材料的采购加工和加工后产品在销售过程中发生的销售物流活动。打造以物流龙头企业为主要成员的联盟体,提高物流企业的整体竞争力。河南省可充分发挥自己的优势,积极引导推动大型龙头物流企业,在柬先进行现代物流试点建设。加快对柬农业投资的集种植、加工、物流及贸易等于一体的产业链的建设,提高涉农企业参与农业资源配置的控制力。鼓励农产品生产龙头企业与大型专业物流公司进行合作,借助农产品生产企业的产品生产优势与物流企业的流通优势,整合河南省企业在柬农产品产业链。

发展跨境专线物流运输。确定合理的农产品流通方向,选择合适的运输方式和运输工具,提高运输的专业化水平。跨境专线物流一般是通过航空包舱方式运输到国外,再通过本地合作公司配送至目的国。使用跨境专线物流能够集中大批量货物到某一特定国家或地区,以规模效应降低国际物流运输成本，形成价格优势。综合考虑金边（柬埔寨）粮食批发市场对公共物流设施的需求，增加散粮汽车装车、卸车设备、平房仓专用的散粮出仓机等配套设备。积极推行粮食汽车运输方式，制定粮食汽车运输优惠政策。

二、建立境内仓和境外仓

鼓励大型企业在郑州、金边两地建立境内仓和境外仓，突破现有跨境物流方式的制约。企业将货物存储于海外仓，能够快速处理买方订单，及时分拣、包装和配送货物，提升物流效率。中国商家通过海运、空运、陆运或者多式联运将商品运至海外仓，之后通过物流信息系统，远程操作海外仓储货物，中国商家实时管理库存，最后根据订单信息，通过当地邮政或快递，利用海外仓储中心将商品配送给客户。

出台相关鼓励政策，由大型物流企业在郑州、金边两地建立或者租用仓库和分拨中心，提升国际物流效率。从顶层设计层面科学选址仓储建设地。例如，在郑州建立境内仓，在金边建立境外仓，货物在郑州至金边的国际仓之间高效流转，可以直接由金边境外仓配送至柬全境。为达到高效物流效果，需要借鉴中国物流政策体系，对标国际物流政策规范，实现柬埔寨物流规范化、高效化、便捷化和绿色化发展。中柬制定统一的境内仓境外仓对接规则，如仓库标准、仓储种类等，这有助于提升物流效率，以最优要素组合原则实现环境与效率的协同。构建在柬国际仓储信息系统，全程跟踪产品流转轨迹，订单管理自动化，对接仓库服务与物流服务商，库存管理智能化等。信息内容覆盖头程运输、出口报关、结汇退税、海外仓储管理、尾程配送、售后服务等环节。

三、构建生鲜农产品冷链物流体系

生鲜农产品冷链物流体系建设是物流产业未来发展的主要方向，从多个角度对冷链物流体系建设给予支持，通过观念引导、制度保障、政策支持，适当增加农产品冷藏设施与冷链物流技术引进，降低生鲜农产品物流损失和成本，推进生鲜农产品冷链物流体系建设。考虑到生鲜农产品易腐易损的特性，保证生鲜农产品配送的时效性，保障农产品的质量，充分利用现代信息化技术推动生鲜农产品冷链物流体系的智能化与自动化进程，在现有资源基础上构建一体化冷链配送网络，形成冷链物流配送联盟，最大化地保障生鲜农产品的新鲜性。

推动河南省企业在柬食品冷链物流的发展，需要从行业和企业两个层面进行优化，行业层面以基础设施建设和标准化管理为主，企业层面以交流合作和技术人才管理为主。由于柬冷链物流基础设施建设相对滞后，要进一步提高柬冷链物流业的发展需要加大冷链物流基础设施建设的力度，推进冷链物流标准化管理。加强企业之间的合作与交流，建立起若干家具有领导力的大型企业，降低综合成本，提高冷链物流的效率。由于农产品本身的属性，在流通过程中往往需要专门的低温冷藏集装箱，仓库建设要注重通风、保鲜，物流中心的建设须具备专业化、自动化、信息化的功能，这些设施须投入大量的资金，利用第三方物流进行农产品配送可以减轻农产品生产者的负担，使他们能够更好地把精力集中在自己的核心业务上。

让物流更好地服务于旅游食品产业。改善和创新物流体系，重视食品保鲜新技术的运用，利用保鲜技术延长旅游食品的保质期，降低货损率。搭建郑州（河南）—金边（柬埔寨）旅游食品物流、销售一体化的服务平台，搭建企业与市场进行信息交流的桥梁，转变传统食品物流运行方式，将传统食品物流模式转变为食品供应链式的物流模式，以高效率的运行方式适应市场环境，从而提升旅游食品的核心竞争力。在柬旅游、食品企业在发展过程中，加强与第三方物流企业的合作，通过物流外包方式，利用第三方物流企业专业化、规模化的物流体系，能够更好地扩展食品销售市场，提高食品运输效率，减少损耗成本。

四、搭建柬物流体系与信息平台

借助电子商务对生产消费的辐射能力，联合推进郑州（河南）—金边（柬埔寨）电子商务平台建设，提高农产品信息化建设水平，推动农产品物流信息共享。强化电子商务技术在农产品推广中的重要作用，搭建农产品信息化设施互联互通平台，安全有效连接农产品物流各环节主体，包括农产品生产、批发、分销、存储、配送等多个主体，促进不同主体间的信息沟通与资源共享。初步打造柬埔寨"智慧物流"信息平台体系，以数字化、智能化、信息化的现代农产品物流信息平台提高农产品流通效率，降低物流管控成本，促进柬埔寨物流智慧高效运行。

共建郑州（河南）—金边（柬埔寨）物流信息数据库。为了提升在柬物流效率，从柬埔寨市场需求出发，将其消费、科技、资源、产品、组织等信息整合上传至物流信息数据库，以便供求双方定位目标市场和选择产品，降低流通成本，拓展区域物流空间。将柬涉及物流的政策法规、投资合作、生态环境、风险预警等信息上传至物流信息数据库，加强政策联通，以便国内企业充分了解柬相关法律法规，防范政策风险。

第五节 发展中高技术产业

柬埔寨需要扩大农业投资（包括投资农业基础设施和农业产业发展），提高农业现代生产技术（包括种植技术，检验检疫技术，加工技术，农药、施肥技术等）。农业生产、加工和贸易各个环节都急需外来投资，尤其是水利灌溉设施。为吸引海外投资，柬埔寨颁布了一系列法规来支持贸易和投资，2024年2月19日，柬埔寨发展理事会（CDC）发布通告，新批准了22个新投资项目，投资总额超4.44亿美元。新投资项目涉及数据中心、铁矿厂、制衣厂、养殖加工厂、物流中心及家具厂等项目[1]。赴柬投资兴业的中国企业也日益增多，投资领域广泛，投资涉及基础设施、纺织服装、加工制造、农业等广泛领域，据柬方统计，中国已连续多年是柬最大外资来源国，中国企业对柬投资涉及交通、电力、农业、制造业、旅游开发、经济特区、信息通信等多个领域。2023年，中国企业对柬协议投资总额超过30亿美元[2]，未来可将在柬投资逐渐拓展到更多领域。

一、以轻纺服装为发展重点

柬埔寨的国内服装业实现了迅猛发展，成为柬埔寨工业的支柱，为

---

[1] 驻柬埔寨王国大使馆经济商务处：《柬埔寨15天内新批准4.4亿美元投资项目》，2024年2月22日，http：//cb.mofcom.gov.cn/article/sqfb/202402/20240203473765.shtml。

[2] 驻柬埔寨王国大使馆经济商务处：《2023年中柬经贸合作成果丰硕，亮点纷呈——中国驻柬埔寨大使馆参赞钟洁》，2024年1月23日，http：//cb.mofcom.gov.cn/article/sqfb/202401/20240103468238.shtml。

柬埔寨提供就业、保持社会稳定做出了较大贡献。柬埔寨政府对服装加工业的发展给予了高度重视。在行业发展过程中不断完善扶持政策，将发展纺织产业链上下游配套产业列为制造业重点发展方向之一。柬埔寨纺织服装产业尚处于崛起阶段，以两头在外的成衣加工为主。纺织品服装贸易结构相对单一，从海外进口原辅料，利用本国劳动力优势从事生产与制造，然后出口成衣。外商投资的服装加工企业是服装业的主要力量，目前已发展了一些规模在千人以上的成衣加工厂。

在柬的中资服装企业大多分布在金边及其周边地区，因为接近首都金边，公共设施和交通线路较为完备，原料和成品运输较为便捷。柬埔寨服装产业链尚不完整，本国缺乏服装面辅料的配套产业，主要依赖进口满足产业需求，产业链抵御外部风险的能力不高，产品附加值相对偏低。郑州服装企业可以投资服装生产的上下游配套环节，延长服装产业供应链，增强企业的竞争力。郑州服装企业投资柬埔寨首先可以考虑进驻当地的纺织工业园，如红豆集团柬埔寨工业园、柬埔寨齐鲁工业园等，这样就可以发挥产业集群优势，降低企业风险和生产成本。

二、汽车制造业

由于柬埔寨的制造业仍集中在服装加工和手工业等劳动密集型产业，产值增长慢，需要更新换代的技术和资金，进一步完善产业类别。柬埔寨的其他制造业也在发生结构调整，成衣业（服装、鞋子和旅行用品）占柬埔寨出口比重已下降，非成衣业占出口比重正不断提高，主要为自行车、电子和电器，以及汽车零部件。2024年1月，柬埔寨汽车工业联合会（CAIF）预计2024年柬埔寨汽车销量将增长15%左右，尽管2023年汽车销量同比下降20%左右，但汽车组装厂和新车经销商的投资势头仍在持续，柬埔寨已从汽车进口国发展成为能够自行组装汽车的国家[1]。柬埔寨政府已就《电动车领域发展政策（2024—2028年）》草案进行了讨论，希望通过实施该政策，让柬埔寨转变为最大化应用电动车科技和机会的国家，计划于2030年把电动车辆数目从现有约1000

---

[1] 驻柬埔寨王国大使馆经济商务处：《柬埔寨汽车工业联合会（CAIF）预测2024年柬汽车销量将增长15%左右》，2024年1月31日，http://cb.mofcom.gov.cn/article/sqfb/202401/20240103470063.shtml。

台，增加至逾 75 万台（70% 为电动摩托车）。2050 年，电动车辆将增至 880 万台，其中电动摩托车将占摩托车总数的 70%，而电动车和电动公交车则将占同类交通工具的 40%①。

根据 2023 年柬埔寨颁布的《发展和吸引汽车业投资路线图》及《发展和吸引电子业投资路线图》，柬政府制定了短、中、长期战略和目标，从简单和劳动密集的零部件组装起步，逐步转移至更复杂和更高附加值的组装和设计。柬政府将设立汽车和电子行业集群点或经济特区，充分利用现有竞争优势，如廉价和充沛的劳动力、与汽车和电子业快速发展的泰国和越南毗邻，加强与泰国和越南等邻国的合作关系。与主要汽车和电子业出口市场签订自由贸易协定等优势，吸引跨国企业来柬埔寨投资和生产。在汽车业，柬埔寨初期将专注于发展更简单、更劳动密集型的出口部件组装业（如线束和座椅）；在电子业，柬埔寨将致力吸引简单组件和子组件（如电缆、连接器和电路板 PCB 组件）。中期目标是将价值链向上移动，发展更复杂的汽车零部件制造，以及更高附加值的电子组装和设计。长期目标则是发展成为汽车零部件制造中心，制造各种低至中等复杂度的产品出口零部件及集成电子产品生产中心，贯穿设计、零部件制造、子装配和最终装配的整个价值链②。

中国企业可以在柬发展更具竞争性的中端制造业。近年来，多家中国太阳能组件生产商纷纷在柬埔寨投资设立生产基地，帮助柬埔寨推动工业和产品出口多元化。

三、数字经济

洪玛奈新政府成立后发布的"五角战略"第一阶段（2023—2028 年），重点强调了数字经济和社会发展。洪玛奈首相 2023 年 9 月访华时，中柬签署了数字经济领域合作协议，为中柬开辟新的合作领域提供了重大机遇。未来中柬双方可在平台开发、用户体验和在线营销等方面加强知识共享，通过利用中国先进的数字技能生态系统，加速柬埔寨数

---

① 驻柬埔寨王国大使馆经济商务处：《柬埔寨拟出台电动车领域发展政策，推动电动交通转型》，2024 年 4 月 28 日，http://cb.mofcom.gov.cn/article/sqfb/202404/20240403506399.shtml。
② 驻柬埔寨王国大使馆经济商务处：《柬埔寨颁布发展战略迈向成为汽车和电子业中心》，2023 年 1 月 31 日，http://cb.mofcom.gov.cn/article/sqfb/202301/20230103381203.shtml。

字市场的增长，为市场提供适应性强的数字技能和专业性强的人力资源，推动柬埔寨跨境贸易多元化发展及融入全球数字经济。

第六节　加快建设郑州—金边航空枢纽

更好融入全球产业分工和合作，是内陆地区开放的重要抓手。从东到西，从沿海到内陆，随着我国更高水平开放型经济新体系向纵深推进，中西部地区在承接国内外产业转移中的作用越来越大。"十四五"规划纲要明确提出，将研究在内陆地区增设国家一类口岸，助推内陆地区成为开放前沿。正是独特的区位优势和与柬埔寨贸易结构上的互补性，为郑州—金边航空枢纽建设奠定了坚实的基础。

一、郑州基础条件优越，具有建立航空枢纽的独特地理区位优势

对外开放是我国长期坚持的基本国策，坚持对外开放也是支撑我们实现社会主义现代化目标的关键举措。改革开放以来，从零散分布的保税区到具有更大改革权的自由贸易区，我国的对外开放，走过了一条从试点开放到全面开放的小步快跑之路[①]。经过40余年的高速发展，当前我国沿海地区的开放程度已经达到了较高的水准，对外开放的短板已主要是内陆地区。因此，提升内陆地区开放水平，是推动构建更高水平开放型经济体系的重要举措。党的二十大报告在推进高水平对外开放中明确指出，要优化区域开放布局，巩固东部沿海地区开放先导地位，提高中西部和东北地区开放水平。加快建设西部陆海新通道。随着我国构建以国内大循环为主体、国内国际双循环相互促进的新发展格局稳步推进，郑州的交通区位优势正在逐渐显现并放大。

从地理位置来看，郑州坐落于广阔的华北平原腹地，是我国内陆中心城市，境内交通四通八达，自古以来就是我国的交通要冲，是南来北往和承东启西的重要枢纽，被誉为"九州腹地，十省通衢"。近年来，随着我国高铁、高速公路和航空枢纽网络的高水平布局，郑州在全国交

---

① 肖宇、高凌云：《如何建设面向全球的自贸区网络》，载《开放导报》2018年第2期，第34－38页。

通主干网的中心枢纽地位继续加强，全国"十纵十横"综合运输大通道中有5个经过河南省。中欧班列（郑州）已辐射境外30多个国家的130多个城市。

对于这一比较优势，郑州委、市政府有着清晰的认识和高瞻远瞩的布局。2021年1月6日，中国共产党郑州第十一届委员会第十三次全体会议通过的《中共郑州委关于制定郑州国民经济和社会发展第十四个五年规划和二〇三五年远景目标的建议》明确强调，郑州2035年远景目标之一就是：建成衔接国际国内的运输网络和物流体系，实现航空港、铁路港、公路港、信息港"四港"高效联动，空中、陆上、网上、海上"四条丝路"畅通全球，成为辐射全国、链接世界、服务全球的国际综合枢纽。

和美国的物流枢纽孟菲斯的条件基本相同，郑州也有着建设航空枢纽不可或缺的各类交通要素。截至目前，郑州已经建成了铁路、公路、航空三网联合的现代化综合交通和物流体系，并且以郑州为中心，形成了"米"字形的高铁路网，高铁半小时经济圈覆盖半径已高达700千米和7.2亿人口。在我国"八纵八横"[①] 高铁主通道中，纵向的京港（台）通道、京哈—京港澳通道、呼南通道，横向的陆桥通道直接经过郑州。考虑到郑州在铁路网络布局中的中心枢纽地位，以及西部大通道在当前我国新发展格局中的重要地位，郑州的交通优势区位潜力巨大。

随着2016年，郑州新郑国际机场二期投入使用，郑州已形成一个横跨亚洲、欧洲和美洲，覆盖全球主要经济体的国际航线网络。截至

---

① "八纵"指的是：（1）沿海通道，连接东部沿海地区；（2）京沪通道，贯通京津冀、长三角等城市群；（3）京港（台）通道，贯通京津冀、长江中游、海峡西岸、珠三角等城市群；（4）京哈—京港澳通道，连接东北、华北、华中、华南、港澳地区；（5）呼南通道，贯通呼包鄂榆、山西中部、中原、长江中游、北部湾等城市群；（6）京昆通道，贯通京津冀、太原、关中平原、成渝、滇中等城市群；（7）包（银）海通道，贯通呼包鄂、宁夏沿黄、关中平原、成渝、黔中、北部湾等城市群；（8）兰（西）广通道，贯通兰西、成渝、黔中、珠三角等城市群。"八横"指的是：（1）绥满通道，绥芬河—满洲里，连接黑龙江及蒙东地区；（2）京兰通道，北京—呼和浩特—银川—兰州，连接华北、西北地区；（3）青银通道，贯通山东半岛、京津冀、太原、宁夏沿黄等城市群；（4）陆桥通道，贯通东陇海、中原、关中平原、兰西、天山北坡等城市群；（5）沿江通道，贯通长三角、长江中游、成渝等城市群；（6）沪昆通道，连接华东、华中、西南地区；（7）厦渝通道，连接海峡西岸、中南、西南地区，贯通海峡西岸、长江中游、成渝等城市群；（8）广昆通道，广州—南宁—昆明高速铁路，贯通珠三角、北部湾、滇中等城市群。

2023年，郑州机场的货邮吞吐量为607806吨，客运量和货运吞吐量最高分别位列国内的第16位和第6位。作为全国12个最高等级国际性综合交通枢纽之一和全国唯一的空港型国家物流枢纽，从郑州出发两小时高铁圈可以覆盖全国4亿人口，两小时航空圈可以覆盖全国90%的人口和市场规模。

二、郑州—金边航空枢纽有助于郑州更好参与全球产业分工和合作

全球经济发展的基本规律显示，各国基于比较优势切入全球产业链供应链分工合作，是世界经济增长的必然要求。从20世纪中后期开始，欧美发达国家正是基于利用两个市场、两种资源的考量，极力推动本国企业出海，通过全球布局提升本国生产要素的配置效率，继而形成了目前覆盖全球大部分经济体的全球产业链供应链。在这一过程中，国际贸易的特征也发生了重大的变化，以生产活动为主的中间品贸易逐渐取代最终品贸易，成为国际贸易的主流形态。从数据来看，与全球价值链贸易的趋势相似，在1995—2008年，全球价值链贸易在全球贸易总量中所占份额不断增加、增长也最为迅速[1]，全球产业分工合作已成为当前世界经济大循环中一个最显著的特征。

而支撑全球中间品贸易的一个重要基础，就是畅通高效的现代化物流体系，从这个角度来说，郑州具有参与全球产业链分工合作的良好基础。同时，作为国内内陆地区承接国内外产业转移的标杆城市，近年来，郑州通过抓抢国内外产业转移的历史新机遇，围绕主导产业招商引资，在郑州航空港区引进的郑州比亚迪项目于2023年顺利投产。依托郑州经开区、郑州航空港区、郑州高新区、中牟高新技术产业开发区，坚持"整车+零部件"产业协同发展，全市新能源汽车产业初具雏形，"新三样"出口动能强劲。

作为全球最不发达国家之一，柬埔寨是一个以农业为主，工业基础薄弱的国家。目前柬埔寨还没有建立成熟的制造业产业体系，但柬埔寨的劳动力、土地等生产要素价格相对便宜，非常有利于劳动密集型产业的

---

[1] 江小涓、孟丽君：《内循环为主、外循环赋能与更高水平双循环——国际经验与中国实践》，载《管理世界》2021年第37卷第1期，第1–19页。

落地,这对郑州的进出口企业来说无疑具有巨大的吸引力。如表 5-3 所示,柬埔寨和中国的贸易主要集中在纺织原料和纺织品的生产制造方面。纺织品是目前柬埔寨的支柱产业,从商业模式来看,柬埔寨企业一般是从中国(内地)进口纺织所需的原料,利用柬埔寨国内的劳动力生产要素成本低的优势,加工成制成品后再返销中国或者直接从柬埔寨出口。需要强调的一点是,由于柬埔寨基本没有工业品生产能力,所以柬埔寨国内的机械和电动设备等都需要从中国进口。

表 5-3　　2022 年柬埔寨和郑州主要进出口商品对比

地区	主要出口商品	主要进口商品
柬埔寨	矿物燃料、矿物油及其蒸馏制品(12.2%);针织或钩织织物(10%);皮革制品(8%);锅炉、机械及机械用具(5%);塑胶及其制品(4%);电动机械、设备及其零件等(5%);人造切段短纤维(4%)	针织或钩织服装及衣服配件(28.3%);人造切段短纤维(27%);非针织或钩编的服装和服装配件(12%);电动机械、设备及其零件(9%);鞋履、绑腿套及类似物等(8%);皮革制品等(8%)
郑州	机电产品、电子电器及其零部件、汽车、纺织服装和家具、铝材、农产品、电动汽车、锂电池、太阳能电池	金属矿及矿砂、农产品、电子元件、电子技术、计算机与通信技术、手机、音视频设备及零件、平板显示模组等

资料来源:①柬埔寨进出口商品数据为 2022 年,来自联合国贸发会议数据库(https://unctadstat.unctad.org/datacentre/);②郑州进出口数据来自郑州商务局、郑州海关和公开资料。

这为郑州和柬埔寨加强合作提供了可能。一方面,郑州拥有较为丰富的土地资源、人力资源和农业资源,在传统的劳务输出和农机装备出口方面,具有丰富的经验和前期积累,可以和柬埔寨形成优势互补;另一方面,柬埔寨虽然经济落后,但增长势头强劲。1997—2020 年柬埔寨 GDP 增速一度维持在 7%—10%,是全球经济增速最快的经济体之一。近年来,中资企业在柬埔寨的业务中道路、桥梁和建筑施工和农产品种植业等占据着较大比重,这为郑州企业"走出去"提供了可选项。

全球产业链供应链"横向压缩"和"纵向整合"的趋势非常明显,维护产业链供应链的安全稳定和自主可控变得日益重要。如表 5-4 所示,从出口和企业分散风险及提升对全球资源配置能力的角度来讲,推动郑州企业出海到柬埔寨投资具有可行性和紧迫性。尤其是随着中美博弈的加剧,中资企业出口的环境难言乐观。以轻工行业为例,中美贸易摩擦对轻工行业影响主要集中在四个方面:(1)企业的出口产品成本大幅增加;产品价格优势将减弱,美方企业可能会偏向到东南亚采购;轻工行业企业出口北美的积极性降低。(2)居民消费美国进口轻工业商品时的价格和轻工行业企业进口原材料的价格将会上涨。(3)原材料成本的上升将会进一步压缩加工贸易企业的生产利润,也将迫使这些企业进行转型升级,向价值链的上游攀升。(4)影响企业收入和技术研发投入能力,不利于我国轻工业企业的消费升级和提质增效。

表5-4　　　　　　　　中资企业赴柬埔寨投资的主要动因

主要因素	具体内容
可以切实降低经营成本	土地便宜,并且人口红利巨大,目前柬埔寨人口的平均年龄是27岁,其中劳动力人口占总人口的比重为64.3%,人口增长速度为1.35%,劳动力供给充足。柬埔寨月人均工资是194美元(每周六天工作日),柬埔寨人大多信仰小乘佛教,性格敦厚,愿意向中国学习,认可中国文化,服从管理。作为全球最不发达国家之一,这对纺织企业等劳动密集型企业有很大的吸引力
有效规避贸易战影响	美国、欧盟和日本等27个国家和地区给予柬埔寨普惠制待遇和享受额外的关税优惠。以国内的光伏和太阳能企业为例,在柬生产后再出口,税率只有4%,同类企业在国内生产出口的税率是130%。柬埔寨2004年加入WTO,作为东盟及世贸组织成员,在美国和欧盟享有最惠国(Most Favored Nation,MFN)、普及特惠国(Generalized System of Preferences,GSP)的关税优惠待遇。柬埔寨对符合条件的合格投资项目(Qualified Investment Project),进口的生产设备、建筑材料、零配件和原材料免征进口关税
柬埔寨鼓励外商投资	目前柬埔寨所有的领域都对外商开放,并且允许外商持有100%的股权,对符合条件的合格投资项目,可享有6—9年"免税假期"。外国投资者可通过长期租赁方式使用土地,最长租期为99年,租满可申请续租
外汇可以自由流动	柬埔寨是一个高度美元化的国家,实行自由放任的经济政策,在柬埔寨国内不仅没有外汇管制,而且还并行美元和瑞尔两套货币体系。外资在柬埔寨的投资盈利汇出国外不受任何限制,外国投资者可以自由从银行系统购买外汇并转往国外,这可以大大规避企业海外投资的汇率风险

资料来源:作者根据柬埔寨实地调研而得。

因此,积极拓展美国以外的新市场,尤其是大力拓展对欧盟、东盟、日本以及共建"一带一路"国家和地区的出口就显得尤为重要。

柬埔寨与欧美贸易关系融洽，出口优势明显，尚未遭遇发达国家"双反"等贸易壁垒，在柬埔寨投资可以更好推动郑州企业深度参与全球价值链分工，继而更好维护我国的产业链供应链安全。

三、推动建设郑州—金边航空枢纽的具体抓手

（一）围绕客货运行业龙头招商引资

大型企业是解决地方政府税收和当地居民就业的重要基础，在各地竞争激烈的招商引资大环境下，要创新招商引资方式，充分挖掘当地生产要素的潜力，方能形成比较优势。区域经济发展的大量实践表明，"物流引来人流、人流改变商流"，郑州的交通区位决定了其招商引资的条件得天独厚。在打造郑州—金边航空枢纽的过程中，完全可以参考美国孟菲斯机场①的做法，重点围绕吸引邮政、顺丰和"三通一达"，以及联邦快递FedEx、UPS等国内和国际的快递企业入驻郑州机场，以便捷的物流设施为卖点，吸引胖东来、山姆会员店等消费类头部企业到郑州设立分支机构，夯实郑州"国际消费中心城市"的基础。医疗设备、生物医药、通信电子和高精尖装备企业所需的生产要素，对航空物流同样具有高度的依赖性，这些企业对上下游生产要素的吸引力非常强劲，建设"郑州—金边—东盟"的国际物流枢纽，同样不能忽视这些制造业龙头企业的招商引资，要大力推动航空经济产业发展，以行业龙头带动一批产业链上下游企业，推动郑州机场形成以货运为主、客运为辅的专业型枢纽型机场，增强郑州对金边乃至整个东盟地区的经济辐射力。

（二）增加客运航线拓展国际旅游市场

人文交流是经济合作的基础，建设郑州—金边航空枢纽的一个重要前提就是增加郑州—金边的客运航线，为人员往来和拓展金边至东盟的国际旅游市场提供便利。自2014年6月，河南省航投携手卢森堡货航在郑州成功开通郑州—卢森堡"空中丝路"，2023年12月21日，在该"空中丝路"的基础上首次增加客运航线以来，郑州在推进"空中丝绸

---

① 孟菲斯机场与FedEx之间的合作堪称全球航空货运界的典范，1973年起，FedEx将其总部搬迁至孟菲斯，货运来源基本为FedEx，在2010年中国香港机场超越孟菲斯机场之前，一度是全世界最大的货运机场。孟菲斯机场与FedEx互相成就，是为当地贡献GDP和就业的支柱企业。

之路"建设问题上积累了宝贵的经验，也取得了丰硕的成果。截至 2024 年 3 月 28 日，郑州—卢森堡"空中丝路"已运行 6400 多个航班，运送货物达 107.6 万吨①。2024 年 3 月 16 日，中国南方航空公司 CZ678 次航班降落郑州新郑国际机场，首批 24 名游客团从卢森堡直飞郑州，踏进这片中原大地，成为自 2023 年 12 月 21 日郑州—卢森堡"空中丝绸之路"客运航线开通后的首批入境河南省旅游团组②。但考虑到地理区位，新加坡、马来西亚和泰国由于距离中国较近，一直都是我国居民出境游的首选目的地。若从柬埔寨的角度来看，吸引中国游客同样意义重大。因为从需求来看，全球经济增长萎靡已成不争之事实。世界银行 2024 年 1 月发布的《全球经济展望》显示，受货币政策紧缩和全球贸易投资疲软等多重因素影响，全球经济将迎来 30 年来增速最差五年，预计 2024 年美国 GDP 增速只有 1.6%、欧洲为 0.7%、日本是 0.9%，而对中国经济全年增速的预测高达 4.5%，对柬埔寨的增速预测是 5.8%③。该报告还指出："在中国出境游持续复苏的支持下，预计该地区的国际旅游业将在 2024 年从大流行中基本复苏。这将支持服务出口，特别是在柬埔寨和泰国等依赖旅游业的经济体。"④ 因此，在巩固现有货运优势的基础上，发挥好郑州交通区位优势，大力拓展与金边的客运航线，发展面向东盟的旅游市场，应该是推动郑州—金边航空枢纽建设持续高质量发展的重要抓手。

> **专栏 5-1　郑州—金边文化旅游专项促进行动**
>
> 郑州拥有嵩山少林寺、商城遗址、黄河文化等独特的历史文化符号，有众多富含深厚人文底蕴的文旅 IP，在建设华夏历史文明传

---

① 新华社：《郑州—卢森堡"空中丝路"实现两地文物双向交流》，https://baijiahao.baidu.com/s?id=1794781223093175417&wfr=spider&for=pc。

② 大河网：《双向奔赴！郑卢直航后首批卢森堡游客在河南省开启"豫游记"》，https://baijiahao.baidu.com/s?id=1793657413232663877&wfr=spider&for=pc。

③ 世界银行：《全球经济展望》，https://openknowledge.worldbank.org/entities/publication/3a99a4d6-76b5-4c2a-8a57-a4019d090157。

④ 柬埔寨旅游资源丰富，吴哥王朝遗址群的吴哥窟是世界七大奇观之一，在世界享有盛誉；而郑州历史文化悠久灿烂，是中国八大古都之一。双方开展旅游合作的潜力巨大。

承创新基地和具有世界影响力旅游目的地方面具有得天独厚的优势。近年来，通过举办"世界大河文明展""中国百年百大考古发现展"，以及黄帝故里拜祖大典、黄河文化月等文化赛事活动，以及高标准谋划建设中华文明主题乐园，积极推动乐园元宇宙版落地，打造"穿越中华文明5000年"的全景式沉浸体验场景，郑州在全景式中华文明集中展示体系中成功出圈，"行走河南·读懂中国"品牌知名度不断提升，郑州已经成为域外国家了解中国的一扇重要窗口；而柬埔寨的历史文化悠久，名胜古迹和人文景观丰富，不仅有享誉世界的吴哥窟，还有美丽的洞里萨湖和气候宜人的西哈努克港。随着郑州—金边"空中丝绸之路"的建设，中柬两国人民通过"空中丝绸之路"的联系会越来越紧密。

2024年是"中柬人文交流年"，郑州完全可以打造一批诸如"当少林遇见吴哥""黄河与湄公河的对话"等系列文化交流活动，推动郑州文旅"走出去"，增加更多直飞航班，为两国人民交往交流创造便利条件。

（三）推动在郑州设立柬埔寨领事馆

便利的签证政策是国际上推动多双边贸易和人文交流的一个重要基础，也是衡量一个经济体对外开放程度的参考指标之一。新冠疫情前，我国出境游一直在全球旅游市场中占有重要分量，连续多年蝉联全球第一大出境游客源国[①]。郑州作为人口大市和交通强市，具有发展出境游的便利优势和在人才培养、科学研究及技术应用领域与柬埔寨全面加强合作的扎实基础，基本具备设立领事馆的条件。如表5-5所示，目前柬埔寨在中国共设有9个领事馆，包括1个大使馆和8个总领事馆，郑州属于柬埔寨驻华大使馆领区。因此，推动在郑州设立领事馆，提供领事服务，这无疑有助于继续深化郑州与柬埔寨的经济、文化、教育和科技等方面的交流与合作。

---

① 肖宇：《增长的出境游，变化中的旅游市场》，《21世纪经济报道》，2024年3月1日第4版。

表 5-5　　　　　　　柬埔寨在中国的使领馆分布情况

使领馆	领区范围
柬埔寨王国驻华大使馆	领区：北京、山西、山东、河北、河南、黑龙江、吉林、辽宁、内蒙古、青海、新疆、西藏
柬埔寨王国驻西安总领事馆	领区：陕西、甘肃、宁夏
柬埔寨王国驻海口总领事馆	领区：海南
柬埔寨王国驻济南总领事馆	领区：山东
柬埔寨王国驻上海总领事馆	领区：上海、江苏、浙江、安徽
柬埔寨王国驻南宁总领事馆	领区：广西
柬埔寨王国驻广州总领事馆	领区：广东、福建
柬埔寨王国驻昆明总领事馆	领区：云南、四川、贵州
柬埔寨王国驻重庆总领事馆	领区：重庆、湖北、湖南

资料来源：作者根据中华人民共和国外交部官网外交机构信息及其他公开资料整理而得。https://www.fmprc.gov.cn/web/gjhdq_676201/gj_676203/yz_676205/1206_676572/1206x1_676586/ggzwwjjgxx_676590/.

（四）发展面向柬埔寨和东盟的跨境电商

随着 RCEP 的生效实施，我国与东盟的贸易政策红利正在逐步释放，跨境电商是数字经济时代更好参与国际经济合作的重要平台。《中共郑州委关于制定郑州国民经济和社会发展第十四个五年规划和二〇三五年远景目标的建议》明确提出，要推动网上丝路创新突破，深入推进跨境电商综合试验区建设，发挥口岸优势，完善政策体系，拓展进出口渠道，突出医药、美妆等特色产品，打造内陆地区国际网购消费中心。加强规则体系、通关模式等创新合作，拓展"跨境电商+空港+陆港+邮政快递"运营模式，打造充满活力的跨境电商产业链和生态圈。目前郑州拥有河南省三个跨境电商综合试验区（另外两个在洛阳市和南阳市），以新郑保税区和经开综保区为引领，郑州机场已经建成了跨境电商的 21 个线下产业园，跨境电商发展的基础十分扎实。下一步，要继续从园区建设、平台运营、建设海外仓、融资支持等角度对跨境电商企业给予全要素支持，推动郑州做大做强做优基于柬埔寨、辐射整个东盟的跨境电商平台。

（五）推进柬埔寨河南（郑州）经济特区建设

境外产业园区是双边经济合作的重要载体，目前柬埔寨政府对中资企业赴柬埔寨投资招商持欢迎态度。柬埔寨的产业园区也称为经济特区，从功能和定位来看基本属于我国保税区的1.0版本。当前中资企业在当地运营具有代表性的园区分别有山东省中启控股集团投资建立的桔井经济特区以及淄博众德投资发展有限公司投资建设的齐鲁经济特区，此外还有浙江卡森集团投资建设的浙江经济特区一、二期，以及江苏省红豆集团投资建设的西哈努克港经济特区。考虑到柬埔寨迅速增长的经济潜力，近年来北京、广东、福建、湖北、湖南、海南、辽宁的商务部门都在组织本省市企业到柬埔寨投资设厂，河南省本土企业虽然已经进入柬埔寨，比如郑州某民营企业在当地购买土地种植木薯加工淀粉，一些本土的建筑企业在当地承揽路桥工程。但这些郑州企业在柬埔寨当地分散经营，没有一个成熟的产业园区做支撑，无法在拉动本土企业赴柬埔寨投资经营过程中形成合力。因此，通过扶持郑州本土龙头企业，尤其是农产品生产与加工企业，在柬埔寨建设一个河南经济特区，推动一批本土的香蕉、杧果、龙眼、胡椒种植和深加工企业到柬埔寨投资，做水果的深加工和出口贸易，为郑州与金边的经济合作提供一个具体的抓手。这既有利于郑州—金边"空中丝绸之路"的落地，也有助于更好推动郑州与金边的全面经济合作。

第七节 大力推动郑州—金边教育合作

柬埔寨作为一个高速发展的经济体，对高素质劳动力队伍有着较为旺盛的需求，而郑州的职业类教育院校众多，郑州当地企业在"走出去"的过程中，也希望能在当地招到高素质的劳动力，郑州和金边双方开展教育合作的基础非常扎实。

一、郑州—金边开展职业教育合作的潜力巨大

虽然近年来柬埔寨经济增速强劲，劳动力供给充足[①]，但其城市化水平仍然比较低，全国约有60%的人口仍然生活在农村，居民的受教

---

① 柬埔寨全国人口约1700万人，劳动人口占1000万以上，其中15—35岁人口占比超过50%，人口的年轻化特点非常明显。

育程度还较低,劳动者技能普遍有待提升。世界银行的报告显示,柬埔寨需要发展劳动力队伍,解决技能短缺问题。柬埔寨幼儿教育不足,中小学辍学率很高。世界银行的人力资本指数测算结果显示,柬埔寨目前的新生儿即使能够获得足够的教育和卫生服务,也只能实现其潜在终身劳动生产率的一半左右。因此,柬埔寨急需扩大人民获得优质教育的机会,并提供额外的保障措施,让贫困家庭的孩子在接受教育时没有来自资金方面的后顾之忧[①]。

如表5-6所示,1996—2021年,柬埔寨劳动力中约有80%的人口只接受过基础教育和中等教育。能够完成高等教育的人口在整个劳动者中的占比还比较低,其中25岁以上男性人口中完成高等教育的比重在2007年只有2.84%,到了2015年上升至9.92%;25岁以上女性人口中完成高等教育的人口比重则更低,该数据在2007年只有0.98%,到了2015年也仅有2.72%。

表5-6　　　　　　　柬埔寨劳动者受教育水平　　　　　　　单位:%

年份	劳动力中具有基础教育水平的劳动年龄人口比重	劳动力中具有中等教育水平的劳动年龄人口比重	25岁以上男性人口中完成高等教育的人口比重	25岁以上女性人口中完成高等教育的人口比重
1996	77.34	78.88	—	—
1997	72.62	78.49	—	—
1999	78.32	79.19	—	—
2000	79.45	65.87	—	—
2001	84.91	72.79	—	—
2003	80.87	78.3	—	—
2007	80.03	82.07	2.84	0.98
2008	79.02	79.47	2.97	0.91
2009	81.27	80.89	3.33	0.96
2010	83.7	77.74	—	—
2011	85.89	71.59	—	—

---

① Sebastian Eckardt、Faya Hayati:《柬埔寨2030年:经济放缓为加快改革提供了机会》,世界银行博客(World Bank Blogs),2023年12月13日,https://blogs.worldbank.org/eastasia-pacific/cambodia-2030-economic-slowdown-offers-opportunity-speed-reforms。

续表

年份	劳动力中具有基础教育水平的劳动年龄人口比重	劳动力中具有中等教育水平的劳动年龄人口比重	25岁以上男性人口中完成高等教育的人口比重	25岁以上女性人口中完成高等教育的人口比重
2012	81.44	85.73	—	—
2013	79.73	77.26	—	—
2014	79.87	90.7	9.14	3.58
2015	79.48	86.66	9.92	2.72
2016	81.65	86.16	—	—
2017	79.95	88.99	—	—
2019	80.2	70.21	—	—
2020	81.89	82.27	—	—
2021	79.46	85.63	—	—

资料来源：世界银行数据库。

为了实现到2025年，使柬埔寨工业由劳动密集型向技术密集型转变，工业占GDP比重从2013年的24.1%提高到30%①。"建立数字经济，使其成为新的经济增长驱动因素，形成一个有机体系，促进生产力和经济效率的提高，并改善柬埔寨人民的福祉，计划在2035年完成柬埔寨的数字转型。"② 柬埔寨政府高度重视职业教育，2023年8月，柬埔寨新政府提出的"五角战略"的第一条就是人力资本发展。媒体公开报道显示，柬埔寨新政府计划5年内培养150万职业技能人才。这催生了在数字技术、网络信息、跨境电商、云计算、大数据和人工智能、现代物流、酒店管理、文化旅游和机械制造等领域职业培训的旺盛需求。

二、郑州有与金边开展职业教育合作的良好基础

郑州作为河南省省会，2022年全市人口为1282.8万人③，名列"住房城乡建设部2022年年鉴特大城市名单"第四位。作为全国特大城

---

① 柬埔寨政府：《2015—2025工业发展计划》。
② 柬埔寨政府：《2021—2035柬埔寨数字经济和社会政策框架》。
③ 2022年，柬埔寨人口为1676.8万人，郑州人口约为柬埔寨整个国家人口总数的76.5%。

市和国家中心城市，郑州教育的办学层次非常丰富。如表5-7所示，郑州拥有郑州大学、华北水利水电大学等本科院校，以及郑州铁路职业技术学院、郑州电力高等专科学院和河南水利与环境职业学院等专科学校，办学层次丰富，学科门类齐全，涵盖了电力、铁路、桥梁、智能化装备制造等多个领域，而这些领域的高素质劳动者，也是目前柬埔寨发展急需的人才。

表5-7　　郑州普通本科及职业类高校分布

院校名称	办学体制	类别及办学层次
华北水利水电大学	公办	理工类、普通本科
郑州大学	公办	综合类、普通本科、211
郑州轻工业大学	公办	理工类、普通本科
河南工业大学	公办	理工类、普通本科
中原工学院	公办	理工类、普通本科
河南农业大学	公办	农林类、普通本科
河南牧业经济学院	公办	财经类、普通本科
河南中医药大学	公办	医药类、普通本科
河南财经政法大学	公办	财经类、普通本科
郑州航空工业管理学院	公办	财经类、普通本科
郑州工程技术学院	公办	理工类、普通本科
河南工程学院	公办	理工类、普通本科
河南财政金融学院	公办	财经类、普通本科
河南警察学院	公办	政法类、普通本科
黄河科技学院	民办	理工类、普通本科
郑州警察学院（原铁道警察学院）	公办	政法类、普通本科
郑州科技学院	民办	理工类、普通本科
郑州工业应用技术学院	民办	理工类、普通本科
郑州师范学院	公办	师范类、普通本科
郑州财经学院	民办	财经类、普通本科
中原科技学院	民办	师范类、普通本科
郑州工商学院	民办	财经类、普通本科
郑州经贸学院	民办	财经类、普通本科
郑州商学院	民办	财经类、普通本科
郑州升达经贸管理学院	民办	财经类、普通本科

续表

院校名称	办学体制	类别及办学层次
郑州西亚斯学院	民办	综合类、普通本科
中国人民解放军战略支援部队信息工程大学	公办	军事类、普通本科
华北水利水电大学乌拉尔学院	中外合作办学	其他、普通本科
郑州美术学院	民办	艺术类、普通本科
河南职业技术学院	公办	理工类、专科（高职）
郑州铁路职业技术学院	公办	综合类、专科（高职）
郑州电力高等专科学院	公办	理工类、专科（高职）
河南水利与环境职业学院	公办	理工类、专科（高职）
河南司法警官职业学院	公办	政法类、专科（高职）
郑州澍青医学高等专科学校	民办	医药类、专科（高职）
河南检察职业学院	公办	政法类、专科（高职）
郑州信息科技职业学院	公办	理工类、专科（高职）
郑州电子信息职业技术学院	民办	综合类、专科（高职）
嵩山少林武术职业学院	民办	综合类、专科（高职）
郑州工业安全职业学院	公办	理工类、专科（高职）
河南经贸职业学院	公办	财经类、专科（高职）
河南交通职业技术学院	公办	理工类、专科（高职）
河南农业职业学院	公办	农林类、专科（高职）
郑州旅游职业学院	公办	其他、专科（高职）
河南信息统计职业学院	公办	财经类、专科（高职）
河南工业贸易职业学院	公办	财经类、专科（高职）
郑州电力职业技术学院	民办	理工类、专科（高职）
河南建筑职业技术学院	公办	理工类、专科（高职）
郑州城市职业学院	民办	综合类、专科（高职）
郑州理工职业学院	民办	理工类、专科（高职）
郑州信息工程职业学院	民办	理工类、专科（高职）
河南应用技术职业学院	公办	综合类、专科（高职）
河南艺术职业学院	公办	艺术类、专科（高职）
河南机电职业学院	公办	理工类、专科（高职）
郑州商贸旅游职业学院	民办	其他、专科（高职）

续表

院校名称	办学体制	类别及办学层次
郑州幼儿师范高等专科学校	公办	师范类、专科（高职）
郑州黄河护理职业学院	民办	医药类、专科（高职）
河南医学高等专科学校	公办	医药类、专科（高职）
郑州财税金融职业学院	公办	财经类、专科（高职）
河南轻工职业学院	公办	理工类、专科（高职）
河南测绘职业学院	公办	理工类、专科（高职）
郑州卫生健康职业学院	公办	医药类、专科（高职）
河南地矿职业学院	公办	其他、专科（高职）
郑州亚欧交通职业学院	中外合作办学	理工类、专科（高职）
郑州电子商务职业学院	民办	综合类、专科（高职）
郑州轨道工程职业学院	民办	理工类、专科（高职）
郑州体育职业学院	民办	体育类、专科（高职）
郑州城建职业学院	民办	专科（高职）
郑州医药健康职业学院	民办	医药类、专科（高职）
郑州职业技术学院	公办	理工类、专科（高职）
郑州汽车工程职业学院	民办	理工类、专科（高职）
郑州食品工程职业学院	民办	专科（高职）
郑州软件职业技术学院	民办	专科（高职）
郑州智能科技职业学院	民办	专科（高职）

资料来源：排名不分先后。作者根据中华人民共和国教育部官网：《全国高等学校名单》，http：//www.moe.gov.cn/jyb_xxgk/s5743/s5744/A03/202206/t20220617_638352.html（数据截至2022年5月31日），及掌上高考网公开信息整理而得，https：//www.gaokao.cn/school/search？filterType = xiala&fromcoop = bdbdk&character = &city = &education = &nature = &province = &rankType = 4&title = % E8% BD% AF% E7% A7% 91 E6% 8E% 92 E8% A1% 8C&type = &userProvince = % E5% 8C% 97% E4% BA% AC。

2023年11月4日，柬埔寨劳工和职业培训部副国务秘书 Him Southearoth 一行到河南职业技术学院访问时就指出，中国先进的职业教育理念和人才培养模式值得柬埔寨借鉴，目前柬埔寨失业人口技能培训问题亟待解决，希望双方在新能源汽车、学前教育等专业领域开展合作，为当地培养更多高素质技术技能人才，提升当地的就业率。同时表示，愿帮助学校在柬埔寨建立海外培训中心，助力学校提升服务"一带一路"建设能力和国际化水平①。

近年来，随着共建"一带一路"倡议从大写意走向工笔画发展的新阶段，郑州高校在留学生招收、中外合作办学、涉外培训等方面成绩斐然。借助"鲁班工坊"和"孔子学院"等合作载体，郑州职业教育的国际化步伐日益提速。2023年9月，郑州当地高校郑州铁路职业技术学院当选中医药鲁班工坊合作共同体副理事长单位，全市职业院校的"双师型"教师队伍建设成效显著，保障机制日益健全，"鲁班工坊"云端完成跨国实训课等新业态层出不穷，郑州与柬埔寨以技能培训为切入点，推动郑州—金边教育合作的基础十分扎实。

三、推动郑州与金边教育合作的具体举措

（一）以"鲁班工坊"为平台推动郑州职业教育"走出去"

"鲁班工坊"是我国职业院校国际化发展的重要平台，也是推动共建"一带一路"高质量发展的一个重要载体。经过七年多的发展，"鲁班工坊"在海外落地生根，受到了当地人民的热烈欢迎，已经成为国家现代职业教育改革创新的成果之一和共建"一带一路""小而美"惠民工程的标志性项目。在一个个以提升劳动者技能为主要目标的技术实训室内，"输入指令，连接导线，测试设备"，规模不大的"鲁班工坊"，已成为推动我国与共建"一带一路"国家和地区人文交流的重要桥梁。自2016年在泰国设立第一个"鲁班工坊"以来，我国已在共建"一带一路"19个国家和地区建有20多家"鲁班工坊"②，拥有较为成熟的合作模式，这为推动郑州与金边教育合作提供了可资借鉴的模式。郑州当地高校，尤其是职业院校完全可以直接与金边当地院校合作，或者通过在柬中企、当地院校的三方合作模式，推动郑州职业类高校"走出去"，提升办学的国际化水平。

（二）推动郑州高校或事业单位与柬埔寨合作成立新的孔子学院

孔子学院是我国在世界各地推广汉语和传播中华文化的重要载体，

---

① 河南省高校资讯网：《柬埔寨劳工和职业培训部副国务秘书一行到河南省职业技术学院访问》，http：//www.henangx.cn/gaozhong/20231107/71747.html.

② 李名梁：《深入推进"鲁班工坊"高质量特色发展》，《中国教育报》，2023年5月5日第2版。

我国在非洲有 47 家孔子学院，在欧洲有 39 家、亚洲 37 家、美洲 27 家、大洋洲 5 家。柬埔寨现在拥有 3 家孔子学院，分别是柬华理工大学孔子学院、国立马德望大学孔子学院和柬埔寨王家研究院孔子学院[①]。其中，柬华理工大学孔子学院由柬华理事总会、柬华理工大学与南京工业职业技术大学共建，于 2021 年 7 月 23 日由中国国际中文教育基金会授权，是以"中文+职业技能"教学为特色的孔子学院[②]。柬埔寨国立马德望大学孔子学院由桂林电子科技大学和柬埔寨国立马德望大学合作共建，于 2019 年 12 月正式揭牌运营，是柬埔寨西北地区唯一一家孔子学院[③]。柬埔寨王家研究院（曾翻译为王家学院）孔子学院（以下简称孔子学院）是由中国江西省九江学院、柬埔寨王家研究院等合作建立的柬埔寨首家孔子学院[④]。目前来看，虽然郑州的高校资源非常丰富，但目前在柬埔寨并没有郑州高校合作的孔子学院。2024 年是"中柬人文交流年"，完全可以借助这一东风，推动郑州高校或者事业单位与柬埔寨相关机构合作，成立新的孔子学院，推动郑州与金边教育合作再上新台阶。

（三）不断优化郑州与金边教育合作的体制机制

一是把"中文+职业教育"作为推动郑州—金边教育合作的具体抓手。推动在郑高校与金边的柬埔寨王家科学院加强合作，在工业 4.0、数字化转型、农产品种植和深加工、现代化物流、社交平台和跨境电商等第一、第二和第三产业开展职业技能培训，推动双方青年互访交流，推动郑州本地高校为柬埔寨留学生提供更多的指标，为柬埔寨青年人员来华学习提供更多便利。二是推动建立一个有助于双方人文交流的合作机制。比如，组织一个和柬埔寨政府各组成部门的常态化年度论坛，把秘书处或者论坛永久地址设在郑州，每隔一年分别在郑州和金边召开，把郑州打造成为中柬双方的交流承载平台，加强政府间教育领域的战略合作，推动双方教育要素到郑州集聚。三是重点解决制约双方教

[①] 数据来自孔子学院官网，https://www.ci.cn/qqwl。
[②] 孔子学院官网：柬华理工大学孔子学院简介，https://www.ci.cn/site/1101003000/。
[③] 孔子学院官网：柬埔寨国立马德望大学孔子学院简介，https://www.ci.cn/site/1101002000/。
[④] 九江学院官网：柬埔寨王家研究院孔子学院简介，https://gjjlxy.jju.edu.cn/hytg/kzxy/xyjj.htm。

育合作的短板。一方面，既要鼓励校企合作、校校合作，也要创新教育合作方式，推动在郑事业单位与金边用人单位教育合作在政策层面和执行层面的便利化；另一方面，要把提高师资力量提上日程，加紧培养一批业务能力精湛和语言沟通能力突出的教师队伍。

> **专栏 5-2　郑州—金边职业教育合作专项提升行动**
>
> 　　郑州具有丰富的办学资源，全市既有享誉国内外的知名高校郑州大学，也有涵盖了道路桥梁、水利水电、机电设备、纺织服装、食品工程、软件和信息、财税金融等众多的职业院校，具有雄厚的办学实力。而柬埔寨作为全球最不发达的国家之一，虽然有较为年轻化的劳动力队伍，但由于起步较晚，柬埔寨国内劳动者的劳动技能与蓬勃发展的柬埔寨经济对劳动者的技能需求之间还存在着一定的差距。提高劳动者的劳动技术，乘上已经来临的数字时代的列车，是柬埔寨新政府"五角战略"的重要组成部分。
>
> 　　实际上，随着中国外向型经济水平的提升，职业教育也只有以更大规模地跟随企业、工业园区"走出去"才能找到发展的第二曲线。而随着郑州—金边"空中丝绸之路"建设的推进，郑州与金边的经贸联系和人文往来将会更加密切。2024 年是共建"一带一路"奔向下一个金色十年的开局之年。郑州完全可以利用"鲁班工坊""孔子学院""郑和学院""海丝学院""丝路学院"等共建"一带一路"境外办学项目的成功经验。组织郑州内职业院校"出海"，到柬埔寨办学或者招收柬埔寨留学生，构建学校、企业、社会组织等多元主体协同举办和经营的管理运行模式，重点服务郑州内到柬埔寨投资的企业，输出办学标准，培养更多具有熟练技能、中国技术和装备标准，且懂汉语、中国企业管理文化的当地雇员队伍。

第八节　全面提升郑州制度型开放水平

党的二十大报告提出，我们实行更加积极主动的开放战略，形成更大范围、更宽领域、更深层次对外开放格局。而制度型开放就是在这一新格局下，涉及规则、规制、管理和标准等方面内容的更深层次的开放，其核心在于通过改革和创新国内制度，增强与国际通行规则的对接。深入推进制度型开放是我国结合国情，顺应世界发展大潮流所做出的主动选择，这有利于全球生产要素向我国流动，形成全球要素聚集高地。

一、郑州具有提升制度型开放水平的明显区位优势

习近平总书记在中央全面深化改革委员会第二次会议上强调，建设更高水平开放型经济新体制是我们主动作为以开放促改革、促发展的战略举措，要围绕服务构建新发展格局，以制度型开放为重点，聚焦投资、贸易、金融、创新等对外交流合作的重点领域深化体制机制改革，完善配套政策措施，积极主动把我国对外开放提高到新水平[①]。

郑州地处中原腹地，具有"连通境内外、辐射中东西"的综合交通枢纽优势，从郑州出发的1000千米交通圈可以覆盖全国经济最活跃和人口最集中的大半个中国，在以国内大循环为主体、国内国际双循环相互促进的新发展格局下，郑州的区位优势正在被放大。

郑州"十四五"规划共21次提到"开放"，其中在畅通国内国际双循环，打造内陆高水平开放新高地中明确提出，要充分发挥"枢纽+物流+开放"比较优势，持续完善"一门户、两高地"开放体系，持续推动扩大内需、完善消费流通体系，着力打造国内大循环的重要枢纽、国内国际双循环的战略支点，推动形成全方位全要素、高能级高效

---

①　新华社：《习近平主持召开中央全面深化改革委员会第二次会议强调建设更高水平开放型经济新体制推动能耗双控逐步转向碳排放双控》，http://www.xinhuanet.com/2023-07/11/c__1129744148.htm。

率的双循环,在新发展格局中扩大郑州新优势①。

从现有的成绩来看,区位优势推动郑州在跨境电商、多式联运等重点领域探索出了一批创新的新制度。截至 2023 年 9 月,郑州持续不断"为国家试制度",在商事登记、工程建设等领域形成全国首创的制度创新成果 6 项,其中"三十五证合一""企业登记身份管理实名验证系统""国有建设用地出让考古前置改革"等 5 项创新成果在全国复制推广。郑州片区围绕多式联运生态系统开展集成化制度创新,"航空货运电子信息化"创新案例新近入选国务院第七批改革试点经验。目前,郑州跨境电商全产业链系统集成制度创新走在全国前列,跨境电商"郑州模式"在国内得到广泛认可,共形成全国首创案例 12 项,"跨境电商零售进口退货中心仓模式""跨境电商零售进口正面监管模式"等 6 项在全国复制推广。在监管服务方面,首创 1210 网购保税进口模式,被世贸组织定为"中国方案"和"中国蓝本";率先探索跨境电商"网购保税+线下自提"模式、零售进口退货中心仓模式,为全国贡献了"郑州智慧"②。

如表 5-8 所示,为了应对数字化时代,跨境交易小量、零散和高频次的 B2C 交易日益普遍的新趋势,我国海关在监管模式上进行了制度创新。其中,跨境电商形成了"9610 模式""1210 模式""1239 模式",而其中的"1210 模式"即郑州首创。

表 5-8　　　　　　　　跨境电商监管模式及介绍

模式	时间	主要内容
9610 模式	2014 年 2 月 10 日	海关代码"9610"全称为"跨境贸易电子商务"。该模式主要服务于我国的个人和电商企业,主要流程为商家将已经出售的商品整体打包至保税仓,然后分门别类地逐一进行报关后再通过国内的物流运送至消费者手中,因此,这一模式也被称为"集货模式"

---

① 参见郑州"十四五"规划,其中"一门户"指的是加快建设国际交通枢纽门户,统筹航空枢纽、铁路枢纽、公路枢纽基础设施和站场的布局与建设,完善以航空引领、公铁集疏为特征的国际立体交通运输体系,不断提升郑州枢纽的集疏能力;"两高地"分别指的是形成对外开放体系高地和参与国际合作高地。

② 郑州经济技术开发区管委会:《大胆试大胆闯自主改自贸 2.0 时代且看郑州片区如何镋出新路》, https://www.zzjkq.gov.cn/zwdt/7834886.jhtml。

续表

模式	时间	主要内容
1210模式	2014年8月1日	海关代码"1210"全称为"保税跨境贸易电子商务"，主要服务于境内的企业和个人在海关电商平台进行的跨境贸易。相比"9610模式"，该模式允许将尚未售出的产品先打包运输至国内的保税物流中心，销售一件则清关一件，若未售出，可直接退回国外，故这一模式，也被称为"备货模式"
1239模式	2016年12月1日	海关代码"1239"全称为"保税跨境贸易电子商务A"，适用于境内电子商务企业通过海关特殊监管区域或保税物流中心（B型）一线进境的跨境电子商务零售进口商品。该模式推出后，"1210模式"的试点城市继续沿用"1210模式"，非"1210模式"的试点城市启用"1239模式"。这意味着跨境电商的适用城市范围更加普及

资料来源：作者根据海关总署相关政策整理。

整体来看，在提升制度型开放水平的过程中，郑州"枢纽＋开放"的独特优势，在"为国家试制度"的同时，也有助于郑州更好地打造国际交通枢纽门户、加快形成对外开放体系高地和参与国际合作高地，从而在更深层次上推动郑州依托区位优势，建成国家中心城市，更好地融入全球产业链供应链合作体系，并成为维护中国产业供应链自主可控和安全稳定的积极力量。

二、当前郑州制度型开放的主要困境和现存堵点

郑州作为整个河南省的开放门户，拥有航空枢纽、铁路枢纽和空陆联运等区位优势，以及中欧班列、跨境电商平台等众多载体，在制度型开放问题方面也做出了一系列卓有成就的探索。但和长三角及珠三角等沿海经济开放地区相比，仍然存在着一些短板，集中在以下三个方面。

（一）制度型开放所需的人才要素储备不足

和要素流动型"边境上"的开放存在显著差异的是，制度型开放是侧重"边境后"的开放，这不仅需要快速对接国际规则，更需要通过参与国际规则制定，提升我国在国际规则制定方面的话语权，实现这一目标显然需要高端人才的支撑。但目前郑州在航空产业、高端制造、高端服务业等领域的行业领军人才、高层次管理人才和优秀的技术人才仍然相对匮乏。尤其是当前我国正在寻求加入 CPTPP 和 DEAP 等高标准的国际经贸规则体系，而只有熟悉国际经贸规则才能在对标对表的基础上有所创新，相关领域人才的匮乏对郑州制度型开放形成了明显的制约。

（二）现有制度型开放的依托载体能级不高

制度型开放设计对外开放口岸和机场枢纽等关键载体。即使目前郑州的交通区位优势十分明显，但与武汉、西安等城市相比，机场的旅客吞吐量还存在明显的差距，郑州航空港货运机场虽然定位于货运机场，但其面积和保障能力仍然不高，难以符合郑州交通枢纽的定位。尤其是自贸区是制度型开放的重要试验场，但郑州航空港①竟然不在自贸区郑州片区之内，这对依托航空经济进行制度创新形成了较大的制约。此外，从口岸开放倒逼制度创新的角度来看，郑州目前的口岸利用率还有待提升。郑州已建成"2+2+9"口岸体系，是中国功能性口岸数量最多、种类最全的内陆城市，成为继北上广后第四个全国重要国际邮件枢纽口岸。但在一些专业口岸，比如药品进口口岸、肉类口岸、邮政口岸、汽车进口口岸的实际使用率还没有完全饱和，"口岸+"生态体系的发展水平还有待提升。

（三）制度型创新所需的产业支撑能力不强

打造内陆开放的高地，航空产业和临空经济显然是重要的抓手，但目前郑州与航空经济相关的产业集聚程度不高，郑州没有自己的航空公司，飞机制造、航空维修、空中物流等产业都缺乏龙头企业和配套产业。而对临空要素较为偏好的新一代信息技术、新能源汽车、生物医药、高端装备制造、节能环保、量子信息、氢能与新型储能、类脑智能、未来网络、生命健康、前沿新材料等未来产业，以及信息技术服务、研发与工业设计服务、电子商务、商务服务、现代物流、技术转移服务、检验检测认证服务、知识产权及相关服务和金融服务等生产性服务业的发展都还处于萌芽状态，对郑州制度型开放的支撑能力有限。

---

① 航空港区地（全称为"郑州航空港经济综合实验区"），是郑州—卢森堡"空中丝绸之路"的先导区，地处郑州、开封、许昌交界地带，管辖面积747平方千米，建成区面积121平方千米，基础设施覆盖面积220平方千米，常住人口约90万人。

三、以郑州—金边"空中丝绸之路"建设为契机提升郑州制度型开放水平落脚点

（一）持续推动海关监管制度创新

以加快推进自由贸易试验区建设为抓手，大力推进监管体制改革、数字化应用和制度创新。首先，尝试将自贸区郑州片区的监管模式向郑州航空港区复制，推动临空经济新业态、新产业和新模式的发展壮大，夯实制度创新的经济基础。其次，以建设郑州—金边空中丝绸之路为契机，加强与柬埔寨等共建"一带一路"国家和地区在规则体系、通关模式等领域合作，反向复制"1210"模式，深化跨境电商监管部门国际协作，推动监管服务资源共享共用。最后，充分发挥好自贸区郑州片区在制度型开放中的引领带动作用，聚焦口岸、综保区、通关、多式联运、金融、物流六大关键环节，加快建设"一站式"快捷大通关服务体系，尽快形成一批既和国际接轨又有助于要素流动的创新案例。

（二）围绕优势产业链布局创新链

其一，在自贸区郑州片区，打造E贸易核心功能集聚区。要围绕郑州"十四五"发展重点和现有的产业优势开展招商引资，吸引临空偏好型的行业龙头企业入驻郑州，支持先进制造、战略性新兴产业和服务业龙头企业在郑州设立总部，不断做大郑州的产业优势。其二，完善口岸体系、放大口岸能级，大力发展口岸经济。实施口岸提升工程，重点提升现有药品进口口岸、汽车进口口岸和肉类口岸等九个功能性口岸的业务规模，扩展商品种类，拓展交易渠道，完善配套体系，吸引外向型加工企业落户，支持本地企业积极参与口岸经济发展。其三，吸引高端要素向郑州集聚，通过"空中丝绸之路"建设，吸引人才、资金和技术等全球创新要素向郑州聚拢。

（三）加强载体建设和提升对外交往能力

一是通过郑州—金边"空中丝绸之路"的建设，加强与国外监管机构的合作对接，推动与东盟暨中欧安智贸成员之间的合作，推动郑州机场纳入中欧安全智能试点航线，实现郑州海关与境外海关的执法互助和监管互认。二是要加强合作载体建设，提升国际交流合作平台能级。打造多元化的国际合作平台，比如依托郑州—金边"空中丝绸之路"，组织一批诸如"少林寺与吴哥窟的对话"等文明互鉴系列交流活动，

筹办续办世界大河文明论坛、中国（郑州）国际旅游城市市长论坛等全球性活动，举办国际性体育赛事、论坛，打造一到两个集交流、研讨、发布、展示、交易等功能于一体的国际化论坛，增强郑州的对外交往和要素往来能力，推动郑州与柬埔寨等东盟国家的城市缔结友好城市，进一步夯实郑州制度创新的经济和民意基础。三是提升郑州公共服务的国际化水平。全面建设高水平的人才高地，对标国际引才政策，加大对海外高层次创新人才的引进力度。聚焦人才保障，从医疗、住宿和上学等角度把郑州打造成全国的制度创新人才服务示范区。

专栏 5-3　郑州提升制度型开放水平专项行动

党的二十大报告明确指出，稳步扩大规则、规制、管理、标准等制度型开放。郑州—金边"空中丝绸之路"建设，有利于加强郑州与东盟的经贸联系，也是郑州打造内陆城市开放型高地的重要抓手。借助于郑州—金边"空中丝绸之路"建设，郑州要积极营造市场化、法治化、国际化一流营商环境，为柬埔寨企业到中国投资经营创造良好的环境。聚焦制度型开放的核心问题，形成政策合力，加强政策协调，协调联动产业政策、创新政策、竞争政策、人才政策、环保政策等各项政策。发挥好自贸区扇面枢纽作用，高质量衔接 CPTPP 和 DEPA 经贸规则。充分利用共建"一带一路"机制，和柬埔寨在基础设施投融资、数字经济合作等领域开展深度合作，打造国家和地区间高标准经贸规则对接的示范性制度安排。把开放的重点放在服务业和服务贸易方面，积极争取试点，和柬埔寨及东盟方面探索国有企业、知识产权、市场采购等"边境后"管理制度改革。

郑州研究院简介

郑州研究院是中国社会科学院和郑州市人民政府共同建设的研究机构，旨在充分发挥中国社会科学院作为国家级智库和郑州市作为国家内陆地区开放创新前沿阵地优势，建设高水平、国际化的中国特色新型智库。

2017年9月15日，中国社会科学院与郑州市人民政府正式签署战略合作框架协议，成立郑州研究院。揭牌仪式暨第一次工作会议当日举行。郑州研究院院长由时任中国社会科学院副院长、党组成员蔡昉担任。郑州研究院的建设和发展全面依托中国社会科学院科研局及相关研究所，郑州市委、市政府。本着"优势互补、注重实效、合作共赢"的原则，在合作期内，中国社会科学院在社科研究、人才培养、智库建设等方面与郑州市委、市政府开展全面、实质性合作。郑州市人民政府为郑州研究院提供双方约定的办公场所、研究经费等资源。

郑州研究院丛书的出版是在中国社会科学院科研局的指导下，郑州市委、市政府的大力支持下，郑州市发展和改革委员会、郑州市委政策研究室的协调帮助下产生的。本丛书中各篇文章作者本着文责自负的原则，对各自内容负责，由于经验不足，本丛书存在的缺点和瑕疵，欢迎并感谢各位读者和专家予以指导。

后 记

空中丝绸之路是继陆路丝绸之路和海上丝绸之路之后"一带一路"的另一个新型平台。2017年6月，习近平主席在会见卢森堡首相贝泰尔时提出，支持建设郑州—卢森堡"空中丝绸之路"；2022年2月，习近平主席在会见卢森堡大公亨利时再次强调，做大做强中卢货运航线"空中丝路"。随后，河南（郑州）致力于打造郑州—金边"空中丝绸之路"，探索新时期内陆地区对外开放的新路径。为此，中国社会科学院郑州研究院委托亚太与全球战略研究院、郑州市政府研究室对此开展联合研究。在研究过程中，课题组得到了郑州研究院与郑州市政府相关机构的大力支持，并于2024年年初完成了该项目。本书便是该项目的研究成果。

作为"一带一路"的新平台，空中丝绸之路具有"一带一路"的基本属性，同时与陆路、海上丝绸之路相比，又有自身的特殊性。因而，无论在理论还是在实践上都还处于探索阶段。本书以郑州—金边"空中丝绸之路"作为研究对象，试图把这一案例纳入到"一带一路"的理论框架之中。

全书的写作分工如下：第一章（李向阳）、第二章（许利平、王榕）、第三章（李向阳、张耀天）、第四章（谢来辉、耿亚莹、肖宇）、第五章（张中元、肖宇）。除了张耀天（中国民航干部管理学院）和王榕（中国社会科学院大学博士生），其他作者都来自于中国社会科学院亚太与全球战略研究院。

需要特别指出的是，郑秉文研究员对组织协调该项目的实施做出了不懈的努力，中国财政经济出版社的付克华编审为推动本书的顺利出版提供了重要的帮助，在此一并表示感谢。当然，本书存在的所有问题当由作者负责。

作者

2025年7月